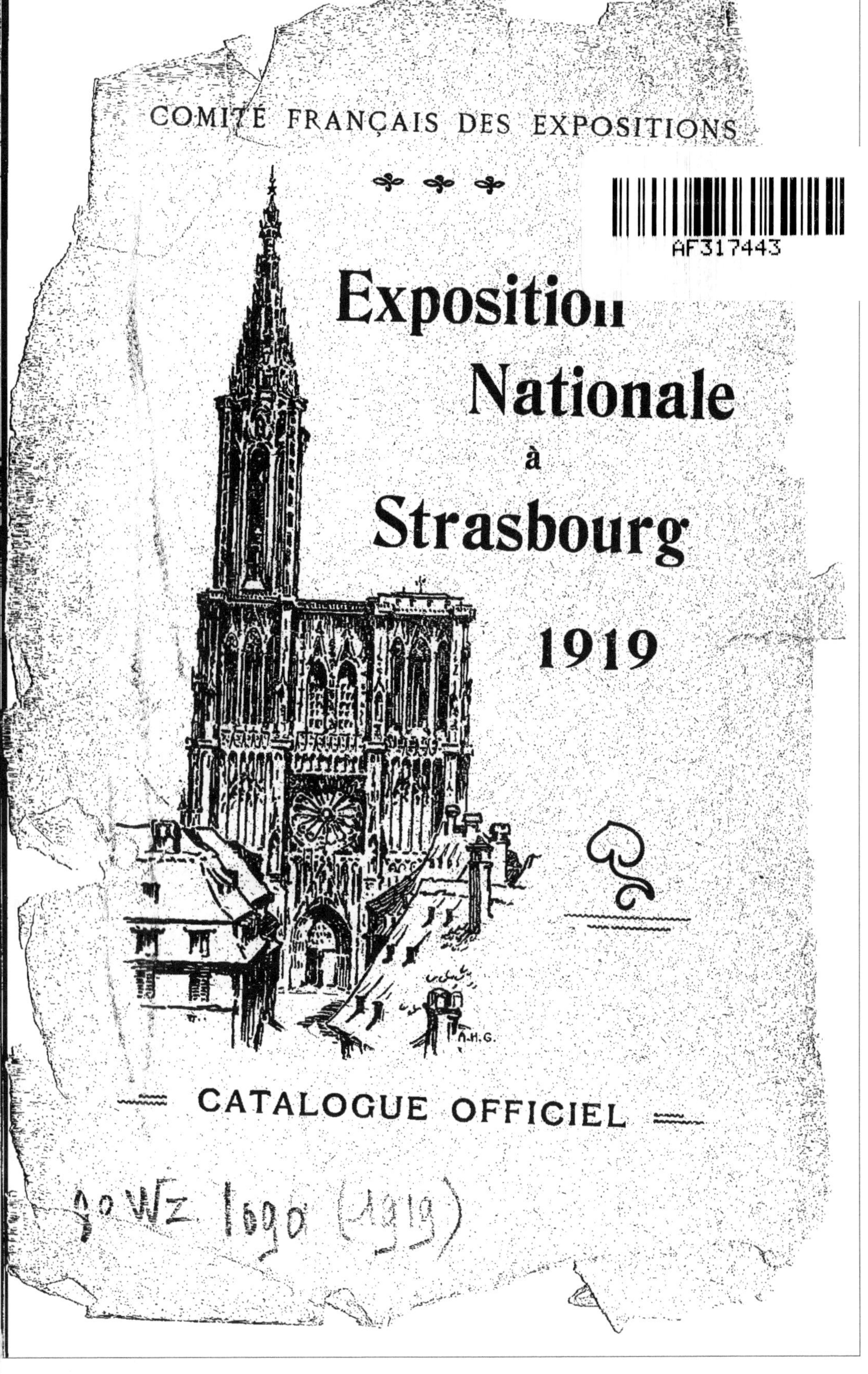

COMITÉ FRANÇAIS DES EXPOSITIONS

Exposition
Nationale
à
Strasbourg
1919

A.H.G.

CATALOGUE OFFICIEL

COMITÉ FRANÇAIS DES EXPOSITIONS

Catalogue officiel

Exposition Nationale

à Strasbourg

1919

COMMISSARIAT GÉNÉRAL
DE LA RÉPUBLIQUE FRANÇAISE
EN ALSACE ET LORRAINE

M. MILLERAND

Commissaire général de la République française

M. E. PETIT, Directeur du Cabinet du Commissaire général.

Lieutenant-colonel NOGUÉS, chef du Cabinet.

Commandant MÉNARD, Sous-chef du Cabinet.

M. BOMPARD, chef du Secrétariat particulier.

M. VALUDE, attaché au Cabinet.

M. l'intendant militaire RIMBERT, secrétaire général d'Alsace et Lorraine.

M. COSTE, directeur général du Commerce, de l'Industrie et des Mines.

M. BERNINGER, Directeur du Commerce.

DÉLÉGUÉS DU COMMISSAIRE GÉNÉRAL

MM. DOUARCHE (Léon), adjoint au secrétaire général d'Alsace et de Lorraine, secrétaire général du Conseil supérieur d'Alsace et de Lorraine.

SCHMIDT (Pierre), du Secrétariat général d'Alsace et de Lorraine.

WORMSER (Alfred J.), du Secrétariat général d'Alsace et de Lorraine.

CUVILLIER (Jacques), du Secrétariat général d'Alsace et de Lorraine.

COMITÉ D'ORGANISATION

DE

L'EXPOSITION NATIONALE A STRASBOURG

Président : M. DUPONT (Émile), sénateur,

Président du Comité Français des Expositions

Vice-Présidents : MM. PINARD (Alphonse), Vice-président du Comité français des Expositions ;

BARBIER (Léon), sénateur, Président du Comité national des Conseillers du Commerce extérieur de la France ;

HETZEL, Vice-Président honoraire du Comité français des Expositions;

MASCURAUD (Alfred), Sénateur, Président du Comité républicain du Commerce, de l'Industrie et de l'Agriculture;

SAINT-GERMAIN, sénateur, Président du Comité National des Expositions coloniales;

SANDOZ (G.-Roger), secrétaire général du Comité français des Expositions.

Secrétaire Général : M. BAUBE (Émile).

Secrétaire : M. ROUX (Gaston).

Trésorier : M. le baron THENARD.

Trésorier-adjoint : M. GEORGE (Fernand).

Délégué du Comité : M. CÈRE (Émile).

Architecte en Chef : M. DE MONTARNAL (E.-Joseph).

Services administratifs : MM. BAYLE (Paul), RÉVILLE (Max), et DRUJON (Léon), secrétaires. M. le capitaine CHANET, chargé du service d'inspection générale. M. WOLF, chef du gardiennage.

COMITÉ RÉGIONAL D'ALSACE ET DE LORRAINE

1. *Délégués de la Chambre de Commerce de Strasbourg* :

MM. UNGEMACH (Léon), industriel, Président de la Chambre de Commerce à Strasbourg.

MATHIS (Robert), directeur d'Assurances, vice-Président de la Chambre de Commerce à Strasbourg.

BAUMANN (Achille), minotier à Illkirch.

HERRENSCHMIDT (Fernand), manufacturier à Strasbourg.

MM. JAQUET (Edouard), constructeur à Strasbourg.

DE TURCKHEIM (Bernard), maître de forges à Niederbronn.

WINCLER (Paul), directeur de filature à Bischwiller.

HAUG (Hugo), secrétaire général de la Chambre de Commerce à Strasbourg.

2. Délégués de la Chambre de Commerce de Colmar :

MM. KIENER (André), président de la Chambre de Commerce à Colmar.
GREINER (Paul), négociant à Mittelwihr.
HARTMANN (Ernest), manufacturier à Colmar.

MM. KŒNIG (Ernest), négociant à Colmar.
SCHEURER (André), industriel à Colmar.
SCHLUMBERGER (Jacques), manufacturier à Guebwiller.

3. Délégués de la Chambre de Commerce de Mulhouse :

MM. SCHLUMBERGER (Edouard-Albert), industriel, président de la Chambre de Commerce à Mulhouse.
LAMEY (Fr.), manufacturier à Mulhouse.
SAAS (Fr.), président du Syndicat des entrepreneurs en bâtiments, à Mulhouse.
MM. SCHEURER (Jules), manufacturier à Thann.
SCHLUMBERGER (Paul), manufacturier, à Mulhouse.
ZUBER (Louis), manufacturier à Rixheim.

4. Délégués du Comité consultatif du Commerce et de l'Industrie, à Metz :

MM. HUMBERT DE WENDEL, maître de forges, Président du Comité consultatif, à Hayange.
TILLEMENT (Maurice), industriel à Metz.
CANNEPIN (Henri), fabricant à Châtel-St-Germain, près Metz.
CHEVALIER (Ernest), ingénieur à Metz.

MM. COUTURIER (Louis), fabricant, maître de forges à Forbach.
ETIENNE (Louis), négociant à Metz.
EVERLÉ (Émile), fabricant, maire d'Insning, à Insning.
LEHMANN (Fernand), négociant à Sarreguemines.
LOTH (A.), directeur, à Hares, près Rech.

5. Délégués de la Chambre des Métiers d'Alsace et de Lorraine, à Strasbourg :

M. SCHLEIFFER (Fr.), président, à Strasbourg.

M. LEY (X.), vice-président, à Ribeauvillé.

6. Délégués de la Ville de Strasbourg :

M. PEIROTES (Jacques), Président de la Commission municipale.

M. NEUNREITER (Eug.), vice-président de la Commission municipale.

COMITÉ FRANÇAIS DES EXPOSITIONS

ET RÉUNION DES JURYS ET COMITÉS DES EXPOSITIONS UNIVERSELLES

PRÉSIDENTS D'HONNEUR

(Anciens Ministres du Commerce).

LOURTIES (V.), sénateur.
LEBON (A.), ✳, ancien député.
SIEGFRIED, O. ✳, député.
MESUREUR, ancien député.
BOUCHER (Henri), sénateur.
DELOMBRE (P.), C. ✳, ancien
député.
MILLERAND (A.), député, Commissaire général de la République à Strasbourg.

DOUMERGUE (G.), sénateur, ancien président du Conseil.
CRUPPI (Jean), ✳, député, ancien ministre de la Justice.
DUPUY (Jean), sénateur, ancien ministre des Travaux publics.
MASSÉ (Alfred), ancien député.
COUYBA (Maurice), sénateur.
DAVID (Fernand), député.
GUIST'HAU, député.
PÉRET (Raoul), député.
THOMSON (Gaston), député.

DERVILLÉ (S.), G. O. ✳, directeur général, Paris 1900; commissaire général, Turin 1911.

MEMBRES D'HONNEUR

KRANTZ (C.), O. ✳, ancien député, commissaire général, Chicago 1893.
MONTHIERS (M.), C. ✳, commissaire général, Bruxelles 1897.
MUZET (A.), O. ✳, anc. député, commissaire général, Anvers 1894.
VIGER (A.), ✳, I. ◉, C. ⬗, sénateur, président du Comité agricole et horticole français des Expositions internationales, président à l'Exposition de l'alcool, à Vienne 1894 et à l'Exposition hispano-française de Saragosse 1908.
LAGRAVE (Michel), O. ✳, commissaire général, Saint - Louis 1904.
GÉRALD (Géo), ✳, député, commissaire général adjoint, Saint-Louis 1904.

SAINT-GERMAIN, I. ◉, ⬗, sénateur, président du Comité national des Expositions coloniales.
CHAPSAL (Fernand), G. O. ✳, ancien conseiller d'État, commissaire général, Liége 1905, Bruxelles 1910.
RONSSIN (Adolphe-Ernest), O. ✳, commissaire général adjoint, Milan 1906.
BONNAT (Léon), G. C. ✳, président du Comité permanent des Expositions françaises des Beaux-Arts à l'étranger.
MÉRILLON (Daniel), G. O. ✳, président du Comité des Sports de France aux Expositions à l'étranger.
BAUDOUIN-BUGNET, O. ✳, délégué du Ministère du Commerce et de l'Industrie, Saragosse 1908.

BOUVARD (J.), G. O. ✳, I. ❂, C. ⚓, président de la Section française, Buenos-Aires 1910.

MARRAUD (Pierre), G. O. ✳, conseiller d'État, commissaire général, Gand 1913.

TIRMAN (Albert), O. ✳, conseiller d'État, commissaire général, San Francisco 1915.

FIGHIÉRA (Roger), O. ✳, délégué officiel, Exposition du Livre, Leipzig 1914.

Vice-Présidents-honoraires : FAURÉ LE PAGE, O. ✳ ; BELLAN (Léopold), C. ✳, I. ❂ ; HETZEL (Jules), C. ✳, I. ❂ ; LEGRAND (Charles), C. ✳, I. ❂.

Secrétaire honoraire : LAMAILLE (Georges), ✳, ❂.

Membres honoraires : LOREAU (Alfred), ✳, ⚓, ⚓ ; TURPIN (Henri), O. ✳

BUREAU DU COMITÉ ET CONSEIL DE DIRECTION

Président : DUPONT (Émile), O, ✳, I. ❂, sénateur

Vice-présidents : MAGUIN (A.), C. ✳, C. ⚓.

MANAUT (Frédéric), O. ✳, ❂.

NICLAUSSE (Jules), C. ✳, I. ❂.

PINARD (A.), C. ✳.

Secrétaire général : SANDOZ (G.-Roger), O. ✳, I. ❂.

Trésorier : KESTER (Gustave), C. ✳, ❂, ⚓.

Secrétaires : BOURGEOIS (Paul), ✳, ❂, ⚓.

BOUILHET (André), ✳, ❂, ⚓.

VINANT (Georges), O. ✳, I. ❂.

FAURE (Jean), O. ✳.

Secrétaire archiviste : HOLLANDE (Jean), ✳, O. ⚓.

MEMBRES DU CONSEIL DE DIRECTION

Président de la Commission de Propagande : LEGRAND (Charles), C. ✳, I. ❂.

Président de la Commission d'Initiative et d'Enquête : AMIC (Jean), O. ✳, sénateur.

Président de la Commission des Fêtes et Réceptions : PELLERIN DE LATOUCHE (G. de), C. ✳.

Président de la Commission des Comptes et Publications : HETZEL (Jules), C. ✳, I. ❂.

AMSON (Georges), O. ✳.

ARBEL (Pierre), C. ✳, ❂, ⚓.

BARBIER (Léon), O. ✳, sénateur.

BELLAN (Léopold), C. ✳, I. ❂ O. ⚓.

BORDEREL (Jean), ✳, I. ❂, ⚓.

DONCKÈLE (Georges), C. ✳, I. ❂.

JOURDAIN (Frantz), O. ✳, ❂, ⚓.

LIGNON (Achille), ✳.

MASCURAUD (Alfred), O, ✳. I, ❂, sénateur.

MENIER (Gaston), sénateur, O. ✳.

MERCIER (Henry), O. ✳.

PLACIDE-PELTEREAU, O. ✳.

RIVES (Gustave), C. ✳, I. ❂. C. ⚓.

ROUSSELOT, ❂.

SAINT-GERMAIN (Marcel), I. ❂. ⚓, sénateur.

SARTIAUX (Eugène), O. ✳.

VIGER (Albert), ✳, I. ❂, C. ⚓, sénateur.

COMMISSION DE CONTROLE

BÉLIÈRES (Auguste), O. ✳ ;
GALLAND (Alexandre), ✳, ◐, O. ✿ ;
WALTER (Léon), ✳, ◐.
Bibliothécaire : CLARETIE (Léo), O. ✳, I. ◐.
Bibliothécaire adjoint : BONNEROT.

ADMINISTRATION GÉNÉRALE DU COMITÉ

Services extérieurs : CÈRE (Émile), O. ✳, I. ◐.
Services techniques : MONTARNAL (Joseph de), ✳, I. ◐.
Services des Publications : CLARETIE (Léo), O. ✳, ◐.
Services administratifs : BREVANS (E. de), ✳, I. ◐, O. ✿, *Secrétaire administratif*. — BAYLE (Paul), ◐, *sous-chef*.

CONSEIL JUDICIAIRE

Avocats à la Cour de cassation : TRÉZEL (Alphonse), ✳, LABBÉ (Jean), ✳.

Avocats à la Cour d'appel : ALLART (Henri), ✳ ; LAVOLLÉE (Julien) ; BOTTON (Max) ; MAILLARD (Georges), ✳ ; PÉRARD (Henry) ; DUROYAUME (Paul); DESPLAS (Georges), ✳, député; TAILLEFER (André) ; DOUARCHE (Léon) ; QUENTIN (Maurice), ✳; SCHMOLL (Louis), I. ◐.

Avoué à la Cour : GIBOU (Frédéric).

Avoués au Tribunal : ANCELOT (Eugène), ◐ ; DUBAIL (Robert).

Agréé : LESTELLE.

Administrateur de Sociétés près le Tribunal de Commerce : NAVARRE (Eugène), ✳.

Notaires : LANQUEST fils ; ADER (Jean).

INTRODUCTION

En pleine guerre, le « Comité Français des Expositions » a 'réussi à organiser deux grandes Expositions, San Francisco et Casablanca, qui ont obtenu le plus grand succès.

La première, San Francisco 1915, prolongée par celle de San Diego 1916, faisait revivre sur les rives du Pacifique notre admirable Palais de la Légion d'honneur. Ce ne fut pas seulement une manifestation industrielle ; elle eut des résultats politiques considérables ; si l'Ouest Américain embrassa avec tant d'ardeur la cause de l'Entente, ce fut certainement pour une grande partie dû à la France.

L'Exposition de Casablanca constitua également une manifestation à la fois industrielle et politique ; mais Casablanca, c'est le Maroc, le Maroc, c'est la France, et après elle, n'y aurait-il pas encore en France des Expositions dont l'organisation serait confiée à notre Comité? Le moment n'était-il pas venu d'élargir notre cadre et d'accepter de prendre toutes les initiatives quand le Gouvernement ferait appel à notre concours?

M. Emile DUPONT réunit donc le Conseil de Direction du « Comité Français des Exposit ons à l'Étranger » et il attira l'attention de ses collègues sur l'opportunité de modifier son titre.

Celui de « Comité Français des Expositions à l'Étranger » ne devait-il pas être changé en celui de « Comité Français des Expositions », pour donner à l'activité du Comité une carrière plus large en ne la limitant pas uniquement aux manifestations faites hors de France.

La proposition du Président fut acceptée par le Conseil à l'unanimité, et une instance fut immédiatement introduite auprès du Conseil d'État.

Celui-ci donna son approbation par le décret que voici :

« Le Président de la République Française,

« Sur le rapport du Ministre de l'Intérieur :
« Vu le décret du 12 juin 1901, qui a reconnu comme établissement d'utilité publique l'association dite « Comité Français des Expositions à l'Étranger et Réunion des jurys et comités des Expositions universelles », de Paris ;
« Le décret du 4 mai 1903, qui a modifié le titre et les statuts de cette association ;
« La délibération de l'Assemblée générale extraordinaire de l'Association, du 15 mars 1918 ;
« Les nouveaux statuts proposés ;
« Les pièces établissant la situation financière de l'Association ;
« L'avis du Préfet de la Seine du 3 juin 1918 ;
« L'avis du Ministre du Commerce, de l'Industrie, des Postes et des Télégraphes, du 17 mai 1918 ;
« La loi du 1er juillet 1901 et le décret du 16 août 1901 ;
« Le Conseil d'État entendu,

« Décrète :

« ARTICLE PREMIER. — L'Association dite « Comité Français des Expositions à l'Étranger et Réunion des jurys et comités des Expositions universelles », dont le siège est à Paris et qui a été reconnu comme établissement d'utilité publique par décret du 12 juin 1901, sous la dénomination de « Comité Français des Expositions à l'Étranger », portera désormais le titre de « COMITÉ FRANÇAIS des EXPOSITIONS » et sera régie par les statuts annexés au présent décret.
« ART. 2. — Le ministre de l'Intérieur est chargé de l'exécution du présent décret qui sera inséré au *Bulletin des Lois.*

« Fait à Paris, le 12 juillet 1918.

« *Signé* : R. POINCARÉ.

Par le Président de la République :

Le Ministre de l'Intérieur,
« Signé : J. PAMS. »

OU SE TIENDRA LA PROCHAINE EXPOSITION?

Après le décret du Conseil d'État, où se tiendra la première Exposition? A l'Étranger ou en France?

La question ne devait pas se poser bien longtemps, elle fut résolue par le Président du Comité, le sénateur Emile Dupont, au lendemain de la restitution de nos deux provinces l'Alsace et la Lorraine ; à ce sujet, dès le 22 novembre, un rapport fut adressé à M. Maringer, Haut Commissaire de la République à Strasbourg, pour lui proposer de faire à Strasbourg une manifestation industrielle et commerciale qui mettrait sous les yeux des Alsaciens les produits français, et sous les yeux des visiteurs à Strasbourg, les produits alsaciens et lorrains.

Ce projet prit corps à la suite du voyage officiel qui eut lieu à Strasbourg, à Metz, à Colmar et Mulhouse. On sait ce que fut ce voyage triomphal que le Président de la République, entouré des Ministres, des Sénateurs et Députés, fit à Strasbourg et dans les villes d'Alsace et Lorraine délivrées.

C'est à Strasbourg même, au milieu de l'allégresse générale, des ovations et de la joie patriotique, que M. Emile Dupont résolut définitivement de planter là le nouveau drapeau du Comité.

Sans retard, aussitôt rentré à Paris, M. Emile Dupont convoqua le Conseil de Direction, lui exposa son idée d'une Exposition nationale à Strasbourg, et reçut l'approbation enthousiaste de tous ses collègues.

Le Comité se mit aussitôt en rapport avec M. Maringer, lequel estima qu'une manifestation de l'industrie et du commerce français à Strasbourg devait être envisagée, en effet, dans le plus bref délai, aussi bien dans l'intérêt du reste de la France que dans l'intérêt même de l'Alsace et de la Lorraine.

Après que le Comité se fût concerté avec M. Maringer et avec M. Dedet, inspecteur général des Services du Commerce et de l'Industrie à Strasbourg, M. Émile Dupont écrivit à M. Clémentel, Ministre du Commerce, de l'Industrie, des Postes et des Télégraphes, la lettre dont voici le texte :

« Paris, le 9 janvier 1919.

« Monsieur le Ministre,

« Lors de mon récent voyage à Strasbourg, j'ai pu me rendre compte sur place de l'utilité qu'aurait une grande démonstration

industrielle et commerciale faisant suite aux magnifiques manifestations militaires et politiques auxquelles nous avons assisté avec tant
de joie.

« Afin de pouvoir vous communiquer à ce sujet les propositions
du « Comité Français des Expositions », je me suis mis en . rapport
officieux avec M. le Haut Commissaire du Gouvernement Français à
Strasbourg et avec M. l'Inspecteur général des Services du Commerce
et de l'Industrie en Alsace-Lorraine, et je puis aujourd'hui vous soumettre, Monsieur le Ministre, un projet d'exposition à Strasbourg.

« Elle n'aurait pas pour effet unique de mettre sous les yeux
des Alsaciens les produits français ; elle aurait en outre le but de
mettre sous les yeux des Français les produits d'Alsace. Il ne s'agit
point d'aller montrer à nos compatriotes d'Alsace ce qu'eux-mêmes
peuvent fournir, mais d'aller chez eux leur offrir les articles français
les intéressant spécialement ; d'autre part, l'Exposition serait une
présentation aux Français des articles qui sont spécialement produits
en Alsace-Lorraine ; notre programme ne serait pas d'ouvrir l'Alsace-
Lorraine à la France sans réciprocité : il établirait un contact entre
producteurs alsaciens-lorrains et producteurs français.

« Cette présentation se ferait donc en quelque sorte en partie
double, les uns et les autres disant : « Voilà ce que nous pouvons vous
offrir ; en retour, montrez-nous ce que vous pouvez mettre à notre
disposition. »

« Dans notre programme, — que nous n'établirons, bien entendu,
qu'après l'avoir examiné avec vous et avec vos collaborateurs, — les
conférences tiendraient une place importante.

« Au cours des trois mois, — mai, juin et juillet — pendant lesquels
nous estimons que devrait être ouverte l'Exposition, il y aurait huit
semaines en quelque sorte spécialisées, c'est-à-dire que chaque semaine
aurait, par catégorie, une présentation spéciale : il y aurait par exemple
la semaine de la librairie, la semaine de la métallurgie, celle de la
mode, celle de l'électricité, etc., etc...

« Les chefs d'industries seraient invités à venir en personne, pendant cette semaine spéciale, se mettre en rapport avec les visiteurs
intéressés. Ils ne confieraient pas cette représentation à de simples
agents n'ayant pas toujours toutes les qualités requises pour réussir
auprès de la clientèle : ce sont les chefs d'industrie qui se tiendraient
eux-mêmes en relations directes et personnelles avec leurs confrères
d'Alsace-Lorraine.

« Des conférences auraient lieu, non seulement pour que les intéressés puissent en bénéficier, mais aussi pour que nos compatriotes alsaciens reprennent contact avec la langue française, et cela dans un but de propagande nécessaire.

« Quant à la date de cette exposition, nous croyons, comme j'ai l'honneur de vous l'indiquer, qu'elle devrait être prochaine, sans cela nous courons le risque de voir les efforts anglais, américains et suisses, déjà perceptibles, atteindre leur but, avant même que nous ayons pu affirmer en pays français la prépondérance de l'industrie française.

« C'est donc pour le mois de mai que nous prévoyons l'ouverture de cette Exposition.

« En ce qui concerne l'emplacement, il y a lieu de se concerter à ce sujet avec les représentants de l'industrie et du commerce alsaciens-lorrains : nous aurons aussi, avec eux, sous votre égide, diverses questions d'organisation à traiter.

« Aussi, Monsieur le Ministre, venons-nous vous demander de vouloir bien, en réservant les questions de détail, nous donner une adhésion de principe pour l'idée même que j'ai l'honneur de vous soumettre : nous pourrons alors procéder immédiatement au travail nécessaire pour la préparation de cette œuvre patriotique et pour l'installation de l'Exposition.

« Veuillez agréer, Monsieur le Ministre, les assurances de notre haute considération.

Le Président,

Signé : ÉMILE DUPONT,

Sénateur de l'Oise.

A cette lettre, M. le Ministre répondit en ces termes :

« Paris, le 20 janvier 1919.

« Monsieur le Président,

« Par lettre du 9 janvier courant, vous avez bien voulu m'informer que le Comité français des Expositions se propose d'organiser très prochainement à Strasbourg une exposition dont vous m'avez indiqué les grandes lignes.

« Elle aurait pour but d'établir dès maintenant un contact entre producteurs français et producteurs alsaciens. Elle ferait une place importante aux conférences.

« Vous pensez notamment qu'au cours des trois mois pendant lesquels l'exposition sera ouverte, il y aura lieu d'organiser des semaines réservées à des présentations spéciales à une industrie déterminée, pendant lesquelles des séries de conférences seraient données et des relations personnelles s'établiraient entre les industriels et acheteurs intéressés.

« Vous estimez enfin, que cette manifestation commerciale, pour l'organisation de laquelle votre Comité aurait à s'entendre avec les représentants de l'industrie et du commerce alsaciens et lorrains et avec le Haut-Commissaire du Gouvernement à Strasbourg, devrait avoir lieu dans un délai aussi rapproché que possible, et de préférence pendant les mois de mai à juillet de cette année.

« Le projet que vous avez bien voulu me communiquer me paraît des plus intéressants et mon Département lui donne bien volontiers son adhésion de principe ainsi que vous avez bien voulu me le demander, se réservant d'examiner avec les représentants de votre Comité les questions de détail qui pourraient se poser à l'occasion de la réalisation de cette œuvre patriotique.

« Veuillez agréer, Monsieur le Président, l'assurance de ma considération la plus distinguée.

> « *Le Ministre du Commerce, de l'Industrie,*
> *des Postes et des Télégraphes,*
>
> Signé : CLÉMENTEL. »

Pour aller plus vite en besogne, M. le Président Émile DUPONT pensa que le mieux serait de causer à Paris même avec les représentants de la ville de Strasbourg. Sur son invitation une délégation de la Municipalité, de la Chambre de Commerce et de la Chambre des Métiers de Strasbourg, arrivait, le 10 avril 1919, à Paris.

Cette délégation était composée de :

M. UNGEMACH, Président de la Chambre de Commerce, conseiller municipal, ancien maire.

MM. HOFSTETTER et GRIMMEISEN, membres de la Chambre de Commerce.

M. HAUG, secrétaire général de ladite Chambre, conseiller municipal.

M. LEY (Xavier), vice-président de la Chambre des Métiers.

M. AMANN-FIRMERY, conseiller municipal.

M. DAUCHY, architecte municipal.

Deux réunions eurent lieu, sous la présidence de M. Émile DUPONT, Sénateur, Président du « Comité Français des Expositions », entre les délégués strasbourgeois et les membres du Comité Français et de l'Exposition Nationale à Strasbourg le jeudi 10 avril et le vendredi 11.

Au cours de ces réunions furent arrêtées et solutionnées les principales questions concernant l'Exposition Nationale, notamment celles des emplacements, de l'organisation administrative, de l'installation des exposants, du transport des voyageurs et des marchandises, de la manutention, de l'emmagasinage, des logements pour les exposants, des congrès et conférences, des fêtes et des réjouissances.

Furent également envisagées les questions de la création d'un Comité Régional d'Alsace et de Lorraine, de la date d'inauguration de l'exposition, des attractions, du droit de vente, et du fonctionnement du Jury.

Les travaux de la Commission, terminés dans la journée du vendredi, furent clôturés, le soir du même jour, par un dîner offert par le « Comité Français des Expositions » en l'honneur de MM. les Délégués strasbourgeois, sous la présidence de M. Clémentel, Ministre du Commerce, de l'Industrie, des Postes et des Télégraphes.

Au dessert, M. le Sénateur ÉMILE DUPONT, président du « Comité Français des Expositions », a pris la parole en ces termes :

« Monsieur le Ministre,
« Messieurs les Délégués de l'Alsace et de la Lorraine,
« Mes chers Collègues,

« Depuis qu'un calme relatif est revenu sur nos régions, beaucoup de propositions d'expositions ont été soumises à notre Comité. Nous les avons retenues nous réservant d'examiner chacune d'elles à loisir, parce que nous avions à cœur de réaliser, avant tout autre, un projet conçu par nous, celui d'une exposition nationale à Strasbourg.

« Nous voulions que le premier acte de notre Comité sous son nouveau nom, fût une manifestation chez nos frères enfin rendus à leur patrie, chez ces enfants qui avaient été enlevés par des nomades à leurs familles, heureuses de les retrouver aujourd'hui.

« Ce projet a reçu du Gouvernement l'accueil le plus favorable, mais il fut entendu que le Comité devrait agir en son nom et sous sa propre responsabilité, ce dont nous étions fort heureux : l'honneur de faire une exposition à Strasbourg était pour nous une récompense suffisante, et nous ne demandions pas de subvention.

« Notre proposition fut également accueillie avec faveur par M. le Haut Commissaire de la République Française en Alsace et

Lorraine, et avec enthousiasme par nos amis de l'autre côté des Vosges. Depuis lors, M. Millerand, Commissaire général de la République Française en Alsace-Lorraine, Président d'honneur de notre Comité, m'a affirmé qu'il comptait sur notre Comité pour rendre, une fois encore, des services comparables à ceux qu'il avait toujours rendus jusqu'à ce jour.

« Nous ne pouvions, certes pas débuter sous de meilleurs auspices.

« L'objet de cette exposition, dont l'idée s'est précisée le jour de mon voyage à Strasbourg et à Metz en décembre dernier avec les membres du Gouvernement et les parlementaires, est de montrer à nos compatriotes séparés de nous pendant une trop longue période que leur patrie de France est en mesure de leur fournir les produits qui auraient pu leur faire défaut, et, simultanément, de les amener à nous présenter les articles de leur propre production dont nous avons nous-mêmes besoin : en un mot, c'est le signal d'une nouvelle mise en commun de nos efforts industriels, l'entrée en action des échanges qui doivent s'établir sans tarder entre nous.

« Donc, cette manifestation, qu'il importe de ne pas ajourner, et dont la préparation exige une grande rapidité, ne devra, naturellement, comporter de part et d'autre que les seuls objets qui nous intéressent réciproquement. Cette condition est nécessaire à tous égards. Du reste, l'espace sera limité, puisque nous ne pouvons compter que sur le palais dit « de l'Empereur », sur l'Orangerie, et sur le hall du chemin de fer de l'Est.

« Les concours rencontrés jusqu'à présent, ceux aussi qui viennent s'offrir, répondent à nos désirs, et nous sommes convaincus de mener promptement à bien l'œuvre entreprise dans l'esprit que je viens de dire. Il ne sera, certes, pas indifférent de pouvoir de la sorte, au matin même du retour de nos chères provinces au foyer national, présenter ensemble, dans un tel cadre, les produits de nos industries. L'ennemi commun aura le loisir ainsi de constater, tout le premier, que nous n'avons pas voulu laisser échapper cette occasion immédiate de dresser devant lui un nouveau témoignage de notre vitalité et d'attester sur la terre d'Alsace et de Lorraine toute la force de l'unité française. *(Applaudissements.)*

« Les Alsaciens et les Lorrains ont immédiatement créé un Comité Régional dont le siège est à Strasbourg et qui aura des ramifications dans nos chères provinces. Les Délégués de ce Comité Régional ont bien voulu nous faire l'honneur d'assister à ce banquet. Ce sont : M. Ungemach, Président de la Chambre de Commerce de Strasbourg, ancien maire de Strasbourg... et quand je dis ancien, il n'est pas si ancien que cela, car c'est lui qui nous a reçus à Strasbourg au mois de décembre dernier *(applaudissements)* ; M. Xavier Ley, Vice-Président de la Chambre des Métiers de Strasbourg, institution dont le rôle est si considérable, vous le savez *(applaudissements)* ; M. Amann Firmery, conseiller municipal de Strasbourg *(applaudissements)* ; M. Haug, l'actif et très distingué secrétaire général de la Chambre de Commerce, conseiller municipal *(applaudissements)* ; M. Hofstetter, membre de la Chambre de Commerce *(applaudissements)* ; M. Grimmeissen, membre de la Chambre de Commerce *(applaudissements)* et M. Dauchy, architecte municipal de Strasbourg *(applaudissements)*.

« Dans les pourparlers que nous avons eus depuis, au cours des deux séances que nous avons tenues hier et aujourd'hui avec ces Messieurs, je ne dirai pas que nous nous sommes trouvés d'accord sur les solutions à adopter, mais nous l'avons toujours été sur les propositions, ce qui est le meilleur signe que nous marchons avec le même cœur vers un but commun.

« Je n'entrerai pas aujourd'hui dans les détails du projet ; mais je puis vous dire que nous avons été profondément touchés par la pensée délicate que ces Messieurs ont eue de faire concorder l'inauguration de l'exposition avec la première fête nationale qui sera célébrée cette année à Strasbourg *(Vifs applaudissements)*.

« Notre exposition constituera une des parties, la première, je crois, de la fête nationale *(Très bien)*. Était-il possible d'avoir une pensée plus haute, plus noble et qui pût nous réjouir davantage ? Nous sommes habitués, cependant, avec nos frères d'Alsace et de Lorraine à de pareils actes de délicatesse généreuse. Vous me permettrez à cet égard de vous donner lecture d'une lettre que j'ai reçue avant-hier du Préfet de l'Oise :

« Monsieur le Président de la Section Permanente des Pupilles de la Nation,

« M. Roederer, Président du Comité de l'Offrande de la Libération de l'Alsace et de la Lorraine, a fait parvenir à M. le Président de la République un chèque de un million sur les premières souscriptions recueillies en Alsace et en Lorraine pour venir en aide aux veuves et aux orphelins des soldats morts pour la Patrie *(Applaudissements)*. M. le Président de la République m'a adressé la somme de 56.000 fr. que vous trouverez ci-jointe en un chèque, cette somme est destinée à être distribuée sous votre contrôle et par les soins de la Commission Permanente des Pupilles de la Nation aux veuves et orphelins du Département qui se trouvent dans une situation digne d'intérêt *(Bravos ! Très bien.)*

« Messieurs, je pourrais allonger ce chapitre de la générosité de cœur des Alsaciens et des Lorrains ; je puis dire encore que tout à l'heure au cours de nos réunions ces Messieurs prévoyaient des festivals, des kermesses, des fêtes et qu'ils déclaraient bien haut que le produit en serait versé à la France en faveur de nos Départements martyrs. *(Nouveaux applaudissements.)*

« Il est indéniable qu'une exposition conçue et organisée sous de tels auspices doit avoir le plus grand succès et je crois, pour ma part, à un succès sans précédent. Je n'en veux d'autre preuve que votre présence à tous, alors que vous avez été prévenus, il y a 24 heures à peine, de cette réunion, destinée à célébrer la présence des délégués de Strasbourg ; c'est pour nous le gage certain d'une coopération qui assurera à la manifestation nationale que nous avons entrperise le plus grand éclat. On a prétendu, de l'autre côté du Rhin, qu'il fallait un plébiscite pour sanctionner la réunion de nos provinces recouvrées à la mère patrie, mais nous avons constaté au mois de décembre dernier que ce plébiscite était fait : vous allez le renouveler, — que dis-je, vous l'avez renouvelé et c'est là un avis formel donné à ceux qui avaient formulé une telle prétention !

« Messieurs, je vous convie à lever vos verres en l'honneur des délégués et au grand succès de l'exposition nationale à Strasbourg. *(Applaudissements.)*

M. Ungemach, Président de la Chambre de Commerce de Strasbourg, prit ensuite la parole en ces termes :

(L'orateur en se levant est accueilli par des applaudissements et des acclamations répétées).

    « Monsieur le Ministre,
    « Messieurs,

« Est-il besoin de vous dire l'émotion que j'éprouve après l'accueil que vous nous avez fait? Arrivé ce matin, je fus prévenu que nous verrions ce soir avec les membres du Comité quelques exposants ; aussi, mes collègues et moi, croyions que notre réunion serait restreinte et tout à fait intime.

« Vous ne sauriez donc croire à quel point nous sommes profondément touchés en constatant l'élan avec lequel vous êtes venus ici dès que vous avez su qu'il était question de l'Alsace, de la Lorraine et de Strasbourg pour nous manifester vos sentiments à l'égard des provinces recouvrées. Nous vous en remercions, Messieurs, de tout notre cœur *(Vifs applaudissements)*.

« Il ne faut pas oublier que c'est à l'industrie et au commerce que l'Allemagne a dû son succès inouï ; c'est ce succès même qui l'a amenée, peut-être, à cet acte de folie qui l'a conduite à sa perte, à sa perte définitive *(Nouveaux applaudissements)*.

« Monsieur le Ministre, vous me permettrez de vous dire que nous avons été touchés de voir le souci que vous aviez de nos intérêts et nous applaudissons de toutes nos forces à l'aube de cette ère nouvelle que vous venez d'ouvrir en ce qui concerne les régions économiques. Cette division procède d'une idée plus large que celle qui se rattache à nos anciennes divisions territoriales. Vous avez compris que les temps qui vont venir nécessitent de nouveaux groupements, et ces groupements sont, grâce à votre initiative, en pleine voie de réalisation.

« Dans nos régions, déjà, nous avons eu des exemples qui montrent cette cristallisation des forces et des besoins économiques et qui nous donneront certainement, pour le but que nous voulons chercher à atteindre, les résultats que nous espérons tous.

« Nous vous remercions, Monsieur le Ministre, de ce que vous avez fait à cet égard et je suis convaincu aujourd'hui que vous obtiendrez un plein succès dans tout ce que vous avez fait ou tenté pour le commerce et l'industrie.

« J'ai constaté, à votre arrivée, que l'on n'a pas attendu d'avoir les nouvelles que vous allez nous donner pour vous applaudir comme vous le méritez ; croyez que nous aussi, nous vous avons applaudi de toutes nos forces et que nous souhaitons, pour nous, que vous dirigiez longtemps encore les intérêts du commerce et de l'industrie en France *(Applaudissements)*.

« A mon tour, je lève mon verre au succès de cette exposition qui va constituer une nouvelle communion des anciennes provinces avec la mère patrie *(Vive approbation)*. Nous obtiendrons certainement le succès grâce au concours que vous nous apporterez ; votre présence m'en est le garant le plus précieux.

« Nous aurons alors en Alsace une nouvelle journée qui s'ajoutera à celles, si émotionnantes, que nous avons vécues à la fin de l'an dernier : nous vous en remercions, Messieurs, de tout cœur à l'avance. Je bois, Messieurs, au succès de l'exposition de Strasbourg *(Applau-*

dissements prolongés et répétés ; l'orateur est salué par un double ban d'acclamations). »

M. Clémentel, Ministre du Commerce et de l'Industrie, se lève ensuite et prononce un éloquent discours ; après avoir commencé par saluer M. Ungemach, Président de la Chambre de Commerce de Strasbourg, de paroles émues, et adressé également des remerciements à M. le Président Émile Dupont « d'avoir eu cette idée charmante et si française de vous tourner immédiatement, à l'heure même où nous commençons à nous retrouver ce que nous étions avant la guerre, vers une exposition alsacienne et lorraine.

« Dans notre effort commun, je vous le dis à vous, mes amis de l'Alsace et de la Lorraine, et à vous, mes amis de France, il est nécessaire, si nous voulons tirer parti, le plus grand parti possible de cette reconstitution de la grande famille française, de faire rapidement les plus grands efforts pour mettre côte à côte ce que nous sommes, ce que nous voulons, ce que nous savons, nos richesses, nos efforts et nos progrès.

« Nous allons aller à vous, vous allez, je le sais, avec fierté, étaler devant nous vos richesses que nous connaissons bien, d'ailleurs. Nous connaissions, d'abord, et avant tout, les richesses profondes de vos cœurs et de vos intelligences par nos populations de l'Est ; nous savions ce que vous êtes par ceux qui sont le long de la frontière et plus spécialement dans cette capitale si hardie, au point de vue industriel, qu'est Nancy, nous savions ce que vous pourriez apporter d'énergie et de vitalité à la prospérité française.

« Vous allez nous montrer des richesses naturelles ; nous les connaissions aussi, et il semble que ces filons qui s'étendaient de notre Lorraine non annexée vers la vôtre étaient comme des fibres profondes qui unissaient la patrie française, malgré la frontière artificielle que des maîtres arrogants lui avaient donnée. C'était, on pourrait le dire aussi, comme les racines d'un arbre géant qui, passant en dessous, avaient poussé des rejetons de l'autre côté de la muraille *(Applaudissements)*. C'était comme le lien qui, aujourd'hui, nous unit pour toujours, le lien qui, malgré l'envahisseur, restait profond et souterrain, le lien que nul ne pourrait jamais briser *(Applaudissements)*.

« Vous allez nous montrer, à côté de vos richesses minérales, de votre potasse qui sera si utile pour régénérer la vieille terre de France, vos vins chatoyants de Moselle, votre grande industrie, surtout votre grande industrie textile.

« Nous allons vous montrer, avec fierté aussi, ce qu'a été la France pendant les quarante dernières années ; nous allons vous montrer quels efforts elle a faits, quels progrès elle a réalisés dans son outillage, dans ses méthodes et quelle volonté d'action l'anime.

« C'est ainsi que demain, côte à côte, tous ensemble, vers le même but : la prospérité française, nous allons prendre notre chemin courageusement. Soyez tranquilles, le gouvernement et tous les industriels français, dont vous êtes maintenant, sauront bien relever le pays plus rapidement qu'on ne le croit *(Vifs applaudissements)*. Certes, l'œuvre à accomplir est difficile et ce n'est pas avec nonchalance ou avec béatitude qu'il faut considérer l'heure de la victoire. Autrefois la victoire signifiait le retour au foyer, le champ, la famille retrouvés.

« Mais, après une pareille épreuve, après ces quatre ans et demi d'angoisses patriotiques, le monde me paraît être dans la situation d'un homme qui aurait dû, pour franchir un immense précipice, passer sur des corps humains et qui, maintenant, s'élèverait péniblement vers des sommets au delà desquels seulement il trouvera l'ère de la paix, de la prospérité et de la fraternité humaines. Nous avons encore de sombres défilés à franchir ; il faut que nous en soyons bien persuadés car nous devons être forts et rester courageux. »

M. le Ministre du Commerce poursuit ensuite son discours en célébrant les paysans de France qui réussiront en très peu de temps, à reconstituer son approvisionnement et même son cheptel.

Il arrive ensuite à la question de l'approvisionnement national en charbon, de l'utilisation des forces hydrauliques, des méthodes nouvelles à appliquer dans les diverses branches de l'industrie française. Enfin, il indique à grands traits, comment doit se faire l'organisation de la vie économique en France : il achève de mettre la main à la constitution d'une union des Syndicats nationaux des producteurs français.

Ceci le conduit à réorganiser le Conseil supérieur du Commerce où il appellera à la fois les représentants des syndicats et les représentants des groupements régionaux des Chambres de Commerce.

M. le Ministre annonce enfin qu'il vient d'obtenir du Parlement la transformation de l'Office national du Commerce extérieur qui sera désormais doté d'un crédit annuel de 5 millions.

Il annonce, en outre, la création d'une série d'offices nationaux à l'étranger, la réorganisation de l'organisme des attachés commerciaux. Il fait ensuite connaître à l'assemblée la création définitive de la Banque nationale à l'exportation.

M. Clémentel, termine enfin par la péroraison suivante :

« Pour conquérir cette toison d'or de la prospérité nationale, nous ne devons marchander aucun sacrifice ; nous devons songer surtout à ceux qui sont tombés pour nous et si, au milieu de la route hérissée d'obstacles, vous aviez un instant d'abattement, d'inquiétude et de crainte, arrêtez-vous et écoutez les voix qui montent de ces millions de tombes qui fleurissent de cocardes tricolores nos champs du Nord et de l'Est ; ils vous diront, ceux qui sont tombés, qu'il ne faut jamais désespérer, qu'il faut croire, qu'il faut conserver la foi dans notre grand idéal national. Ils vous diront, maintenant que vous êtes réunis les mains dans les mains : Allez courageusement, la France a confiance en vous ; elle sait que vous allez édifier le plus magnifique monument que l'humanité puisse connaître, celui d'une nation ouvrant le chemin à la liberté ardemment éprise de l'idéal le plus pur, mais n'oubliant pas les grandes réalités et qui demande, pour tous ses enfants, la possibilité de suivre cette voie splendide qui les conduira à la fois à la prospérité et au bonheur humains ! »

A l'issue du dîner, le télégramme suivant a été adressé à M. Millerand, commissaire général de la République française à Strasbourg :

« 300 membres du Comité français des Expositions, réunis en un Banquet à l'occasion de l'Exposition nationale à Strasbourg, sous la présidence de M. Clémentel, ministre du Commerce, pour fêter leurs compatriotes d'Alsace et de Lorraine, adressent à M. le Commissaire général Millerand, avec leurs remerciements pour ses vœux, l'expression de leur entier dévouement.

Le Président du Comité Français des Expositions.

EMILE DUPONT,
Sénateur de l'Oise.

Dès lors, l'organisation de l'Exposition nationale à Strasbourg put se poursuivre dans les meilleures conditions.

En M. Millerand, député, ancien ministre du Commerce, ancien ministre de la Guerre, appelé aux hautes fonctions de Commissaire général de la République française en Alsace et Lorraine, le Comité trouva le concours le plus empressé ; il était depuis 1900 le Président d'honneur de notre Comité et savait les services qu'il pouvait en attendre.

La date d'inauguration fut définitivement fixée au 19 juillet, celle de la fermeture au 15 octobre.

Quatre emplacements principaux étaient mis à la disposition du Comité :

1º Le Palais ci-devant impérial.

2º Le Palais du Parlement où se réunissait la Chambre des députés alsaciens et lorrains (Landtag).

3º L'ancienne gare qui, avec son immense hall et les grandes salles qui l'entourent, constitue un Palais de l'Industrie rappelant celui qui s'élevait jadis aux Champs-Élysées, à Paris.

4º L'Orangerie, ancien château construit par la ville de Strasbourg pour l'Impératrice Joséphine, avec des annexes place Le Nôtre.

Certes, la place manquait un peu pour loger convenablement tous les produits que les industriels de toutes les régions de France, Alsace et Lorraine en tête, voulaient grouper ; mais chacun mit du sien pour se restreindre dans les mesures indiquées et pour arriver à une présentation homogène digne de notre pays et de la magnifique ville qui donnait l'hospitalité au Comité français pour sa première manifestation en France.

D'autres expositions ont été plus étendues et ont eu plus de participants ; d'autres viendront qui offriront également plus d'emplacements et réuniront plus d'exposants ; mais aucune n'aura donné aux organisateurs autant de réconfort patriotique, autant de joie pour les superbes résultats obtenus.

Si, aux expositions organisées par le Comité, on donnait, au lieu d'un nom de ville et d'une date, une appellation particulière comme il est fait pour les promotions à Saint-Cyr, nous pourrions dire que l' « Exposition nationale à Strasbourg 1919 pour le développement de l'Industrie et du Commerce en Alsace et Lorraine », c'est : l' « *Exposition de la Victoire* ».

MINISTÈRE DU COMMERCE
DE L'INDUSTRIE
DES POSTES ET DES TÉLÉGRAPHES

M. CLÉMENTEL, Député
Ministre du Commerce, de l'Industrie, des Postes et des Télégraphes

M. CHARMEIL (Alexis), Conseiller d'État, Directeur du Personnel, des Expositions et des Transports.

M. TÉNOT (Henri), Directeur de l'Enseignement technique.

M. FIGHIÉRA (Roger), directeur des Affaires commerciales et industrielles.

MINISTÈRE DE L'AGRICULTURE
ET DU RAVITAILLEMENT

M. NOULENS, Député
Ministre de l'Agriculture et du Ravitaillement

M. VIGER (Albert), sénateur, ancien ministre de l'Agriculture, Président du Comité agricole et horticole français des expositions internationales, Président du Groupe de l'Agriculture et de l'horticulture.

M. DABAT, directeur général des Forêts.

MINISTÈRE DE L'INSTRUCTION PUBLIQUE

M. LAFFERRE, Député
Ministre de l'Instruction Publique

MINISTÈRE DES AFFAIRES ÉTRANGÈRES

M. Stephen **PICHON**, Sénateur
Ministre des Affaires étrangères

MINISTÈRE DES COLONIES

M. Henry **SIMON**, Député
Ministre des Colonies

MINISTÈRE DU TRAVAIL
ET DE LA PRÉVOYANCE SOCIALE

M. **COLLIARD**, Député
Ministre du Travail et de la Prévoyance sociale

M. LOURTIES (Victor), sénateur, ancien ministre
Président du Groupe de l'Économie sociale.

VILLE DE PARIS
ET DÉPARTEMENT DE LA SEINE

M. Auguste **AUTRAND**
Préfet de la Seine

M. Louis **AUBANEL**
Secrétaire général

M. **RAUX**
Préfet de Police

M. **PAOLI**
Secrétaire général

CONSEIL MUNICIPAL DE PARIS

M. Emmanuel **ÉVAIN**
Président

Vice-Présidents.	M D'ANDIGNÉ.
	M. César CAIRE.
	M. FLEUROT.
	M. Jean VARENNE.
Secrétaires	M. AUCOC.
	M. G. FIANT.
	M. POINTEL.
	M. GRANGIER.
Syndic.	M. André GENT.

CONSEIL GÉNÉRAL DE LA SEINE

M. Jean MARTIN
Président

Vice-Présidents	M. ROBAGLIA. M. VIROT. M. Étienne OUDIN. M. ROLLIN.
Secrétaires	M. FONTAINE. M. LE MENUET. M. DE PUYMAIGRE. M. BACHELET.
Syndic.	M. GENT.

COMMISSION DES EXPOSITIONS

MM. DAUSSET (Louis), ancien Président du Conseil municipal, Rapporteur général du Budget de la Ville de Paris, *Président*.

DEVILLE, ancien Président du Conseil municipal, Président de la 4ᵉ Commission du Conseil municipal ; *Vice-Président*.

CHAUSSE, ancien Président du Conseil municipal, *Vice-Président*.

BELLAN, ancien Président du Conseil municipal.

CHASSAIGNE-GOYON, ancien Président du Conseil municipal, Président de la 1ʳᵉ Commission du Conseil municipal.

CHÉRIOUX (Adolphe), ancien Président du Conseil municipal, Président de la 3ᵉ Commission.

DUVAL-ARNOULD, Président du Comité du Budget.

MM. GALLI (Henri), député, ancien Président du Conseil municipal.

GENT (André), Syndic du Conseil municipal et du Conseil général.

LE CORBELLER, Président de la 2ᵉ Commission du Conseil municipal.

NAVARRE, ancien Président du Conseil municipal.

PEUCH (Louis), Président de la 6ᵉ Commission du Conseil municipal.

MARTIN (Jean), Président du Conseil général.

REBEILLARD, Rapporteur général du Compte.

ROUSSELLE (Henri), Président de la 5ᵉ Commission du Conseil municipal.

SELLIER (Henri), rapporteur général du Budget du Département.

DUCREUX (Gérard), Secrétaire rédacteur au Conseil municipal de Paris, secrétaire administratif.

SERVICE D'ORGANISATION
ET D'INSTALLATION

MM. GARNIER (Henri), Directeur administratif des Services d'Architecture et des Promenades et Plantations.

MAZOYER (C. M.), chef du Secrétariat de la Direction des Services d'Architecture et des Promenades et Plantations.

MM. BONNIER (Louis), Inspecteur général des Services techniques
d'Architecture et d'Esthétique de la Préfecture de la Seine,
Commissaire général des Expositions municipales.

BOUVARD (Roger), Architecte diplômé du Gouvernement,
chargé de l'installation du Pavillon de la Ville de Paris et
délégué à Strasbourg.

VINCENT (André), architecte, inspecteur des travaux d'installation.

BOUVET (Jules), géomètre de la Ville de Paris, attaché au Service des Expositions.

DESTRÉE (L. F.), Secrétaire de l'Inspecteur général et du
Commissaire général des Expositions municipales.

PRÉFECTURE DE POLICE

M. GILLET (Lucien), architecte contrôleur de la Préfecture de
police.

CONSEIL MUNICIPAL

M. DAULY, Directeur des Secrétariats du Conseil Municipal
et du Conseil Général.

M. WEISS, chef du Cabinet du Président.

M. MOREAUD, chef du Secrétariat du Syndic.

1 Insigne de Conseiller municipal, par M. BRANDT (Paul).

2 Écharpe de Conseiller municipal, par M. BRANDT (Paul).

MÉDAILLES DE LA VILLE DE PARIS

(Exécutées par les soins de la Direction des Beaux-Arts et des Musées.)

3 Enseignement du dessin, par BOTTÉE (Louis-Alexandre).

4 Halles centrales, par BOVY (Jean-François-Antoine).

5 Abattoirs et Marché aux bestiaux de la Villette, par BOVY (Jean-François-Antoine).

6 Réédification de l'Hôtel-de-Ville, par CHAPLAIN (Jules-Clément).

7 et 8 Conseil municipal (1900-1904-1908), par CHAPLAIN (Jules-Clément).

9 Commémoration de l'emploi des aérostats pour la défense de Paris, par CHAPLAIN (Jules-Clément).

10 Centenaire de Victor Hugo, par CHAPLAIN (Jules-Clément).

11 Église Saint-Pierre de Montrouge, par DEGEORGE (Charles-Jean-Marie).

12 Mairie du Xe arrondissement de Paris, par DUBOIS (Alphée).

13 LA République et la Ville de Paris, par DUPUIS (Daniel-Jean-Baptiste).

14 Église Saint-Joseph, par DUPUIS (Daniel-Jean-Baptiste).

15 Tour Eiffel, par LEVILLAIN (Ferdinand).

16 La Ville de Paris, par PRUD'HOMME (Georges-Henri).

17 Plaquette du Concours musical de la Ville de Paris, par PRUD'HOMME (Georges-Henri).

18 Visite de l'Hôtel des Monnaies par le London County Council, par PRUD'HOMME (Georges-Henri).

19 Commission municipale du Vieux Paris, par PRUD'HOMME (Georges-Henri).

20 Médaille de la Commission d'Hygiène publique et de Salubrité, par ROTY (Louis-Oscar).

21 Plaquette de l'Adduction des Sources de l'Avre, par ROTY (Louis-Oscar).

de la Fondation de Saint-Pétersbourg.

54 Voyage de S. M. le Roi Alphonse XIII en France.

55 Réception de S. M. Carlos Ier Roi de Portugal, à l'Hôtel de Ville de Paris.

56 Voyage et réception de la Délégation du Conseil Municipal de Paris à Prague, en 1908.

57 Voyages et réceptions des Membres du Bureau du Conseil Municipal de Paris à Vienne et des Délégués de la Municipalité de Vienne à Paris.

58 Voyages et réceptions des Délégués de la Ville de Turin à Paris et des Délégués du Conseil Municipal de Paris à Rome, Florence et Turin.

59 Réception à l'Hôtel de Ville de M. Raymond Poincaré, Président de la République (18 février 1913.)

60 Relation officielle du voyage et des réceptions du Conseil Municipal de Paris à Prague (juin et juillet 1912).

61 Relation officielle du voyage à Toulon et à la Seyne des Membres du Conseil Municipal de Paris et du Bureau du Conseil Général de la Seine, à l'occasion de la mise à l'eau du cuirassé « Paris ».

62 Le premier voyage officiel en Alsace-Lorraine française (8-9-10 décembre 1918), par René WEISS, Chef du Cabinet du Président du Conseil Municipal de Paris.

63 Notice sur les Services municipaux de Paris.

64 Album de la Ville de Paris.

CABINET DU PRÉFET DE LA SEINE

M. DARRAS (Pierre), directeur du Cabinet.

COMMISSION MUNICIPALE DU VIEUX PARIS.

65 Procès-verbaux de la Commission du Vieux Paris, de 1898 à 1911 (14 volumes).

66 Spécimens de feuilles de l'Atlas de Paris au 1/1000e résumant les renseignements géologiques relevés dans les fouilles.

(Travaux exécutés par l'Inspection générale des Carrières de la Seine.)

DIRECTION DES BEAUX-ARTS ET DES MUSÉES

M. Raphaël FALCOU, Directeur.

M. LAURENS (P.-Justin), Inspecteur des Beaux-Arts.
M. DEFAUX (Albert), Inspecteur des Musées.

SCULPTURE

SPÉCIMENS

67 Le Faune à la Fontaine, par BADIN (Jean-Victor).
68 L'Écho des Bois, par PLÉ (Henri-Honoré).
69 Le premier Frisson, par ROUFOSSE (Charles-Joseph).

AQUARELLES

ORIGINAUX

Aquarelles exécutées en Alsace et en Lorraine par M. Truffaut, artiste peintre, à la suite de l'armistice (1918-1919).

(Ces aquarelles appartiennent à la Ville de Paris.)

70 Strasbourg, rue aux environs de la Cathédrale.
71 Mulhouse, rue à la banderolle « Vive la France ».
72 Colmar, rue des Marchands (vue du premier étage).
73 Mulhouse, rue des Boulangers.
74 Colmar, vieille rue.
75 Colmar, vieille rue.
76 Mulhouse, place de l'Hôtel-de-Ville.
77 Strasbourg, place du Corbeau.

78 Strasbourg, Grande-Rue.
79 Colmar, la Cathédrale.
80 Strasbourg, quartier des Tanneries (la Petite France).
81 Strasbourg, rue (au fond la Cathédrale).
82 Kaysersberg, entrée au village.
83 Metz (1915).
84 Saverne (église).

ESQUISSES DES TABLEAUX FAISANT PARTIE DE LA DÉCORATION DES SALONS DE L'HOTEL DE VILLE

85 Vue de Champigny, par BELLEL (Jean-Joseph).
86 Vue d'Arcueil, par BELLEL (Jean-Joseph).
87 Presqu'île de Saint-Maur, par BELLEL (Jean-Joseph).
88 Paysage, par BERNIER (Hippolyte).
89 L'île Saint-Denis, par BERTHELON (Eugène).
90 Place du Châtelet, par BINET (Victor).
91 Paysage, par BRETON (Emile-Adelard.)
92 Fêtes au bord de l'eau, par CLAIRIN (Georges).

93 La Poésie, par COLLIN (Raphael).

94 Bords de la Seine, par COLLIN (Gustave).

95 Hauteurs de Passy, par CHARNOY (Armand).

96 La Peinture, par DAGNAN-BOUVERET (Pascal).

97 Panneau de plafond (Ancien Hôtel de Ville), par DELACROIX (Ferdinand-Victor-Eugène).

98 Retour de la Campagne de 1807, par DÉTAILLE (Édouard).

99 Les enrôlements volontaires en Septembre 1792, par DETAILLE (Édouard).

100 Vue prise à Bougival, par FRANÇAIS (François-Louis).

101 La Musique, par GERVEX (Henri).

102 4 Écoinçons, par GLAIZE (Léon).

103 Boulevard Berthier, par GUIGNARD (Gaston).

104 Paysage, par HANOTEAU (Hector).

105 Le Luxembourg, par HARPIGNIES (Henri).

106 Portrait, par LAURENS (Jean-Paul).

107 Port-Saint-Nicolas, par LAPOSTELET.

108 Le Luxembourg, par LE LIÉPVRE (Jean).

109 Le Val-de-Grâce, par LOIR (Luigi).

110 Deux écoinçons, par MARTIN (Henri).

111 Un plafond, par MARTIN (Henri).

112 Étang de Meudon, par MICHEL (François-Emile).

113 Plafond de la Salle des Fêtes, par MOROT (Aimé).

114 Fleurs, par MOUGINOT.

115 La Ville de Paris à Strasbourg, par PICARD (Georges).

116 L'Été, par PUVIS DE CHAVANNES (Pierre).

117 L'Hiver, par PUVIS DE CHAVANNES (Pierre).

118 Carrières d'Arcueil, par SAINTIN (Henri).

119 L'Histoire, par THIRION (Eugène-Romain).

120 Bassin de l'Arsenal, par VAUTHIER (Pierre).

121 Iles du Bas-Meudon, par YON (Edouard-Charles).

122 Boulevard des Invalides, par ZUBER.

PEINTURE

123 Les canons devant les statues de Strasbourg et Lille. — Octobre 1914, par BELLAN (Gilbert-Louis).

GRAVURE

124 La Grogne de 1914...... 19...... par RUFFE (Léon-Henri). (Gravure sur bois).

SECRÉTARIAT GÉNÉRAL

INSTITUT D'HISTOIRE, DE GÉOGRAPHIE
ET D'ÉCONOMIE URBAINES DE LA VILLE DE PARIS

———

M. POETE (Marcel), Directeur.

———

PUBLICATIONS
DU SERVICE

HISTOIRE GÉNÉRALE
DE PARIS

Ouvrages parus jusqu'en 1913.

125 Introduction à l'Histoire générale de Paris.

126 Topographie historique du Vieux Paris.

127 Paris et ses historiens, aux xive et xve siècles.

128 Les anciennes Bibliothèques de Paris.

129 Le Cabinet des Manuscrits de la Bibliothèque Nationale.

130 Les Armoiries de la Ville de Paris.

131 Les Jetons de l'Échevinage parisien.

132 Le Livre des Métiers d'Étienne Boileau.

133 Les Métiers et Corporations de la Ville de Paris.

134 Les Registres du Bureau de la Ville.

135 Cartulaire général de Paris.

136 Épitaphier du Vieux Paris.

137 La Bastille.

138 Atlas de la Censive de l'Archevêché dans Paris.

139 Paris à l'époque gallo-romaine.

COLLECTION DE DOCUMENTS RELATIFS A L'HISTOIRE DE PARIS PENDANT LA RÉVOLUTION FRANÇAISE.

Ouvrages parus jusqu'en 1913.

140 L'État de Paris en 1789.

141 Le Personnel municipal pendant la Révolution.

142 Actes de la Commune de Paris pendant la Révolution.

143 Les Clubs contre-révolutionnaires.

144 Paris pendant la réaction thermidorienne et sous le Directoire.

145 Paris sous le Consulat.

146 Les Volontaires nationaux pendant la Révolution.

147 Paris sous le Premier Empire.

PUBLICATIONS RELATIVES
A LA
RÉVOLUTION FRANCAISE

Ouvrages parus jusqu'en 1913.

148 Répertoire général des sources manuscrites de l'Histoire de Paris pendant la Révolution française.

149 Bibliographie de l'Histoire de

Paris pendant la Révolution française.

BIBLIOTHÈQUE D'HISTOIRE DE PARIS

BULLETIN DE L'INSTITUT D'HISTOIRE, DE GÉOGRAPHIE ET D'ÉCONOMIE URBAINES DE LA VILLE DE PARIS.

CATALOGUE MÉTHODIQUE DE L'INSTITUT D'HISTOIRE, DE GÉOGRAPHIE ET D'ÉCONOMIE URBAINES DE LA VILLE DE PARIS.

PUBLICATIONS DIVERSES

EXPOSITIONS SPÉCIALES

L'EXTENSION DE PARIS A TRAVERS LES AGES.

ANCIENNES PORTES ET BARRIÈRES.

188 à 203 Les barrières de l'enceinte des Fermiers généraux.

204 La Barrière du Roule vers 1855.

205 La barrière de Montceau vers. 1558.

206 La Barrière de Chaillot vers 1855.

ARCHIVES DE LA VILLE DE PARIS ET DU DÉPARTEMENT DE LA SEINE

MM. BARROUX (Marius), archiviste de la Seine.

207 Documents de 1112 à 1871.

208 Spécimens de pièces administratives de l'ancien régime.

209 Étiquettes de papetiers parisiens du XVIIIe siècle.

210 Inventaire des archives de la période révolutionnaire.

211 Répertoire alphabétique du fonds des Domaines.

DIRECTION DE L'ENSEIGNEMENT PRIMAIRE

M. J. LEFEBVRE, Inspecteur d'Académie,
Directeur de l'Enseignement.

M. GODARD (J.), Directeur administratif des Services
de l'Enseignement

ÉCOLE BOULLE (Arts et Sciences appliqués aux industries du mobilier).

ÉCOLES PROFESSIONNELLES DE JEUNES FILLES.

212 Salon Louis XVI.

213 Robes et chapeaux, coussins brodés et fleurs artificielles.

ÉCOLES BERNARD-PALISSY & GERMAIN PILON.

214 Travaux d'élèves.

ÉCOLE DE JEUNES FILLES, 24, *rue Duperré*.

215 Travaux d'élèves.

ÉCOLE ESTIENNE.

216 Travaux d'élèves.

REPRÉSENTATION PAR L'IMAGE DE RENSEIGNEMENTS STATISTIQUES RELATIFS A L'ENSEIGNEMENT PRIMAIRE DE LA VILLE DE PARIS.

217 Effectifs des élèves des établissements scolaires de la Ville de Paris.

218 Effectifs du Personnel enseignant des établissements scolaires de la Ville de Paris.

DIRECTION DES AFFAIRES MUNICIPALES

M. MENANT (A.), Directeur.

REPRÉSENTATION PAR L'IMAGE DE RENSEIGNEMENTS STATISTIQUES.

219 et 220 Transports en commun dans Paris (Tramways et Omnibus).

DIRECTION DE L'HYGIÈNE, DU TRAVAIL ET DE LA PRÉVOYANCE SOCIALE

M. CAZÉE (L.), Directeur.

SERVICE DES HABITATIONS A BON MARCHÉ.

M. ETEVENON, Chef de Service.

221 Notice sur la question des Habitations à bon marché à Paris et sur l'œuvre de la Ville de Paris.

Concours ouvert par la Ville de Paris pour la construction d'habitations à bon marché sur des terrains communaux.

SERVICE DU TRAVAIL

M. P. SYROT, Chef de Service.

OFFICE DÉPARTEMENTAL DE PLACEMENT ET DE STATISTIQUE LU TRAVAIL

M. TOUZAA, Chef du Service technique.

223 1º Un graphique.

224 2º Renseignements divers.

225 3° Adresse des différents services de l'Office.

226 4° Un taxiphote permettant de voir les photographies des différents services de l'Office.

BUREAU ADMINISTRATIF DES SERVICES D'HYGIÈNE.

M. Ulrich, Chef de Bureau.

SERVICE DE SURVEILLANCE DES EAUX D'ALIMENTATION DE PARIS.

M. F. Dienert, Chef de Service.

227 Vues stéréoscopiques des différents périmètres des sources captées de la Ville de Paris, des bassins filtrants et usines de stérilisation.

228 Photographies, cartes et dessins relatifs aux appareils employés pour l'étude des eaux.

229 Annales de l'Observatoire de Montsouris. Etudes des sources de la région de Provins (Seine-et-Marne).

230 Notice sur le fonctionnement du Service de Surveillance des Eaux d'alimentation de Paris.

231 Étude des projets d'adduction d'eau présentés en vue de l'alimentation de Paris.

232 Études faites sur la qualité des eaux des Vals de Loire.

OFFICE PUBLIC D'HYGIÈNE SOCIALE DU DÉPARTEMENT DE LA SEINE.

M. Guillon, Directeur.

233 Plans d'aménagements de boutiques en dispensaires.

234 Sanatorium d'Yerres (Seine-et-Oise).

235 Centre de placement familial de Saint-Pierre-le-Moutier. (Nièvre).

236 Préventorium du Plessis-Robinson (Seine).

237 École de plein air de Fontaine-Bouillant (Eure-et-Loir).

DIRECTION DES SERVICES D'ARCHITECTURE
ET DES PROMENADES ET PLANTATIONS
DE LA VOIRIE ET DU PLAN DE PARIS

M. GARNIER (Henri), Directeur des Services d'Architecture et des Promenades et plantations.

BUREAU CENTRAL ET SECRÉTARIAT

M. MAZOYER (C. M.), Chef de Bureau.

BUREAU ADMINISTRATIF D'ARCHITECTURE

M. MILLET, Chef de Bureau.

SERVICES TECHNIQUES D'ARCHITECTURE
ET DES PROMENADES ET PLANTATIONS

M. BONNIER (Louis), Inspecteur général des Services techniques d'Architecture et d'Esthétique de la Préfecture de la Seine.

238 Spécimen de Groupe scolaire, avenue Félix-Faure et rue Balard, par ELAVETTE (Victor-Auguste).

239 Projets et aménagements du Pavillon de la Ville de Paris à l'Exposition Nationale de Strasbourg, par BOUVARD (Charles-Louis-Roger). *Collaborateur* : VINCENT (André).

240 Travaux d'agrandissement du Musée Carnavalet, à Paris, par FOUCAULT (Roger).

241 Reconstruction des Écoles professionnelles de garçons Bernard-Palissy et Germain-Pilon, par LEFOL (Joseph-Casimir) et LEBRET (Paul-Frédéric-Joseph).

242 Spécimen d'École maternelle, rue Dupetit-Thouars, par SARDOU (Pierre).

SERVICE DES PROMENADES ET PLANTATIONS

ARCHITECTURE DES PROMENADES.

M. Formigé (Jean-Camille), Architecte des Promenades.

243 Nouveau Parc du Champ-de-Mars.

SECTEUR OUEST DES PROMENADES

M. Forestier (J.-C.-N.), Inspecteur des Eaux et Forêts, Conservateur.

244 Parc du Champ-de-Mars.
245 Parc et Roseraie de Bagatelle.

246 Parc Monceau.

SECTEUR EST DES PROME-NADES

M. Lefebvre (G.-J.), Ingénieur des Ponts et Chaussées, Conservateur.

247 Bois de Vincennes.

248 Parc des Buttes-Chaumont.

249 Parc de Montsouris.

250 Square de l'Archevêché.

ÉTABLISSEMENTS HORTICOLES DE LA VILLE DE PARIS.

M. Luquet, Jardinier en chef.

251 Vues photographiques prises dans les Établissements.

M. Vacherot, Jardinier principal de la Ville de Paris.

252 Participation à l'établissement de garnitures de plantes du Pavillon de la Ville de Paris à Strasbourg.

DIRECTION DE L'EXTENSION DE PARIS

M. DOUMERC (Pierre), Directeur.

253 Documents relatifs à la revision des Décrets sur les saillies et sur la hauteur des maisons, les combles et les lucarnes et Décret portant règlement sur les hauteurs et les saillies des bâtiments dans la Ville de Paris.

254 Concours de façades de la Ville de Paris (1898-1905).

DIRECTION ADMINISTRATIVE DES TRAVAUX DE PARIS

M. MALHERBE, Directeur.

SERVICES TECHNIQUES DE LA VOIE PUBLIQUE ET DE L'ÉCLAIRAGE ET DU MÉTROPOLITAIN

M. BIENVENUE (F.), Inspecteur général des Ponts et Chaussées, chargé des Services.

M. BIETTE (L.), Ingénieur en chef des Ponts et Chaussées, adjoint à l'Inspecteur général.

M. HERVIEU (J.), Secrétaire.

VOIE PUBLIQUE ET ÉCLAIRAGE

M. LE CONTE (L.), Ingénieur en chef des Ponts et Chaussées, adjoint à l'Inspecteur général chargé du Service technique de la Voie publique et de l'Eclairage.

255 Coupe du boulevard de Magenta, près de la rue du Faubourg-Poissonnière.

256 Tramway funiculaire de Belleville.

SERVICES GÉNÉRAUX D'ECLAIRAGE.

M. A. LAURIOL, Ingénieur en Chef des Ponts et Chaussées.

257 1° Vues d'appareils divers employés au laboratoire de l'éclairage.

258 2° Vues d'appareils divers d'éclairage (gaz, électricité) existants sur la voie publique.

259 Représentation par l'image de renseignements statistiques relatifs à l'éclairage public.

SERVICE DU NETTOIEMENT

M. L. MAZEROLLE, Ingénieur en Chef des Ponts et Chaussées.

260 Atelier de brosserie de Javel.
261 Vues stéréoscopiques.

MÉTROPOLITAIN

M. SUQUET (L.), Ingénieur en chef des Ponts et Chaussées, adjoint à l'Inspecteur général chargé du Service technique du Métropolitain.

262 Plan général du réseau métropolitain au 1/10000.

LE CHEMIN DE FER MÉTRO-POLITAIN MUNICIPAL DE PARIS.

263 Lignes de la 1re fraction (1898-1900).

264 Ligne circulaire Nord. Ligne circulaire Sud (1901-1904).

265 Viaduc de Passy. Viaduc d'Austerlitz (1903-1906).

266 Lignes nos 3, 4, 5, 6 et 8 (1901-1908).

267 Lignes nos 2 Nord, 2 Sud, 4, 5, 6, 7 et 8 (1902-1910).

268 Le chemin de fer Métropolitain municipal de Paris.

269 Le Métropolitain de Paris.

SERVICE TECHNIQUE DES EAUX ET DE L'ASSAINISSEMENT

M. COLMET-DAAGE, Ingénieur en chef des Ponts et Chaussées, Chef du Service.

M. BARATTE, Ingénieur en chef des Ponts et Chaussées, adjoint au Chef du Service.

AQUARELLES REPRÉSENTANT DIVERS OUVRAGES ET ÉTABLISSEMENTS DU SERVICE.

270 Réservoir de Montmartre.

271 Usine d'Ivry et Bassins filtrants.

VUES STÉRÉOSCOPIQUES.

272 Dérivations. — Canaux de la Ville. — Machines et réservoirs. — Distribution des eaux.

273 Égouts. — Assainissement de la Seine.

PHOTOGRAPHIES.

274 Ouvrages et établissements du Service technique des Eaux et de l'Assainissement.

LIVRES ET ATLAS

275 Distribution d'eau et assainissement.

276 Notice sur les eaux et l'assainissement de Paris en 1900.

277 Atlas de la dérivation des sources de la vallée de la Vanne.

278 Atlas de la canalisation des eaux de Paris.

279 Atlas des égouts de Paris en 1904.

280 Représentation par l'image de renseignements statistiques relatifs aux services des eaux et de l'assainissement.

INSPECTION GÉNÉRALE DES CARRIÈRES DE LA SEINE.

281 Spécimens des feuilles de l'atlas souterrain de Paris, au 1/1000.

282 Catacombes de Paris (ossuaire municipal).

283 Consolidation et utilisation des anciennes carrières sous Paris.

284 Plan d'ensemble au 1/2000 des carrières du département de la Seine.

285 L'industrie minérale dans le département de la Seine.

286 Carrières en exploitation dans le département de la Seine.

287 Spécimens (séparés) de feuilles de l'Atlas souterrain au 1/5000 du Département de la Seine.

288 Spécimen des feuilles minutes du plan au 1/1000 des car-

rières du département de la Seine.

289 Carrières souterraines de Paris.

DIRECTION DES FINANCES

M. REGARD, Directeur.

REPRÉSENTATION PAR L'IMAGE DE RENSEIGNEMENTS STATISTIQUES.

290 Dette de la ville de Paris.
291 Dépenses budgétaires de la Ville de Paris.

DIRECTION DES TRAVAUX DU CADASTRE DE PARIS ET DES CONTRIBUTIONS

M. DUBOST, Directeur.

292 Les propriétés bâties de la Ville de Paris, en 1889 et 1890.

293 Le Livre foncier de Paris.
294 Le Livre foncier de 1911.

DIRECTION DU PERSONNEL

M. RAIGA, Directeur.

295 Représentations par l'image de renseignements statistiques relatifs au Personnel de la Ville de Paris.

ADMINISTRATION GÉNÉRALE
DE L'ASSISTANCE PUBLIQUE A PARIS

M. MESUREUR (G.), Directeur.

REPRÉSENTATION PAR L'I-
MAGE DE RENSEIGNE-
MENTS STATISTIQUES RE-
LATIFS A L'ADMINISTRA-
TION GÉNÉRALE DE L'AS-
SISTANCE PUBLIQUE A PA-
RIS.

296 Droit des pauvres.

297 Enfants assistés.

298 Nombre de journées de malades.

SECTION RÉTROSPECTIVE

299 Portraits des Directeurs de
l'Assistance publique depuis
1849.

300 La salle des Fondateurs et
vues de l'ancien Hôtel-Dieu,
démoli en 1908.

301 La galerie Renaissance de
l'Hôtel Scipion (Boulangerie centrale).

302 Mme Lambert de Thibouville,
bienfaitrice de l'Hôpital de
la Charité (xviie siècle).

303 Mme la chancelière d'Aligre,
bienfaitrice des Enfants assistés (xviie siècle).

304 Mme de Bullion, fondatrice de
l'Hospice des convalescents
de la Charité (xviie siècle).

305 Le chancelier d'Aligre (xvii^e
siècle).

306 L'Église Saint-Julien-le-Pau-
vre (intérieur).

307 L'ancienne Abbaye de Port-
Royal (Maternité) (xvii^e
siècle).

308 Pinel délivrant les aliénées.

309 L'Hôpital de la Charité :
Visite de la reine Anne d'Au-
triche.

310 Ancien bâtiment de l'Administration centrale de l'Assistance publique sur le
Parvis Notre-Dame.

311 à 313 Archives de l'Assistance
publique.

314 à 316 Ancien Hôtel-Dieu.

317 Ancien Hôpital général.

318 Salpêtrière.

319 L'hôpital Saint-Louis au xvii^e
siècle.

320 et 321 Bicêtre.

VOLUMES.

322 Budget. — Compte moral. —
Compte financier (1917-
1918).

323 L'Assistance publique de Paris en 1900.

324 Les Bienfaiteurs de l'Assistance publique.

325 Le Domaine de l'Assistance
publique.

326 Monographies d'Établissements
et des Écoles professionnelles
de l'Assistance publique.

327 L'Œuvre de l'Assistance publique contre la Tubercu-
lose et Précis d'hygiène.

PRÉFECTURE DE POLICE

CABINET DU PRÉFET

M. GINOUX (D.), Directeur

DIRECTION DU PERSONNEL
DE LA COMPTABILITÉ ET DU MATÉRIEL

M. LEFRANC (F.), Directeur.

344 Plaque de ceinturon de bri-
gadier-chef des gardiens de
la paix.

345 Plaque de ceinturon de gardien
de la paix.

346 Plaque de képi de gardien de
la paix.

347 Plaque de ceinturon de Brga-
dier-Chef des sergents de
ville (Police suburbaine .

348 Plaque de képi de sergent de
ville (Police suburbaine)

349 Médailles et jetons des divers
services.

SECRÉTARIAT GÉNÉRAL

M. HONNORAT (Marc), Chef de Division.

HYGIÈNE

350 Comptes rendus des séances
du Conseil d'hygiène pu-
blique et de salubrité du
département de la Seine,
années 1914 à 1918 inclus.

351 Ordonnance de police portant Règlement sanitaire de
la Ville de Paris.

352 Recueil des lois, décrets et
règlements concernant la
vaccination obligatoire.

INSPECTION SANITAIRE DES LOGEMENTS LOUÉS EN GARNI.

353 Ordonnance concernant les
logements loués en garni.

354 Aquarelles.

INSPECTION DES ÉTABLIS-SEMENTS CLASSÉS

355 Rapports sur les opérations du
Service d'Inspection des établissements classés dans le
département de la Seine.

PROTECTION DE L'ENFANCE

356 Historique de la réglementa-
tion du Service.

INSPECTION VÉTÉRINAIRE SANITAIRE DE PARIS

M. Henry MARTEL, Chef du Service.

357 Rapports sur les opérations du
Service.

PEINTURES.

358 Inspection et estampillage des
viandes.

SERVICE DE LA RÉPRESSION DES FRAUDES

M. LAVAYSSÉ, Chef du Service.

359 Photographies.

INSPECTION GÉNÉRALE DE LA CIRCULATION ET DES TRANSPORTS

M. JOLTRAIN, Inspecteur Général.

AQUARELLE

360 Vue de la circulation place Saint-Michel.

361 Photographies.
Marchands des quatre-saisons, de fleurs, de légumes, de poissons, de glace.

LABORATOIRE MUNICIPAL DE CHIMIE

M. KLING, Directeur.

362 Vues stéréoscopiques des diverses opérations effectuées dans les services du Laboratoire municipal.

363 et 364 Photographies.

LABORATOIRE DE TOXICOLOGIE

M. KOHN-ABREST (E.), Chef du Laboratoire.

365 et 366 Photographies.

DIRECTION DE LA POLICE MUNICIPALE

M. GUICHARD (Paul), Directeur.

367 et 368 Peinture et photographies, par MANCIET (Cadre).

ÉCOLE PRATIQUE PROFESSIONNELLE DES SERVICES ACTIFS DE LA

PRÉFECTURE DE POLICE.

369 Photographies.

BRIGADE FLUVIALE

370 Peintures.

DIRECTION DE LA POLICE JUDICIAIRE

M. MOUTON (H.), Directeur.

SERVICE DE L'IDENTITÉ JUDICIAIRE

Nouveaux procédés techniques de police judiciaire.

Photographies.

371 Identification des récidivistes au moyen des méthodes anthropométrique, dactyloscopique et du relevé des marques particulières.

372 Photographies du buste profil et face, en pied ; photographies métriques et plans des lieux de crimes ; reproductions de documents et objets de toute nature.

373 Sommiers judiciaires : répertoire des condamnations prononcées par tous les tribunaux répressifs français.

374 Police scientifique.

375 Collection de photographies anecdotiques : Paris pendant la guerre 1914-1918.

RÉGIMENT DE SAPEURS-POMPIERS DE LA VILLE DE PARIS

M. HIVERT, lieutenant-colonel, Commandant provisoirement le Régiment.

376 Peintures. Sapeur.

377 Carte de la répartition des secours, comprenant : quartier central, casernes et postes, avertisseurs publics et privés, réseau téléphonique.

378 Plan de la disposition des engins de secours dans une caserne.

379 Photographies.

380 Extrait de l'Ordre du Régiment, félicitations pour belle conduite dans les incendies, sauvetages, actes de probité, etc.

381 Certificat de bonne conduite.

382 Ordonnance concernant les mesures préventives et les secours contre l'incendie dans la Ville de Paris (27 mars 1906).

Instructions concernant les mesures préventives de secours contre l'incendie et de sauvetage à appliquer dans les Établissements visés par les articles 46 et 47 de l'Ordonnance de police du 27 mars 1906.

383 Arrêté concernant la consigne générale relative au service des sapeurs-pompiers dans les théâtres.

384 Statistique des Incendies et des Sauvetages pour lesquels le régiment de Sapeurs-pompiers a été appelé pendant l'année 1918.

EXPOSITION RÉTROSPECTIVE

385 et 386 Lieutenants généraux de police (1667-1789).

387 Préfets de police (1800-1913).

388 Costume des commissaires de Police.

389 et 390 Police Municipale (1829-1870-1894).

COLLABORATEURS
ARTISTES ET ENTREPRENEURS

VILLE DE PARIS ET DÉPARTEMENT DE LA SEINE

MM. PICARD (Georges), artiste peintre.

VOGEL, artiste peintre.

BAILLY, artiste peintre décorateur.

CARLHIAN & Cie, tapissiers décorateurs.

MORIQUAND & Cie, entrepreneurs de menuiserie et charpente.

CARLIER, mouleur.

PRÉFECTURE DE POLICE

MM. LEFEBVRE (Hippolyte), statuaire, graveur en médailles.

GARAT, aquarelliste.

MANCIET, peintre.

ADMINISTRATION MUNICIPALE
DE LA VILLE DE STRASBOURG

PEIROTES, *Président de la Commission municipale.*

NEUNREITER, *Vice-Président de la Commission municipale.*

MEYER, *Vice-Président de la Commission municipale.*

DOLL, *Vice-président de la Commission municipale.*

LÉVY, *Vice-Président de la Commission municipale.*

AMANN.
BOURSON.
BUCHER.
FREY.
HANSER.
HAUG.
HEYSCH.
IMBS.
KAMPER.
KIENER.
KAPP.
KROHMER.
KUHRY.
LETRILLARD.
MENNRATH.
OBERTHUR.
PFERSDORFF.
RIEHL.
SCHMOLL.
SCHNEIDER (A.).
SCHNEIDER (F.).
SELTZ.
STEIBEL.
UNGEMACH.
WEILL.

Membres de la Commission municipale.

KIRRMANN, adjoint, Hôtel de Ville.

GRASSER, Directeur du Secrétariat général, Hôtel de Ville.

STROHL, ingénieur en chef.

DAUCHY, architecte municipal.

BRESCH, directeur du Service des Eaux.

GRIESINGER, inspecteur des Ports.

ZINGLÉ, directeur de l'abattoir.

HEY, commandant des Pompiers.

CLAUSS, directeur du nettoiement des voies publiques.

BELIN (Dr), médecin municipal.

ORTLIEB, directeur de l'Hôpital civil.

WERLING, directeur du Mont de Piété.

GRUBER, directeur de la Caisse d'épargne.

FRIEDRICH, directeur de l'Office du travail.

BORNERT, officier de l'État-Civil.

MENGER, receveur municipal.

MOTZ, chef de division (Division scolaire).

DELAHACHE, directeur de la Bibliothèque et des Archives municipales.

ROPARTZ (Guy), directeur du Conservatoire.

SCHNEIDER, directeur de l'École des Arts décoratifs.

VILLEFRANCK, directeur du Théâtre municipal.

KRENCKER (Dr), médecin des Bains municipaux.

HAMMANN (Dr), directeur de la Clinique dentaire scolaire.

VOGT, inspecteur de l'Octroi.

RIFF, conservateur des Musées municipaux.

HAUG, conservateur des Musées municipaux.

KNAUTH, architecte de la Cathédrale.

VILLE DE STRASBOURG

ALIGNEMENT ET ASSAINISSEMENT des vieilles parties de la Ville. Budget supplémentaire pour l'amélioration de la Ville.

AMÉNAGEMENT HYGIÉNIQUE. Bains de natation et bains médicaux.

ASSISTANCE SOCIALE. Bureau de bienfaisance. Caisse d'épargne municipale.

EXTENSION DE LA VILLE.

ÉCOLE 14 groupes scolaires dans l'intérieur, 18 dans la banlieue. Surveillance médicale, école clinique dentaire, école de malades, école pratique, école de cuisine pour les adultes, école de vacance.

ÉVACUATION DES EAUX USÉES.

HYGIÈNE. Hôpital municipal. Pouponnière. Distribution gratuite de lait dans les écoles élémentaires. Rapports sanitaires de la Ville de Strasbourg.

NAVIGATION ET INSTALLATIONS fluviales. Aménagement du cours du Rhin ; construction et aménagement de l'entrepôt.

NOUVELLE MENSURATION DE LA VILLE divisée en 5 secteurs.

PONTS-ET-CHAUSSÉES.

PLANS MUNICIPAUX de la surface bâtie.

POLICE DE LA CONSTRUCTION. Quartier des villas et jardins de ville; nouveau règlement de la construction ; protection des curiosités locales.

SERVICE DES EAUX DE LA VILLE.

STATISTIQUES du mouvement de la population.

USINES ÉLECTRIQUES, fondées en 1900. Installations électriques, usines à gaz.

ADMINISTRATION MUNICIPALE
DE LA VILLE DE COLMAR

CONRATH, *Président de la Commission municipale.*
BAER, *Vice-Président de la Commission municipale.*
BARADÉ, *Vice-Président de la Commission municipale.*
KELLER, *Vice-Président de la Commission municipale.*

BLEN.
BLOCH.
ENGASSER.
FLEURENT (D^r).
GESTERMANN.
HINDELANG.
KLINTZ.
LEHMANN.
MATTER.
MOLK (D^r) (junior).
OBERLIN.
RICHARD.
RIETSCH.
SCHEURER-KIENER.
SCHMDT.
SCHREIBER.
SENGEL.
SPITTLER.
TEMPÉ.
WIEST.

Membres de la Commission municipale.

BERTSCH, ingénieur en chef et commandant des pompiers.

WALTER, architecte en chef.

STIRNEMANN, directeur des usines municipales (Services des eaux, gaz et électricité).

SCHWANDER, secrétaire général.

WERTZ, directeur des redevances municipales.

BASS, receveur municipal.

Dr SCHWARTZ, directeur de l'hôpital civil.

HOFFMANN, directeur de la Caisse d'Epargne.

WALTZ, bibliothécaire et conservateur du musée.

HAAS, inpecteur de l'abattoir.

Commissariat de police.

VILLE DE COLMAR

ÉCOLE supérieure de jeunes filles pour 700 élèves, et classes enfantines.

ÉCOLE primaire supérieure de garçons (de la Grenouillère) pour 800 élèves.

ÉCOLE primaire (Pfeffel) pour 800 élèves.

COLONIES de vacances à Wasserbourg pour 80 garçons et 80 filles.

HYGIÈNE ET AMÉNAGEMENT, canalisation, établissement municipal de bains, de natation et bains médicaux.

ASSISTANCE SOCIALE : Orphelinat.

INSTITUTIONS SOCIALES (Bauverein) Cité jardin.

VIEUX COLMAR

PLANS HISTORIQUES ET ACTUELS.

REPRODUCTIONS DU RETABLE D'ISENHEIM (Mathias Grimenwald).

REPRODUCTIONS PHOTOGRAPHIQUES des établissements municipaux, jardins publics, etc.

CLASSIFICATION GÉNÉRALE

GROUPEMENT A.

Instruments et procédés généraux des lettres, des sciences et des Arts.

GROUPEMENT B.

Machines à vapeur. Électricité, Mines, Métallurgie.

GROUPEMENT C.

Génie civil. Moyens de transport.

GROUPEMENT D.

Agriculture. Horticulture et Arboriculture. Forêts. Chasse. Pêche. Cueillettes.

GROUPEMENT E.

Alimentation.

GROUPEMENT F.

Décoration fixe des édifices publics et habitations. Meubles. Tapis.

Céramique. Éclairage non électrique.

GROUPEMENT G.

Tissus. Couture. Vêtements.

GROUPEMENT H.

Industries chimiques.

GROUPEMENT I.

Bijouterie. Joaillerie. Orfèvrerie. Horlogerie. Coutellerie.

GROUPEMENT J.

Papeterie. Articles de voyage. Caoutchouc. Bimbeloterie. Bronze. Brosserie. Maroquinerie.

GROUPEMENT K.

Économie sociale. Education et Enseignement.

GROUPEMENT L.

Tourisme. Sports. Hôtellerie.

GROUPEMENT A

Instruments et Procédés généraux des Lettres, des Sciences et des Arts

Président : **M. LYON (Gustave), 22, rue Rochechouart, Paris**

BUREAU RÉGIONAL DU GROUPEMENT A

STRASBOURG

MM. KIEFFER (Fr.), Président du Syndicat des Imprimeurs de Strasbourg.
STREISGUTH (E.), fabricant d'instruments de chirurgie à Strasbourg.

MULHOUSE

MM. MEININGER (Ernest), imprimeur.
BRAUN (Gaston), photographe (Maison Braun et Cie).

METZ

MM. THERRÉ, directeur du *Messin*, à Metz.
HOUPERT, librairie de l'évêché, Metz.
PRILLOT, photographe, Metz.
FORISSIER, place Saint-Jacques, Metz (Cartes postales).
REMOISSENET, rue Fournirue, Metz (Instruments de précision).
HENNINGER, fabrique de ressorts de montres, à Sarrebourg.
BEMER, rue des Clercs, Metz (Instruments de musique).

CLASSES 11, 12, 13 ET 14

Imprimerie. — Librairie. — Photographie. — Cartes

BUREAU

Président. . . . . M. BELIN (Paul), 8, rue Férou, Paris.
Vice-Présidents . . M. GRIESHABER (Edouard), 27, rue du Quatre-Septembre, Paris.
M. HOUPERT (N.), à Metz.
Secrétaire-Trésorier : M. CATALA (P.), 31, rue de Bellefond, Paris.

CLASSE 11

1 CATALA frères, 31, *rue de Bellefond, Paris.* — Impressions photomécaniques.

2 CHAMPENOIS (F.), 66, *boulevard Saint-Michel, Paris.* — Estampes en couleurs.

3 DOUIN et JOUNEAU, 3, *rue Papin, Paris.* — Étiquettes lithographiées.

4 Établissements VOIRIN (J.), 15 et 17, *rue Mayet, Paris.* — Dessins et plans de machines à imprimer.

5 Établissements MARINONI, (THÉNARD, SIMON & Cie), 96, *rue d'Assas, Paris.* — Dessins et plans de machines à imprimer.

6 Fonderie DEBERNY (TULEU & GIRARD), 58, *rue d'Hauteville, Paris.* — Modèles de caractères typographiques fondus dans leur usine.

7 JOSEPH-CHARLES, 9, *rue de l Estrapade, Paris.* — Impressions en lithographie.

8 LEFRANC et Cie, 12, *rue de de Seine, Paris.* — Encres d'imprimerie de leur fabrication.

9 LONGUET (D.-A.), 250, *faubourg Saint-Martin, Paris.* — Impressions photomécaniques.

10 MARÉCHAL, 1, *avenue Moderne, P ris.* — Impressions en trichromie.

11 PLANTET (Edouard), *Imprimeur à Ay (Marne).* — Chromolithographie de publicité.

12 PLUMEREAU (Paul), 18, *rue de Chabrol, Paris.* — Travaux lithographiques et typographiques.

13 ROYER & Cie, 3, *rue de la Salpêtrière, Nancy.* — Impressions en lithographie, phototypie et typographie.

14 SIRVEN (B.), *Imprimeur*, 76, *rue de la Colombette, à Toulouse.* — Impressions artistiques en lithographie et typographie. Articles de papeterie, registres, maroquinerie.

15 WEIL (Georges), (Maison DEVAMBEZ), 63, *passage des Panoramas, Paris.* — Livres, gravures, affiches, estampes, éditions d'Art.

16 WEILL (N.) et fils, 42, *boulevard Bonne-Nouvelle, Paris.*
— Impressions artistiques en gravure.

17 GUEIROARD (Auguste), 2, *place Guillaume Tell, Mul-* *house.* — Epreuves de photogravure, dessins.

18 IMPRIMERIE STRASBOURGEOISE, anciennement FISCHBACH, (M. KIEFFER, Directeur), 3, *place Saint-Thomas, Strasbourg.* — Impressions.

CLASSE 12

1 BRAUN & Cie, *Editeurs photograveurs, à Dornach (Alsace).* — Photographies, photogravures en noir et en couleurs.

2 CRUMIÈRE (E.) & Cie, 20, *rue Bachaumont, Paris.* — Tableaux et panneaux d'épreuves photographiques.

3 Établissements DEMARIA (J.), 35, *rue de Clichy, Paris.* — Appareils et articles photographiques et cinématographiques.

4 Établissements LUMIÈRE & JOUGLA, 82, *rue de Rivoli, Paris.* — Épreuves photographiques encadrée ou non.

5 FÉLIX (Gabriel), 6, *boulevard des Italiens, Paris.* — Portraits d'art photographiques.

6 GRIESHABER frères et Cie, 27, *rue du Quatre-Septembre, Paris.* — Plaques et papiers photographiques.

7 GUILLEMINOT BOESPFLUG & Cie. 22, *rue de Châteaudun, Paris.* — Spécimens et épreuves obtenues sur plaques et papiers photographiques de leur fabrication.

8 LÉVY fils & Cie, 44, *rue Letellier, Paris.* — Impressions photomécaniques, photographies. Catalogues de luxe.

9 MANUEL (Henri), 27, *faubourg Montmartre, Paris.* — Photos d'art.

10 SOCIÉTÉ des Établissements GAUMONT, 57, *rue Saint-Roch, Paris.* — Appareils et articles photographiques et cinématographiques.

11 TOCHON-LEPAGE & Cie, 3, *rue des Deux-Boules, Paris,* — Articles de papeterie pour la photographie.

CLASSE 13

1 ANNALES POLITIQUES ET LITTÉRAIRES, 51, *rue Saint-Georges, Paris.* — Publications.

2 BÉRANGER (Ch.), 15, *rue des Saints-Pères, Paris* — Livres techniques. Sciences. Art de l'Ingénieur. Cartes géologiques de France.

3 CHARLES-LAVAUZELLE (Henri), 142, *boulevard Saint-Germain, Paris.* — Livres divers.

4 DIDIER (Henri-Léopold), 4 et 6, *rue de la Sorbonne, Paris.* — Librairie. Livres classiques.

5 DURAND & Cie, 4, *place de la Madeleine, Paris.* — Éditions musicales.

6 ÉDITIONS PIERRE LAFIT-TE, 90, *avenue des Champs-Elysées, Paris.* — Publications. Périodiques. Livres.

7 GÉDALGE & Cie, 75, *rue des Saints-Pères, Paris.* — Livres classiques d'enseignement. Tableaux de lecture. Cahiers d'écriture. Livres de Prix.

8 HACHETTE & Cie, 79, *boulevard Saint-Germain, Paris.* — Publications périodiques. Livres.

9 HEUGEL & Cie, 2 bis, *rue Vivienne, Paris.* — Éditions musicales.

10 « ILLUSTRATION » (L'), (M. R. Baschet), 13, *rue Saint-Georges, Paris.* — Spécimens de pages et hors-texte du Journal *L'Illustration.*

11 JURISPRUDENCE DALLOZ, 11, *rue Soufflot, Paris.* — Ouvrages de Droit.

12 LIBRAIRIE ARISTIDE QUIL-LET, 278, *boulevard Saint-Germain, Paris.* — Livres divers.

13 LIBRAIRIE LAROUSSE, 13, *rue du Montparnasse, Paris.* — Livres divers.

14 NATHAN (Fernand), 16, rue *des Fossés-Saint-Jacques, Paris.* — Livres d'enseignement, d'éducation. Journaux pédagogiques. Tableaux muraux.

15 SOCIÉTÉ DE L'IMPRIME-RIE-LIBRAIRIE BERGER-LEVRAULT & Cie, 23, *place Broglie, Strasbourg.* — Ouvrages et imprimés divers, tableaux. Héliopeinture.

16 IMPRIMERIE STRASBOUR-GEOISE, 15, *rue des Juifs, Strasbourg.* — Ouvrages et imprimés divers.

Collectivité du Syndicat des Éditeurs

17 ALCAN (F.) et LISBONNE (R.), 108, *boulevard Saint-Germain.* — Livres.

18 ASSELIN & HOUZEAU, 25, *place de l'Ecole-de-Médecine.* — Livres.

19 BELIN frères, 8, *rue Férou.* — Livres.

20 DELAGRAVE & Cie, 15, *rue Soufflot.* — Livres.

21 DUNOD (Henri), 49, *quai des Grands-Augustins.* — Livres.

22 ÉTABLISSEMENTS FIRMIN-DIDOT & Cie, 56, *rue Jacob.*

23 FISCHBACHER, 33, *rue de Seine.* — Livres.

24 GAUTIER & LANGUEREAU, 55, *quai des Grands-Augustins.* — Livres.

25 GAUTHIER-VILLARS & Cie, 55, *quai des Grands-Augustins.* — Livres.

26 HACHETTE & Cie, 79, *boulevard Saint-Germain.* — Livres.

27 LAURENS (H.), 6, *rue de Tournon.* — Livres.

28 LIBRAIRIE CHAPELOT, 136, *boulevard Saint-Germain.* — Livres.

29 LIBRAIRIE ARMAND COLIN, 103, *boulevard Saint-Michel.* — Livres.

30 LIBRAIRIE GÉNÉRALE DE DROIT ET DE JURISPRUDENCE, 20, *rue Soufflot.* — Livres.

31 LIBRAIRIE LAROUSSE, 17, *rue du Montparnasse.* — Livres.

32 MAME (A.) et fils, *à Tours (I.-et-L.), et à Paris,* 6, *rue Madame.* — Livres.

33 MASSON & Cie, 120, *boulevard Saint-Germain.* — Livres.

34 NATHAN, 16, *rue des Fossés-Saint-Jacques.* — Livres.

35 NOUVELLE LIBRAIRIE NA-TIONALE, 3, *place du Panthéon.* — Livres.

36 PLON-NOURRIT & Cie, 8, *rue Garancière.* — Livres.

37 SOCIÉTÉ D'ÉDITIONS ET DE PUBLICATIONS (Lib. Jules Tallandier), 75, *rue Dareau.* — Livres.

38 SOCIÉTÉ DU RECUEIL SI-REY, 22, *rue Soufflot.* — Livres.

CLASSE 14

1 BLONDEL LA ROUGERY, 7, *rue Saint-Lazare, Paris.*— Cartes géographiques.

2 FOREST (Joseph), 17 et 19, *rue de Buci, Paris.* — Cartes et appareils de géographie et de cosmographie. Cartes topographiques.

3 LIBRAIRIE ARMAND CO-LIN, 103, *boulevard Saint-Michel, Paris.* — Ouvrages géographiques.

CLASSES 15, 16 ET III B

Instruments de précision. — Médecine et Chirurgie. Hygiène. — Eaux minérales

BUREAU

Président . . . . . M. JOBIN (Amédée), 31, rue Humboldt, Paris.

Vice-Présidents . . M. PELLIN (Félix), 5, avenue d'Orléans, Paris. Chargé de l'organisation.

M. BRETON (Léon), 41, rue de Rivoli, Paris.

Secrétaire-Trésorier. M. LONGUE (Camille), 226, boulevard Raspail, Paris.

CLASSE 15

1 ADNET (Les verreries Adnet), 26, *rue Vauquelin, Paris.* — Matériel de laboratoire. Verrerie.

2 BAILLE, LEMAIRE & Fils, 26, *rue Oberkampf, Paris.* — Jumelles, goniomètres, collimateurs, boussoles.

3 BEAUDOUIN (Ch.), 31, *rue Lhomond, Paris*. — Machine à mesurer. Bombe calorimétrique.

4 BONNEVEY (Pierre), Établissements AFSA, 21, *rue de la Fontaine-au-Roi, P ris*. — Instruments d'optique et de précision, jumelles à prisme.

5 COLLOT (A.), LONGUE (C.) & Cie, 226, *boulevard Raspail, Paris*. — Balances de précision. Poids étalons.

6 DERAISME (E. J.), 167, *rue Saint-Maur, Paris*. — Jumelles.

7 DOURDE & Cie, 4, *place Thorigny, Paris*. — Baromètres.

8 ÉTABLISSEMENTS MORIN (H.), (Boyelle-Beau & Ce), 11, *rue Dulong, Paris*. — Instruments de topographie et de nivellement.

9 HIRSH & HEMMEL (Société Anonyme), *Troisfontaines, près Sarrebourg (Lorraine)*. — Verres de lunettes.

10 HUE (E.), 63, *rue des Archives, Paris*. — Appareils de mesure : météorologie, aéronautique.

11 JAPY (A. Paul) & Cie, *Seloncourt (Doubs)*. — Appareils et pièces détachées, petite mécanique de précision.

12 JOBIN (A.), 31, *rue Humboldt, Paris*. — Instruments d'optique et de précision.

13 PELLIN (Ph. et F.), 5, *avenue d'Orléans, Paris*. — Instruments de précision. Pièces d'optique étalons.

14 RICHARD (J.), 25, *rue Mélingue, Paris*. — Appareils de mesure. Appareils de photographie.

15 SOCIÉTÉ ANONYME DES ÉTABLISSEMENTS HUET & Ce, 76, *boulevard de la Villette, Paris*. — Jumelles, instruments d'optique.

16 THURNEYSSEN (J.), 58, *rue Monsieur-le-Prince, Paris*. — Instruments de précision.

CLASSE 16

1 CALLOT (Docteur J.-F.), 69, *quai d'Orsay, Paris*. — Documents photographiques (méthode chirurgicale nouvelle).

2 CAPLAIN SAINT-ANDRÉ & Fils, 8, *rue Portefoin, Paris*. — Dents artificielles. Objets de laboratoire.

3 CHAMBRE SYNDICALE DES INSTRUMENTS ET APPAREILS DE L'ART MÉDICAL ET CHIRURGICAL, 41, *rue de Rivoli, Paris*. — Exposition collective.

4 COULOMB (Docteur), 38, *rue Vignon, Paris*. — Yeux artificiels.

5 DEGRAIS (Docteur), 41, *rue d'Artois, Paris*. — Documents photographiques sur l'emploi du radium.

6 DENIS LE SÈVE & DUPUY DE FRENELLE (Docteurs), 31, *rue d'Anjou, Paris*. — Instruments de grande et petite chirurgie.

7 ÉCOLE ET DISPENSAIRE DENTAIRE DE PARIS, 45, *rue de la Tour-d'Au-*

vergne, Paris. — Tableaux
et documents.

8 ÉTABLISSEMENTS CLAVE-
RIE (A.), 234, *Faubourg
Saint-Martin, Paris.* — Appareils de prothèse et d'or-
thopédie.

9 ÉTABLISSEMENTS PANNE-
TIER (A.), *Commentry (Allier).* — Bandages.

10 FOVEAU DE COURMELLES
(Dr), 9, *rue Tronchet, Paris.*
— Volumes de médecine et
chirurgie.

11 GLASER (Marcel) (J. Glaser),
221, *boulevard Saint-Denis, à
Courbevoie (Seine).* — Bandages herniaires. Nouvelles
pelotes à compressions sou-
ples.

12 GONIN (Paul), Établissements
Gonin, 60, *rue Saussure.* —
Fumigators, Étuves et stéri-
lisateurs.

13 MOUGIN (Dr Joseph), 25, *boulevard Beaumarchais, Paris.*
— Pansements individuels.

14 PLISSON (Alfred), 68, *rue
J.-J. Rousseau, Paris.* —
Instruments de chirurgie.

15 SOCIÉTÉ FRANÇAISE DES
MEMBRES ARTIFICIELS,
10, *rue de Bretagne, Paris.* —
Jambes artificielles.

16 WICKHAM (G. et H.), 15, *rue
de la Banque, Paris.* — Appareils de l'Art médical.

CLASSE 111 B

1 COMPAGNIE FERMIÈRE DE
L'ÉTABLISSEMENT
THERMAL DE VICHY, 24,
*boulevard des Capucines, Pa-
ris.* — Eaux, sels, pastilles.

2 COMPAGNIE DE LA SOUR-
CE PERRIER (M. Muller
de Beaupré,) 36, *boulevard
Haussmann, Paris.* — Bou-
teilles d'eau minérale gazeuse
naturelle.

3 SOCIÉTÉ ANONYME D'É-
VIAN-LES-BAINS (Source
Cachat), 21, *rue de Londres,
Paris.* — Documents sur la
source.

4 SOCIÉTÉ DES EAUX THER-
MALES LAMALOU-LES-
BAINS (CÈRE & Cie), *La-
malou-les-Bains (Hérault).*
Documents concernant la
source.

5 SOCIÉTÉ THERMALE DES
PYRÉNÉES, 35, *rue Tron-
chet, Paris.* — Affiches et
brochure.

6 VITTEL (Vosges) (Société générale des eaux minérales de).
M. Bouloumié, administra-
teur-délégué *à Vittel (Vosges).* — Diorama, représentant une vue panoramique de
la contrée. Bouteilles. Plans.

CLASSE 17

Instruments de Musique

BUREAU

Président. . . . . M. BLONDEL (Albert), 13, rue du Mail, Paris.
Vice-Président . . M. CARESSA (Albert), 12, rue de Madrid, Paris.
Secrétaire-Trésorier M. BLONDELET (Emile), 72, rue Réaumur, Paris.

1 BESSON (Mme), 96-98, *rue d'Angoulême, Paris.* — Instruments de Musique.

2 BLONDEL & Cie, 13, *rue du Mail, Paris.* — Un piano à queue.

3 BLONDELET (Emile), 76, *place Saint-Jacques, Paris.* — Collection d'instruments à cordes en réduction.

4 GAVEAU (Établissements), 45, *rue de La Boëtie, Paris.* — Un piano à queue.

5 LABERTE HUMBERT frères & FOURIER MAGNIÉ réunis. *Mirecourt (Vosges).* — Lutherie, Violons, Violoncelles et accessoires.

6 PLEYEL, LYON & Cie, 22, *rue Rochechouart, Paris.* — Un piano à queue de style.

5 THIBOUVILLE-LAMY & Cie (J.), 68 *bis, rue Réaumur, Paris.* — Instruments de musique à vent en bois et en cuivre. Lutherie, cordes harmoniques.

8 WEKEL (Ed.), WEKÉL (Ch.) et fils, 57, *faubourg de Pierres, Strasbourg.* — Deux photographies d'Orgues d'église.

GROUPEMENT B

**Mécanique générale. — Électricité. — Mines, Métallurgie.
Électrométallurgie**

Président : **M. LEGOUEZ (R.), 25, rue Molitor, Paris**

BUREAU RÉGIONAL DU GROUPEMENT B

STRASBOURG

MM. JAQUET (Ed.), constructeur, à Strasbourg-Kœnigshoffen.
TURCKHEIM (Bernard de), gérant de la Maison de Dietrich
et Cie, à Niederbronn.
OTT (Ed.), Directeur de la Manufacture alsacienne d'Outils, à
Zornhoff, près Saverne.

MULHOUSE

MM. LAMEY (Fritz), à Mulhouse.
DOLLFUS (Emile), à Mulhouse.

METZ

MM. CHEVALIER, Ingénieur constructeur, 6, rue de la Caserne, à
Metz.
MEYER (E.), Directeur de l'Usine d'Électricité la Houve, à
Creutzwald.
WETZEL, électricien, rue des Prisons Militaires, à Metz.
PRÊCHEUR, Directeur des Houillères de Petite-Rosselle
WENDEL (de), métallurgie, à Hayange.

CLASSES 19, 20, 21 ET 22

Matériel et Procédés généraux de la Mécanique

BUREAU

Président. . . . . M. DARDEL (Léon), 4, rue de Vienne, Paris.
Vice-Présidents . . M. CHALEIL, 40, rue du Colisée, Paris.
M. SOSNOWSKI, 48, rue de la Victoire, Paris.
Secrétaire-Trésorier M. WALTHER, 4, rue de Vienne, Paris.

1 ALBANÈSE, Ingénieur-constructeur, 24, *rue de Londres, Paris.* — Compteur d'eau et compteur de charbon.

2 BRICKMANN (Charles), 6, *boulevard du Président-Wilson, à Strasbourg.* — Courroies.

3 COMPAGNIE DE CONSTRUCTION MÉCANIQUE PROCÉDÉS SULZER, 12, *rue Boissy-d'Anglas, Paris.* — Moteur Diesel avec accessoires, 1 groupe pompe. Documents et photographies diverses.

4 DOMANGE (A.) fils, 74, *boulevard Voltaire, Paris.* — Courroies.

5 ÉTABLISSEMENTS DAYDÉ, 6 bis, *rue Auber, Paris.* — Tableaux et photographies d'ouvrages d'art, d'appareils mécaniques, etc.

6 « FORGES DE VULCAIN » (AUX) (Société anonyme), 3, *rue Saint-Denis, Paris.* — Tour, radiale, affuteuse, fraiseuse, série d'outillage.

7 FORGES ET CHANTIERS DE LA MÉDITERRANÉE, 25, *boulevard Malesherbes, Paris.* — Modèles divers de paquebots et d'appareils élévatoires, appareils distillatoires, formes à sucre, etc.

8 GETTING (G.) & JONAS (A.), 2, *rue Coquenard, à Saint-Denis-sur-Seine.* — Courroies.

9 JAPY frères et Cie, *Beaucourt (Haut-Rhin),* — Matériel agricole, pompes diverses, moteurs à essence, moteurs et appareillage électrique.

10 LAPIPE (H.) et WITTMANN (Ch.), 141-143, *rue Oberkampf, Paris.* — Pièces découpées embouties et estampées. Machines en réduction. Photographies. Outils divers.

11 LEBLANC (C.), 4, *Passage Miollis, Paris.* — Machines-outils et ou illage.

12 LOEB (S.), 6, *rue Tiergarten, à Strasbourg.* — Outillage de Menuiserie, Ébénisterie.

13 MERGENTHALER (C.), *Illkirch-Graffenstaden.* — Calibres et appareils de mesure.

14 SOCIÉTÉ ALSACIENNE DE CONSTRUCTIONS MÉCANIQUES, à *Mulhouse, Belfort et Graffenstaden.* —

Machines-outils diverses, locomotive à voie étroite, machines pour l'industrie textile, transmissions, modèles de chaudière, pièces de turbine à vapeur, moteur et locomotive électrique.

15 SOCIÉTÉ « L'ASTER », 6 et 8, *rue Gandon, Paris.* — Compteurs-économiseurs d'eau.

16 SOCIÉTÉ DES ANCIENS ÉTABLISSEMENTS WEYHER & RICHEMOND, 52, *route d'Aubervilliers, Pantin.* — Une machine demi-fixe.

17 SOCIÉTÉ ANONYME DES HAUTS FOURNEAUX & FONDERIES DE BROUSSEVAL, à *Brousseval (Hte-Marne),* et 4, *rue du Terrage, Paris.* — Chaudières et faisceaux tubulaires, candélabres, radiateurs et pièces de fonderie diverses.

18 SOCIÉTÉ DE CONSTRUCTION ET DE LOCATION D'APPAREILS DE LEVAGE, 78, *rue Vitruve, Paris.* — Modèles divers d'appareils de levage, documents et photographies.

19 SOCIÉTÉ DE CONSTRUCTION DES MACHINES-OUTILS « UNIVERSELLE » 21, *rue Goethe, à Strasbourg.* — Machine-outil l' « Universelle ».

20 SOCIÉTÉ DE LAVAL, 48, *rue de la Victoire, Paris.* — Turbine-pompe alimentaire de chaudières.

21 SOCIÉTÉ PAR ACTIONS DES USINES D'OUTILLAGE DE LA MONTAGNE-VERTE, *Strasbourg-Montagne-Verte.* — Outillage pour le travail des métaux.

22 SOCIÉTÉ D'OUTILLAGE MÉCANIQUE ET D'USINAGE D'ARTILLERIE S. O. M. U. A., 19, *avenue de la Gare, Saint-Ouen (Seine).* — Machines-outils diverses.

23 SOCIÉTÉ RATEAU, 40, *rue du Colisée, Paris.* — Pièces de turbines à vapeur. Pompes. Ventilateurs. Robinetterie.

24 SOCIÉTÉ GÉNÉRALE DE CONSTRUCTIONS MÉCANIQUES, 54, *avenue de la République, Paris.*

25 ATELIERS DE CONSTRUCTIONS QUIRI ET Cie, *Schiltigheim-Strasbourg (Bas-Rhin).* — Machines frigorifiques.

26 FABRIQUE D'OUTILS MUTZIG-FRAMONT (P. ul Rath, directeur), à *Mutzig (Bas-Rhin).*

27 COMPAGNIE POUR LA FABRICATION DES COMPTEURS ET MATERIEL D'USINES A GAZ, 7, *rue Claude-Vellefaux, Paris.*

28 ARGENTON ET POUTEAU, 25, *faubourg de Saverne, Strasbourg.* — Chauffage central de tous systèmes.

29 ALLIMANN (C.), 13, *rue du Tilleul, Mulhouse.*

30 DEMANGE ET KLEIN, *Saverne.*

31 DREHER (G.), *Rothbach (Alsace).* — Meules.

32 FORGES ET ACIÉRIES DE HAGONDANGE *(Lorraine).*

33 KERN (G.-E.), *Rouxwiller (Bas-Rhin).*

34 SCHEYEN (U.), fils, 1, *Grande-rue de la Bourse, Strasbourg.*

CLASSES 23, 24, 25, 26 ET 27

Électricité

BUREAU

Président. . . . . M. MEYER (Marcel), 23, rue Lamartine, Paris.
Vice-Présidents . . M. ZETTER, 49, rue de Maubeuge, Paris.
                   M. JUNG, 25, rue du Quatre-Septembre, Paris.
Secrétaire. . . . . M. BICKART, 26, rue Lafayette, Paris.
Trésorier . . . . . M. MILDÉ (E.), 60, rue Desrenaudes, Paris.

1 APPAREILLAGE ÉLECTRIQUE GRIVOLAS, 14 et 16, *rue Montgolfier, à Paris.* — Appareillage électrique pour Haute et Basse tension. Matériel isolant. Magnétos. Pièces en aluminium moulées et en coquilles. Moulures et ébénisterie pour Électricité.

2 ASSOCIATION DES OUVRIERS EN INSTRUMENTS DE PRÉCISION, 8 à 14, *rue Charles-Fourier, à Paris.* — Matériel téléphonique. Petit Outillage. Moteurs électriques.

3 ATELIERS DE CONSTRUCTIONS ÉLECTRIQUES du NORD et de l'EST, *à Jeumont (Nord).* — Moteurs « État ». Moteurs de locomotives. Moteurs de filatures.

4 BESSE (Denis), 16, *boulevard de l'Hôpital, à Paris.* — Interrupteurs. Coupe-circuits. Sonneries. Téléphones.

5 BUSSON (Eugène), 4 et 6, *rue de Jessaint, Paris.* — Interrupteurs. Coupe-circuits. Appareils de branchements.

6 CHARRON, BELLANGER, (Vᵉ) & DUCHAMP, 142, *rue Saint-Maur, Paris.* — Sonneries, téléphones, cuivrerie, marbrerie, paratonnerres, coulisseaux et poussoirs ciselés.

7 Cⁱᵉ D'APPAREILS ÉLECTRIQUES ET TÉLÉPHONIQUES, 129, *route de Colmar, à Strasbourg.* — Téléphones, Sonneries et signaux lumineux.

8 Cⁱᵉ ÉLECTRO-MÉCANIQUE, 12, *rue Portalis, à Paris.* — Matériel électrique. Turbines à vapeur.

9 Cⁱᵉ FRANÇAISE POUR LA FABRICATION DES LAMPES ÉLECTRIQUES A INCANDESCENCE, 34, *rue Godot-de-Mauroy, à Paris.* — Lampes électriques à incandescence à filaments métalliques « Iris » et à filaments de carbone.

10 Cⁱᵉ FRANÇAISE THOMSON-HOUSTON, 10, *rue de Londres, à Paris.* — Matériel électrique.

11 Cie G^{le} D'ÉLECTRICITÉ, 34, *rue de la Boëtie, à Paris.* — Appareillage électrique. Articles métalliques. Lampes électriques. Isolants et objets moulés. Cuivres et fils, planches laiton. Barres laiton. Profils en laiton, etc. En général tous produits de nos branches et filiales.

12 Cie G^{le} ÉLECTRIQUE, *rue Oberlin, à Nancy.* — Dynamos. Alternateurs. Moteurs à courant continu et alternatif. Transformateurs, Appareillage. Pompes. Ventilateurs, etc.

13 Cie G^{le} DE TRAVAUX D'É-CLAIRAGE ET DE FORCE MOTRICE (Anciens établissements Clémançon), 23, *rue Lamartine, à Paris.* — Interrupteurs. Coupe-circuits. Appareils d'éclairage. Appareils de chauffage par l'Electricité.

14 ÉCOLE D'ÉLECTRICITÉ BRÉGUET, 81 à 89, *rue Falguière, à Paris.* — Travaux d'Elèves exécutés à l'École en cours d'année scolaire.

15 ÉLECTRO-MATÉRIEL (L'), 5 et 7, *rue Darbois, Paris.* — Petit et gros appareillage électrique, Perceuse électrique.

16 ÉTABLISSEMENTS MÉTALLURGIQUES H. DEBAUGE, 2, *rue de Penthièvre, à Paris.* — Fils cuivre nus, ronds, carr_s, méplats, fils trolleys pour toutes applications électriques, fils câbles isolés pour toutes applications.

17 ÉTABLISSEMENTS DEMARIA (J.), 35, *rue de Clichy, à Paris.* — Appareils photographiques et cinématographiques.

18 ÉTABLISSEMENTS HAMM, 23, *rue de Ponthieu, Paris.* — Poulie pompe. — Groupe électrogène.

19 HIRSCH (H.), 2, *rue Oberlin, à Strasbourg* — Lampe Parsiwath.

20 LABORATOIRE CENTRAL D'ÉLECTRICITÉ, 14, *rue de Staël, à Paris.* — Tableau photographies. Statistiques et courbes.

21 LAVALETTE (SOCIÉTÉ ANONYME DES ATELIERS DE CONSTRUCTION), 175, *avenue de Choisy, à Paris.* — Magnét-s, dynamos, démarreurs, isolants pour très haute tension.

22 LORAS (Olivier), Constructeur du transformateur « Ferrix », *Petit chemin de Valrose, à Nice.* — Transformateurs électriques pour sonneries et tous usages de bas voltage.

23 MILDÉ (Charles), fils et Cie, (Société des Téléphones Mildé), 60, *rue Desrenaudes, à Paris.* — Téléphone de réseau domestique. Appareils d'éclairage pour Électricité. Appareils de chauffage pour électricité. Sonneries. Paratonnerres.

24 MIZÉRY ET BONVOISIN, 35, *boulevard Richard-Lenoir, à Paris.* — Appareillage électrique.

25 SOCIÉTÉ DES ACCUMULATEURS ÉLECTRIQUES, (ancien établissement Alfred Dinin), 18, *route de Cherbourg, à Nanterre (Seine).*— Accumulateurs électriques.

26 SOCIÉTÉ DE L'ACCUMULATEUR « TUDOR », 26, *rue de la Bienfaisance, à Paris. Agence à Strasbourg, 9, place Kléber.* — Accumulateurs électriques en tous genres.

27 SOCIÉTÉ ANONYME « LE CARBONE », 12 à 33, *rue de Lorraine, à Levallois-Perret.* — Balais pour machines électriques. Charbons de microphones. Anneaux pour joints de vapeur. Piles électriques, 12 à 33, rue de Lorraine à Levallois-Perret, (Usines, à Levallois-Perret, Gennevilliers (Seine), N.-D. de Briançon (Savoie), New-York (U. S. A.), Succursales Londres, Zurich, New-York, Buenos-Ayres, Bruxelles).

28 SOCIÉTÉ ANONYME L'O-YONNITHE, 32, *avenue de Saint-Mandé, à Paris.* — Toutes matières plastiques moulées pour toutes applications.

29 SOCIÉTÉ D'ÉLECTRICITÉ MORS, 28, *rue de la Bienfaisance, Paris.* — Signaux et appareils de sécurité pour les chemins de fer. Block Système. Appareils d'enclenchement.

30 SOCIÉTÉ INDUSTRIELLE D'ÉLECTRICITÉ WEIL & BLOCH, 24, *rue du Maréchal-Foch, à Strasbourg.* — Bouchons fusibles et coupe-circuits.

31 SOCIÉTÉ INDUSTRIELLE DES TÉLÉPHONES, 25, *rue du Quatre-Septembre, à Paris.* — Fils et câbles électriques. Appareils électriques. Appareils téléphoniques.

32 SOCIÉTÉ LA MÉTALLUR-GIQUE ÉLECTRIQUE, 14, *rue Taitbout, à Paris.* — Appareillage électrique Vedovelli. Appareillage haute et basse tension. Tableau de distribution. Matériel pour traction et transport de force. Transformateurs, interrupteurs et disjoncteurs « Robur » et « Cartis ». Matériel pour lignes de chemin de fer et Tramways électriques.

33 TRÉFILERIES ET LAMINOIRS DU HAVRE. LA CANALISATION ÉLECTRIQUE (anciens établissements G. et H. B. de la M the), *à Saint-Maurice (Seine).* — Fils et câbles pour les diverses applications de l'Électricité.

34 CHOLIN ET FERRY, 53, *faubourg Saint-Jean (Nancy).* — Construction d'appareillage électrique.

35 Cie GÉNÉRALE DES MAGNETOS, 5 *bis, place Voltaire, Paris.*

36 Cie GÉNÉRALE DES CABLES DE LYON, 41, *Chemin du Pré-Gaudry (Lyon).*

37 GADOT ET TOURNAIRE (Etablissements), *Levallois-Perret (Seine).*

CLASSES 63 ET 64

Mines et grosse Métallurgie. — Électrométallurgie

BUREAU

Président. . . . . . M. LAURENT (Th.), 12, rue de la Rochefoucauld, Paris.

Vice-présidents . . M. GUIGNARD, 12, rue Roquépine, Paris ;
M. LARIVIÈRE, 170, quai Jemmapes, Paris.
M. DE TURCKHEIM (Bernard), à Niederbronn (Bas-Rhin).
M. PRÊCHEUR, Directeur des houillères de Petite-Rosselle.

Secrétaire-Trésorier M. PERRIN, 28, rue de Madrid, Paris.

---

1 Cⁱᵉ DES FORGES & ACIÉRIES DE LA MARINE & D'HOMECOURT, 12, *rue de la Rochefoucauld, à Paris.* — Aciers spéciaux. Pièces de forge, embouties, estampées. Tôles. Ressorts. Fil machine. Feuillard. Tubes sans soudure. Outillage de précision. Produits réfractaires. Taillanderie. Petits outils de jardinage et de plage. Chars d'assaut (réduction). — Peintures et photographies représentant des vues d'usines et du matériel d'artillerie.

2 Cⁱᵉ DES FORGES DE CHATILLON, COMMENTRY, NEUVES - MAISONS, 19, *rue de la Rochefoucauld, à Paris.* — Aciers à outils. Pièces forgées. Pièces moulées. Câbles métalliques. Pointes. Fils. Clouterie.

3 COMPAGNIE DES FORGES ET ACIÉRIES ÉLECTRIQUES PAUL GIROD, *Ugine (Savoie).* — Produits divers de la grosse métallurgie.

4 DAVEY, BICKFORD, SMITH & Cⁱᵉ, 1, *rue d'Harcourt, Rouen.* — Explosifs, artifices, accessoires servant à l'exploitation des mines et carrières.

5 ÉTABLISSEMENTS HOLTZER (Jacob), 43, *rue des Marais, à Paris.* — Aciers à outils. Pièces de forge. Pièces moulées. Petit outillage. Matériel de guerre.

6 LARIVIÈRE & Cⁱᵉ, 170, *quai de Jemmapes, Paris.* — Ardoises pour couvertures et tous modèles, ardoiserie, marbrerie, simili-marbre.

7 SOCIÉTÉ L'ALUMINIUM FRANÇAIS, 12, *rue Roquépine, à Paris.* — Produits demi-finis en aluminium : tôles, lingots, disques.

8 SOCIÉTÉ ANONYME DES APPAREILS DE MANU-

TENTION ET FOURS STEIN, 3, *rue d'Edimbourg, à Paris*. — Modèles réduits de fours, gazogènes, appareils de manutention. Briques réfractaires. Poteries et pièces spéciales réfractaires, pièces de four. Photographies. Prospectus relatifs aux fours métallurgiques. Fours d'usines à gaz. Fours de verrerie. Hauts fourneaux. Fours électriques. Laminoirs. Appareils de manutention spéciaux aux usines métallurgiques. Chauffage au charbon pulvérisé.

9 SOCIÉTÉ ANONYME DES HAUTS FOURNEAUX & FONDERIES DE PONT-A-MOUSSON, 5, *rue Jules-Lefebvre, à Paris*. — Tuyaux en fonte pour canalisation d'eau, de gaz, etc. et pour l'assainissement. Appareils de robinetterie et de fontainerie.

10 SOCIÉTÉ ANONYME POUR LA CONSTRUCTION DE CYLINDRES, LAMINOIRS & ACIÉRIES, 39, *rue de la Bienfaisance, à Paris*. — Vues d'usines. Cylindres et appareils de chauffage.

11 SOCIÉTÉ D'ÉLECTRO-CHIMIE (M. H. Gall, administrateur délégué), 2, *rue Blanche, Paris*. — Produits chimiques, aluminium, magnésium et électrodes.

12 SOCIÉTÉ D'ÉLECTRO-MÉTALLURGIE DE DIVES, 11 *bis, rue Roquépine, à Paris*. — Produits divers en cuivre, bronze, laiton, etc.

13 SOCIÉTÉ ÉLECTRO-MÉTALLURGIQUE FRANÇAISE, 28, *rue de Madrid, à Paris*. — Modèle de four électrique, Froges-Héroult. Échantillons, cassures d'aciers divers. Photographies et tableaux.

14 SOCIÉTÉ D'ÉTUDES & DE CONSTRUCTIONS MÉTALLURGIQUES, 64, *rue La Boëtie, à Paris*. — Plans d'appareils et d'installations métallurgiques. Modèle réduit de monte-charge de haut fourneau. Refroidisseur pour laminoirs. Manipulateur pour barres de laminoirs.

15 SOCIÉTÉ GÉNÉRALE POUR LA FABRICATION DE LA DYNAMITE, 67, *boulevard Haussmann, à Paris*. — Simili-cartouches de dynamite. Mèches de mineurs. Détonateurs et amorces électriques. Accessoires divers de mines.

16 SOCIÉTÉ GÉNÉRALE D'EXPLOSIFS « CHEDDITES », 42 *bis, rue des Mathurins, à Paris*. — Simili-cartouches de cheddite. Mèches de mineurs. Détonateurs et amorces électriques. Accessoires divers de mines.

17 SOCIÉTÉ UNIVERSELLE DES EXPLOSIFS, 124, *rue La Boëtie, à Paris*. — Simili-cartouches de cheddite. Mèches de mineurs. Détonateurs et amorces électriques. Accessoires divers de mines.

18 TRÉFILERIES ET LAMINOIRS DU HAVRE, 29, *rue de Londres, à Paris*. — Produits divers en bronze. laiton, acier et aluminium,

19 DE DIETRICH ET Cie, *Niederbronn (Bas-Rhin)*. — Appareils de chauffage, radiateurs, fonte de construction, fonte mécanique, transmissions et poulies, baignoires, articles sanitaires, fonte émaillée pour l'industrie chimique, poterie, essieux de chariot, socs et versoirs, bandages pour roues de wagons, manches et articles en bois.

20 USINES MÉTALLURGIQUES,
M. le capitaine Forveille, séquestre, 38, *rue Saint-Mar-
cel, Metz*. — Produits sidé-
rurgiques, tableaux et no-

tices sur la métallurgie.
21 SOCIÉTÉ DE L'INDUSTRIE
MINERALE, 19, *rue du
Grand-Moulin, Saint-Etienne (Loire)*.

CLASSE 65

Petite Métallurgie

BUREAU

Président. . . . . . M. WESSBECHER, 59, rue Grange-aux-Belles, Paris.

Vice-présidents . . M. BAC, 23, rue aux Ours, Paris.

M. BUREAU, 48, rue Alexandre-Dumas, Paris.

M. PIAT (J.), 85, rue Saint-Maur, Paris.

M. RODRIGUES (E.), 67, boulevard de Charonne, Paris.

Secrétaire. . . . . . M. ROSENGART, 67, boulevard Soult, Paris.

Trésorier. . . . . . M. CARRIÈRE, 138, rue de Bagnolet, Paris.

1 ANCIENS ÉTABLISSE-
MENTS GLAENZER ET
PERREAUD, 18 et 20, *fau-
bourg du Temple, Paris*. —
Machines à mouler.

2 BALIGAN (Ch.) fils, 111, *rue du
Chemin-Vert. Paris*. — Cuivrerie, quincaillerie d'ameublement.

3 BALLAUFF & PETITPONT,
22, *rue Beautreillis, Paris*. —
Stores en bois pour fenêtres.

4 BAYSSELANCE & MUNIÉ,
25, *rue du Surmelin, Paris*.
— Ustensiles de ménage et
de jardins, hydrothérapie,
ferblanterie, lampes à sou-
der.

5 BOHIN (Benjamin) fils, *Saint-
Sulpice-sur-Rille (Orne)*. —
Aiguilles, épingles, agrafes,
dés, etc.

6 BONNEVEY & BENDIX, 181,
*rue du Château des Rentiers,
Paris*. — Tours à décolleter,
machines à scier.

7 BOUDOT (Albert), 118, *rue
Oberkampf, Paris*. — Décou-
page, estampage de métaux.

8 BOUNIOL (Alexis), 146 à 150,
rue de Charonne, Paris. —
Visserie, boulonnerie, graisseurs, boulons graisseurs,
rondelles, écrous, robinets
pour eau et gaz, pièces détachées pour automobiles et
aviation.

9 BOUTELOU (Robert), 18, *rue du Capitaine-Ferber, Paris*. Boucles et apprêts sur métaux.

10 CANUET (Maurice), 68, *rue de Bondy, Paris*. — Perles métalliques, rivets.

11 CARRIÈRE (Maxime), 138, *rue de Bagnolet, Paris*. — Miroiterie métallique.

12 CHABOCHE (E.) et Cie, 33 et 35, *rue Rodier, Paris*. — Appareils de chauffage.

13 CHAMBRE SYNDICALE DE DÉCOLLETAGE, 5, *boulevard Diderot, Paris*. — Articles de décolletage.

14 CHAPUIS & Cie, 4, *rue Abel-Rabaud, Paris*. — Acier poli.

15 COINDET (Alfred), 137, *avenue Gambetta, Paris*. — Cuivreries, pour chemins de fer, tramways, autobus, stores.

16 COMPAGNIE FRANÇAISE DES BOUTONS DE LA MARQUE J. P., 22 et 24, *rue du Transvaal, Paris*. — Boutons et boucles.

17 COMPTOIR DE LA MÉTALLURGIE, 45 et 47 bis, *rue Godefroy-Cavaignac, Paris*. — Tubes sans soudure, cuivrerie.

18 DAUDE (G.) & Cie, 79, *rue du Temple, Paris*. — Œillets métalliques, crochets, rivets tubulaires.

19 DUFLOS (Paul), 3, *rue Sedaine, Paris*. — Limes, pinces et outils.

20 ÉTABLISSEMENTS BAC, 23, *rue aux Ours, Paris*. — Œillets métalliques et celluloïd, acier poli, boutons, rivets, boucles, agrafes.

21 ÉTABLISSEMENTS BOURGAIN (Léon) fils, 12, *rue St-Merri, Paris*. — Articles acier poli.

22 ÉTABLISSEMENTS B. R. C., 67, *boulevard de Charonne, Paris*. — Articles métalliques de ménage, lanterne; en tous genres, éclairage des automobiles.

23 ÉTABLISSEMENTS CARNAUD (J.-J.), et Forges de Basse-Indre, 37, *rue de Surène, Paris*. — Boîtes métalliques en tous genres, pour conserves et pour produits à polir, etc.

24 ÉTABLISSEMENTS FRANCK (B.), et ses fils. *Aubervilliers*. — Casques, boîtes, bidons métalliques, brancards d'ambulance.

25 ÉTABLISSEMENTS GARNIER, 30, *boulevard de la Bastille, Paris*. — Crémones, serrurerie d'art et ordinaire.

26 ÉTABLISSEMENTS JAQUEMET & MESNET, 94, *rue de la Convention, Paris*. — Fermetures et persiennes.

27 ÉTABLISSEMENTS ROSENGART (L.), 51 à 67, *boulevard Soult, Paris, 7 à 13, avenue de Saint-Mandé, au Légué (Côtes-du-Nord)*. — Pièces décolletées, tournées, et estampées. Procédés brevetés S. G. D. G. d'Éclairage électrique sans accumulateurs des vélos, motos, autos.

28 ÉTABLISSEMENTS WESSBECHER, 56 à 67, *rue de la Grange-aux-Belles, Paris*. — Meubles en fer, lits fer et cuivre, ferronnerie d'art, ameublements pour théâtres. Meubles de jardin.

29 FABRIQUE PARISIENNE DE MÈCHES AMÉRICAINES, 33, *avenue Victor-Hugo, La Courneuve*. — Mèches américaines.

30 FLEURY (De) & LABRUYÈ-RE, *rue Gérard, Choisy-le-Roi*. — Pièces de Fonderie bronze et aluminium.

31 FONDERIES DE JOINVILLE *Joinville (Haute-Marne)*. — Fonte moulée, douce et aciérée.

32 FONTAINE & Cie, 181, *rue St-Honoré, Paris*. — Serrurerie de bâtiment.

33 FORGES & ACIÉRIES DE COMMERCY, *Commercy (Meuse)*. — Fers à cheval.

34 GAILLARD & MIGNOT, 20, *boulevard de Charonne, Paris* — Charnières, fiches, et paumelles fer et cuivre.

35 HAFFNER (Pierre) & Cie, *Sarreguemines (Lorraine)*. — Coffre-forts, coffrets, serrures, presses à copier.

36 HUET & AUGER, 63, *rue Notre-Dame-de-Nazareth, Paris*. — Colliers et articles pour chiens.

37 HUET & LIGIER, 118, *rue de Turenne, Paris*. — Acier poli.

38 HUG (Paul), 37, *rue de Lyon, Paris*. — Lames de scies, outils tranchants pour le travail des métaux, outillage pour l'entretien des scies.

39 JOMAIN fils et Cie, 34, *rue Brancion, Paris*. — Persiennes métalliques, fermetures tôle ondulée, grilles articulées, monte-charges, monte-plats.

40 LEMOINE-BIÉS & HARANG, 127, *avenue du Général-Bizot, Paris*. — Brasures, soudures, métal antifriction, bronze, aluminium.

41 LOUYOT (Émile), 16, *rue de la Folie-Méricourt, Paris*. — Laminage de métaux.

42 MANUFACTURES FRANÇAISES DE BOUTONS PRESSION, 1, *canal Fontenay, Grenoble (Isère)*. — Boutons-pression à coudre et à river.

43 MANUFACTURE D'ŒILLETS MÉTALLIQUES, 64, *boulevard de Strasbourg, Paris*. — Œillets métalliques.

44 MAQUENNEHEN & IMBERT, *Escarbotin (Somme)*. — Articles de serrurerie.

45 MARQUIS (L.), à *Rugles* (Eure). — Épingles, agrafes, boucles et articles de harnachement.

46 METTETAL (Florian), 17, *rue Beautreillis, Paris*. — Objets tournés et décolletés.

47 MICHEL, 105, *avenue Parmentier, Paris*. — Articles de décolletage.

48 MOUREY (Vve Emile), *Commercy (Meuse)*. — Filières à tréfiler le fer et l'acier.

49 NICOLAS (Lucien) fils, *Pont-Saint-Pierre (Eure)*. — Bouclerie, ferronnerie.

50 PAGÈS & PLOQUIN, 42, *boulevard Sébastopol, Paris*. — Aiguilles, épingles, dés.

51 PIAT (Les Fils de A.) et Cie, 85, *rue Saint-Maur, Paris*. — Engrenages bruts, séries du pas diamétral, moulages de fonderies, organes de transmission. Réducteurs de vitesse.

52 PIERRON (Hyppolyte), 19, *rue Basfroi, Paris*. — Pointes et clouterie.

53 PINCHART-DENY, 58, *rue Saint-Sabin, Paris*. — Perforation, emboutissage.

54 PUGNIET & Cie, 127, *avenue Jean-Jaurès, Paris*. — Boucles et agrafes.

55 RAYMOND (A.), 113, *Cours Berriat, Grenoble (Isère)*. — Boutons, fermoirs et agrafes.

56 REBATTET (A.), 66, *rue Claude-Vellefaux, Paris*. — Lampes, Lanternes et accessoires [pour éclairage à l'acétylène et au pétrole.

57 SAPPEY (Les Successeurs de L.), 34 bis, *boulevard Gambetta, Grenoble (Isère)*. — Boutons-pression, agrafes.

58 SIRAUDIN, 12, *rue Aubriot, Paris*. — Casques et équipements militaires.

59 SOCIÉTÉ DES AGRAFES FRANÇAISES, 48, *rue Alexandre-Dumas, Paris*. — Agrafes, boutons, œillets.

60 SOCIÉTÉ DU DURALUMIN, 3, *rue de la Boëtie, Paris*. — Duralumin aluminium, laiton, maillechort.

61 SOCIÉTÉ DES ÉTABLISSEMENTS GANTOIS (J.), *Saint-Dié (Vosges)*. — Rouleaux de toiles métalliques, toiles per orées et grillages, serrurerie grillagée.

62 SOCIÉTÉ DES HAUTS FOURNEAUX DE NOUMÉA 77, *rue de Lille, Paris*. — Minerai de nickel et de chrome, Mines de nickel, oxyde de nickel, métal en lingots, cubes, grenailles.

63 SOCIÉTÉ MÉTALLURGIQUE DE LA BONNEVILLE, 8, *rue Sedaine, à Paris*. — Laiton et acier, en barres et en fils, tubes d'acier.

64 SOUDURE AUTOGÈNE FRANÇAISE, 48, *rue Saint-Lazare, Paris*. — Appareils de soudure autogène et de soudure électrique, panneaux de chalumeaux, générateurs d'acétylène, tableaux, appareils divers.

65 TOURNEUR fils, 10, *rue Meslay, Paris*. — Boutons et dés à coudre.

66 TRÉFILERIES ET LAMINOIRS DU HAVRE, 29, *rue de Londres, Paris*. — Boutons-pression.

67 VANUXHEM & BONNASSEAU, 103 à 113, *avenue Philippe-Auguste, Paris*. — Acier et laitons profilés.

68 VERDUN (Lucien), 20, *rue du Goulet, Aubervilliers*. — Miroiterie métallique.

69 MORTAGNE (Clovis) et fils aîné (Établissements), 4, *rue du Pont-aux-Choux, Paris*. — Ressorts et machines spéciales.

70 LÉTANG et Cie (Léon), 11, *rue de la Cour des Noues, Paris*. — Fabrication de moules et ma hines pour cho ol tiers, confiseurs, biscu ter es.

71 HENNEQUIN (Georges), 2, *rue d'Athènes, Paris*. — Photographies de fer forgé d'après sa composition.

72 MULLER ROGER et Cie, 108, *avenue Philippe-Auguste, Paris*. — Fonderie de bronze et de cuivre. Appareils en cuivre pour chaudières et machines à vapeur. Robinetterie générale pour la vapeur et le gaz.

GROUPEMENT C

Génie civil. — Moyens de Transport

**Président : M. EYROLLES (Léon), 12, rue du Sommerard,
Paris**

BUREAU RÉGIONAL DU GROUPEMENT C

STRASBOURG

MM. LUCK (Henry), directeur de l'Usine de Graffenstaden.
PÉTRI (Albert), directeur de la Fabrique de Wagons de Diétrich
& Cie, à Reischshoffen.

MULHOUSE

M. VOGTENBERGER (Fernand), à Mulhouse.

METZ

MM. CÉSAR, Directeur des Tramways de Metz.
POINSOTTE, sellier, rue des Clercs, à Metz.
ITEN (E.), Directeur de l'Autavia, à Metz.
VEYDERT (cycles), rue des Clercs, à Metz.

CLASSES 28, 29, 32 ET 33

Génie civil. — Chemins de fer et Tramways. Navigation de Commerce

---

BUREAU

Président. . . . . M. EYROLLES (Léon), 12, rue du Sommerard, Paris.
Vice-Président . . M. BAUDET (Louis), 139, rue Saussure, Paris.
Secrétaire. . . . . M. BERGER (Alexandre), 54, rue Brancion, Paris.
Trésorier. . . . . M. MAROZEAU (Paul), 4, rue Galilée, Paris.

---

1 AESCHMANN & Cie, 26, *boulevard de Grenelle, Paris.* — Photographies de Travaux. Dessins.

2 ASSOCIATION AMICALE DES ÉLÈVES ET ANCIENS ÉLÈVES DE L'ÉCOLE SPÉCIALE DES TRAVAUX PUBLICS, 4, *Carrefour de l'Odéon, Paris* 6e. — Cadres graphiques concernant la marche de l'Association. Sociétaires. Budgets. Offres d'emplois, placements, etc. Collection, depuis sa création, de la publication de « L'Ingénieur-Constructeur ».

3 BERGER (A.) fils, 54, *rue Brancion, Paris,* 15e. — Photographies de travaux.

4 BAUDET, DONON, 139, *rue Saussure, Paris.* — Photographies de Travaux.

5 BESNIÉE frères, 26, *rue de Chabrol, Paris.* — Journal *La Réforme du Bâtiment.*

6 BONHOMME (Jules), 138, *boulevard de l'Hôpital, Paris,* 13e. — Photographies de Travaux.

7 BOUDON (Alfred), Administrateur-directeur de la Cie « LA Manutention mécanique industrielle », 93, *rue de Courcelles, Paris.* — Plans et photographies de Manutention mécanique.

8 CHARGEURS RÉUNIS (Cie française de navigation à vapeur), 1, *boulevard Malesherbes, Paris.* — Tableaux et photos.

9 CHAMBRE DE COMMERCE DU HAVRE, (M. Couvert Joannès, Président), *Palais de la Bourse, Le Havre.* — Dessins et photographies relatifs au Service de l'Outillage de la Chambre de Commerce du Havre.

10 COMMISSION DE LA PERCÉE DES VOSGES, 5, *rue Laffitte, Paris,* 9e. — Cartes et documents concernant les neuf projets de chemins de fer transvosgiens.

11 Cie G^{le} TRANSATLANTIQUE, 6, *rue Auber, Paris.* — Ta-

bleaux muraux et autres documents de publicité.

12 Cie DES MESSAGERIES MARITIMES, 8, *rue Vignon, Paris*. — Tableaux muraux et autres documents de publicité.

13 DAYDÉ (Henri) 6 *bis, rue Auber, Paris*. — Tableaux et photographies d'ouvrages d'Art.

14 DUFOUR (Albert), 7, *boulevard Malesherbes, Paris*. — Reproduction par l'aquarelle de chalands de mer en béton armé, de maisons ouvrières et travaux divers de réfection de voies navigables.

15 ÉCOLE SPÉCIALE DES TRAVAUX PUBLICS (Eyrolles Léon, directeur), 12, *rue du Sommerard. Paris*. — Photographies, ouvrages de cours, programmes.

16 GRANDURY, GRIEU, BOUVET, 5 *rue du Helder, Paris*. — Photographie de la Banque de Mulhouse au Havre.

17 HERSENT (Jean et Georges), 60, *rue de Londres, Paris*. — Tableaux et dessins.

18 LASSAILLY & BICHEBOIS, 47, *rue Camille-Desmoulins, à Issy-les-Moulineaux (Seine)*. — Dessins et photographies d'appareils pour le goudronnage des routes. Produits divers dérivés du goudron servant pour les routes et constructions civiles.

19 MAROZEAU (Paul), 4, *rue Galilée, Paris*. — Tableaux : 1) Usine centrale électrique de Wasquehal (Nord); 2) usine « la Zomine », à Caudebec-en-Caux.

20 SCHMID, BRUNETON, MORIN, 58, *Chaussée d'Antin, Paris*. — Tableau décoratif contenant photographies de travaux.

21 SOCIÉTÉ « LES AFFRÊTEURS RÉUNIS » 15, *rue Scribe, Paris*. — Modèles de bateaux, tourniquets, tableaux.

22 SOCIÉTÉ NAVALE DE L'OUEST, 8, *rue Auber, Paris*, — Tableaux muraux e' autres documents de publicité.

23 SOCIÉTÉ DES GRANDS TRAVAUX DE MARSEILLE, 24, *rue Mogador, Paris*. — Photographies de travaux exécutés. Plans.

24 SOCIÉTÉ DES PONTS ET TRAVAUX EN FER, 93, *rue Taitbout, Paris*. — Photographies d'ouvrages d'Art.

25 SOCIÉ É ́É ÉRALE D'É-FUR TI E D'AS AI-NI SEMEN , 2 , *rue de Châe udun; P s*. — Phot ap i s et plan .

26 SCHWEND 'Jo eph e Cie, ZI SI Paul , su esseur, 12, *qu i Koch, Strasbourg*. — Produits en agglo é és le im , 1 t e e che inée.

27 WEITZ (Les fils de Jules), 111, *chemin des Culattes, Lyon*. — Photographies de travaux. Croquis de Matériel de transports et travaux publics.

28 WOHLGROCH (Joseph), 18, *rue des Bains, Mulhouse (Alsace)*. — P t te locomotive.

29 MEYER (Jean- anil , 8, *rue Reibel (Strasbourg-Robertsau)*. — Modèles de petits bate u .

30 ZELL (Jules-Charles), 9, *rue du Delta, Paris*. — Photographies. Tableaux.

31 COMPAGNIE DES CHEMINS DE FER DE L'EST, *rue et place de Strasbourg, Paris*. — Affiches, photographies, documents divers.

32 COMPAGNIE DES CHEMINS DE FER DE PARIS A

LYON ET A LA MÉDI-TERRANÉE, 88, *rue Saint-Lazare, Paris.* — Affiches, photographies, documents, divers.

33 CHEMINS DE FER DE L'É-TAT, 20, *rue de Rome, Paris.* — Affiches, photographies, documents divers.

34 CHEMINS DE FER DE PA-RIS A ORLÉANS, 1, *place Walhubert, Paris.* — Affiches, photographies, documents divers.

35 COMPAGNIE DES CHEMINS DE FER DU NORD, 18, *rue de Dunkerque, Paris.* — Affiches, photographies, documents divers.

36 COMPAGNIE DES CHEMINS DE FER DU MIDI, *Paris.* — Affiches, photographies, documents divers.

37 CHEMINS DE FER D'ALSACE ET DE LORRAINE, *Strasbourg.* — Cartes et plans.

CLASSE 30

Carrosserie et Charronnage. — Automobiles. Cycles et Accessoires

BUREAU

Président. . . . . . M. le baron PETIET, 63, avenue des Champs-Élysées, Paris.

Vice-Présidents. . . M. CHENARD, rue du Moulin-de-la-Tour, Genne-villiers (Seine).

M. BELLARD (Paul), 21, rue de Lappe, Paris.

M. KNYFF (R. de), 15, avenue de la Grande-Armée, Paris.

Secrétaire. . . . . . M. CHAPELLE (G.), 41, rue Charles-Laffitte, Neuilly-sur-Seine (Seine).

Trésorier. . . . . . M. MARCHAL, 14, rue Duret, Paris.

1 AUTOMOBILES RENAULT (L.), 15, *rue Gustave-Sandoz, à Billancourt (Seine).* — Voitures automobiles.

2 CITROEN (André), 143, *quai de Javel, à Paris.* — Châssis et voitures automobiles.

3 COMPAGNIE D'APPLICA-TIONS MÉCANIQUES C. A. M., 15, *avenue de la Grande-Armée, Paris.* — Roues amovibles R. A. F. simples et doubles, accessoires et pièces détachées, correspondantes. Roulement

à billes simples et doubles, à rotule, démontables, Roulements à rouleaux, butées, etc.

4 Cie IND^{le} & Cie DU CYCLE & DE L'AUTOMOBILE, 41, *rue Charles-Laffitte, à Neuilly-sur-Seine (Seine).* — Cornets avertisseurs pour cycles et automobiles. Timbres de bicyclettes. Selles de bicyclettes Lamplughs et Perfecta. Bougies Macquaire pour autos et motos. Lanternes acétylène.

5 DELANGÈRE, CLAYETTE frères et Cie, 16, *faubourg Madeleine à Orléans, (Loiret).* — Camion automobile 4 tonnes.

6 ÉTABLISSEMENTS BERLIET, 239, *avenue Berthelot, à Lyon (Rhône).* — Camions et voitures de tourisme.

7 ÉTABLISSEMENTS DE DION BOUTON, 36, *quai National à Puteaux (Seine).* — Voitures automobiles.

8 ÉTABLISSEMENTS LEMOINE, 21, *rue de Lappe, à Paris.* — Essieux de carrosserie et de charronnage. Essieux articulés et essieux arrière d'automobiles. Pièce de forge et d'estampage diverses. Moyeux de roues divers. Ressorts de carrosserie et divers, etc.

9 GOUDARD et MENNESSON, 190, *avenue de Neuilly, à Neuilly-sur-Seine (Seine).* — Carburateurs pour moteurs à explosion.

10 GRENIER (Pierre), (Établiss. Grenier), 8, *avenue de Bouvines, à Paris.* — Refroidisseurs, réservoirs et tôlerie pour automobiles, camions et tracteurs agricoles.

11 PICARD (Henri), 12, *rue des Ecluses-Saint-Martin, à Pa-*

ris. — Spécialités « *Magnétic* » bougies d'allumage pour moteurs à explosion. Avertisseurs pour cycles et motos. Pompes pour pneumatiques. Lanternes à acétylène pour cycles et motos. Pièces de décolletage, etc.

12 SOCIÉTÉ ANONYME DES ANCIENS ÉTABLISSEMENTS CHENARD & WALCKER, *rue du Moulin-de-la-Tour, à Gennevilliers (Seine).* — Voitures automobiles.

13 SOCIÉTÉ ANONYME DES ANCIENS ÉTABLISSEMENTS DORIOT, FLANDRIN ET PARANT RÉUNIS, 169, *boulevard Saint-Denis à Courbevoie (Seine).* — Voitures automobiles.

14 SOCIÉTÉ ANONYME ARIÈS, 63, *avenue des Champs-Elysées, Paris.* — Camion de 4 tonnes type R.-6. Pièces diverses.

15 SOCIÉTÉ ANONYME DES AUTOMOBILES INDUSTRIELS SAURER, 67, *rue de Verdun, à Suresnes (Seine).* — Châssis de camion automobile

16 SOCIÉTÉ ANONYME DES ÉTABLISSEMENTS BLÉRIOT, 14 et 16, *rue Duret, à Paris.* — Phares et lanternes, Dynamos d'éclairage. Démarreurs électriques, appareillage électrique. Klaxons mécaniques.

17 SOCIÉTÉ ANONYME DES ÉTABLISSEMENTS ROLLAND & PILAIN (Em.), 44, *place Rabelais, à Tours (I.-et-L.).* — Châssis automobile 18 HP.

18 SOCIÉTÉ ANONYME DES ÉTABLISSEMENTS TORRILHON (J.-B.), *à Chamalières (Puy-de-Dôme) et 3, rue d'Uzès, à Paris.* — Caout

chouc manufacturé sous toutes formes. Tissus caoutchoutés. Vêtements imperméables. Bandages pleins pour automobiles. Pneumatiques, accessoires de vélocipédie, etc.

19 SOCIÉTÉ DES AUTOMOBILES BRASIER, 21, *avenue des Champs-Elysées, à Paris.* — Torpédo de luxe sur châssis de luxe 18 HP. Type 15.-A.

20 SOCIÉTÉ DES AUTOMOBILES DELAHAYE, 10, *rue du Banquier, à Paris.* — Voiture automobile. Moto-pompe à incendie.

21 SOCIÉTÉ DES AUTOMOBILES ET CYCLES PEUGEOT, 80, *rue Danton, à* *Levallois-Perret (Seine).* — Voitures de tourisme, camions et bicyclettes.

22 SOCIÉTÉ FRANÇAISE B. F. GOODRICH, 221, *boulevard de Valmy à Colombes (Seine).* — Pneumatiques et bandages en caoutchouc.

23 SOCIÉTÉ NILMÉLIOR, 51, *rue Lacordaire, à Paris.* — Magnétos et carburateurs.

24 UNGERER (J. et A.), 16, *rue de Labroque, à Strasbourg.* — Roues d'engrenages droites et coniques pour changements de vitesse, différentiels et autres appareillages. Pièces de forge, d'ajustage, etc., pour réparations d'automobiles et autres.

CLASSE 31

Sellerie et Industries annexes

BUREAU

Président. . . . . . M. POURSIN (S.), 35, rue des Vinaigriers, Paris.
Secrétaire-Trésorier M. HERMÈS (Émile), 24, faubourg Saint-Honoré, Paris.

1 BOUNIOL (Alex), 146 à 150, *rue de Charonne, à Paris.* — Pièces détachées pour sellerie, équipements.

2 EQUY (Henri), 233, *faubourg Saint-Honoré, à Paris.* — Harnais de luxe et de commerce.

3 ÉTABLISSEMENTS DOUÉNAT, 16, *place de la Répu-* *blique, à Paris.* — Sellerie et équipements militaires.

4 HERMÈS (Emile Maurice), 24, *faubourg Saint-Honoré, à Paris.* — Selles, harnais, couvertures.

5 MARQUIS (Lucien), *à Rugles (Eure).* — Bouclerie pour sellerie et équipements militaires.

6 MAY-BING fils, 33, *rue des Cordelières, à Paris.* — Harnais et pièces de bourrellerie et sellerie.

7 MAYER & FLAMERY, 18, *rue Albouy, à Paris.* — Ou ils pour selliers et bourreliers.

8 PASSOT (Emile), 39, *rue Châ-teau-Landon, à Paris.* — Cuirs pour sellerie.

9 POURSIN (Simon), 35, *rue des Vinaigriers, à Paris.* — Garnitures de harnais. Chiffres et ornements.

10 VINCENT (Ch.), 36, *rue De-belleyme à Paris.* — Journal le *Moniteur de la Sellerie.*

CLASSE 34

Aérostation. — Aviation.

Aviation militaire de la IVe armée :

(Général GOURAUD, Général en chef).

GRAND APPAREIL (dernier modèle). — Photographies prises en avion.

GROUPEMENT D

Agriculture, Horticulture et Arboriculture.
Forêts. — Chasse. — Pêche. — Cueillette

Président : M. VIGER (Albert) sénateur, ancien ministre, 55, rue des Saints-Pères

Vice-Présidents . . MM. CHATENAY (Abel), premier vice-président de la Société nationale d'horticulture de France, 1, rue Saint-Aubin, à Vitry (Seine).

NOMBLOT (Alfred), secrétaire général de la Société nationale d'horticulture de France, à Bourg-la-Reine (Seine.)

RITTE (Arthur), président de la Chambre Syndicale des Constructeurs de machines agricoles de France, à Vierzon (Cher).

Secrétaire général. M. MOUSSU, bibliothécaire-archiviste au Ministère de l'Agriculture.

Trésorier . . . . . . M. WEILL (Camille), 175, faubourg Poissonnière.

BUREAU RÉGIONAL DU GROUPEMENT D

STRASBOURG

MM. KUHN (Antoine), fabricant de machines agricoles, à Saverne.

WIEDERKEHR (Ed.), fabricant de machines agricoles, à Schlestadt.

DIEBOLT-WEBER, Président de l'Association Centrale des Comices agricoles d'Alsace-Lorraine, à Strasbourg.

MULHOUSE

M. BECKER (J.-A.), horticulteur, à Mulhouse.

METZ

MM. DUFOUR (matériel agricole), place de l'Abreuvoir, à Metz.

MOLIA, fabrique de voitures, à Sarrebourg.

CAHEN, fabrique de légumes décortiqués, route de Magny, à Metz-Sablon.

SIMON-LOUIS frères, horticulteurs, rue d'Asfeld, à Metz.

CLASSES 35, 36, 37

Matériel agricole

BUREAU

Président. . . . . . M. LEFEBVRE-ALBARET, 7 *bis*, rue du Louvre, Paris.

Vice-Présidents. . . MM. GOUGIS, à Auneau (Eure-et-Loire).
PUZENAT, à Bourbon-Lancy (Saône-et-Loire).

Secrétaire-Trésorier. M. ROFFO (Léon), 8, place Voltaire, Paris.

1 AARON, *à la Robertsau, près Strasbourg (Alsace).* — Petit matériel d'horticulture. Plantes.

2 ARTAUD, *à Fontenay-aux-Roses (Seine).* — Petites charrues pour jardins.

3 BACHASSE, GIBERT & GUILHEM, *Béziers (Hérault).* — Soufreuses, pulvérisateurs, jets universels, lances.

4 BARBOU fils, 52, *rue Montmartre, Paris.* — Articles de cave.

5 BARTHEL, *à Benfeld (Alsace).* — Machines agricoles.

6 BEAUVAIS & ROBIN, 31, *rue du Maine, Angers (M.& L.)* — Charrues, écrémeuses.

7 BERTRAND (J.), *à Avignon (Vaucluse).* — Machines et instruments agricoles.

8 BLAND & Cie, 35, *rue Ernest Renan à Issy-les-Moulineaux (Seine).* — Pompes et groupes moto-pompes.

9 BUCY (J. DE), *à Bar-sur-Aube (Aube).* — Moteurs.

10 CARUELLE (G.), 10, *rue Lasson, Paris* (12e). — Pompes à chaînes multicellulaires.

11 CAZAUBON (Alfred), *Ingénieur-constructer, 43, rue*

Notre-Dame-de-Nazareth, Paris. — Appareil pulvérisateur pour sulfater les vignes.

12 CHASSERÉ, *à Veberach, canton de Niede bronn (Basse-Alsace).* — Petit matériel de erme. Galoches.

13 CHEVALIER (A.), 29, *quai Claude-Bernard, Grenoble (Isère).* — Machines agricoles.

14 DEMANGE, *à Saverne (Alsace)* — Matériel de erme.

15 DENU, *à Veberach, canton de Niederbronn (Basse-Alsace).* — Petit matériel de erme. Semelles en bois en tous genres.

16 DOLLÉ-CHAUBEY & Cie (Éts.), *à Vesoul (Haute-Saône).*—Faucheuses, moissonneuses, javeleuses, moissonneuses-lieuses, concasseurs, coupe-racines, brabants et meules.

17 DUMAINE, *à Mois-y-Cramayel (Seine-et-Marne).* — Machines agricoles et engrais.

18 DURANTON, 4, *boulevard Saint-Martin, Paris.* — Instruments de chirurgie vétérinaire.

19 GAENG (Joseph), *fabricant, à Steinbourg (Bas-Rhin).* — Extracteurs.

20 GOUGIS (Albert), *constructeur, à Auneau (E.-&-L.).* — Semoirs et distributeurs pour l'Agriculture.

21 GRATEYROLLE, *à Etrepilly (Seine-et-Marne).* — Matériel agricole.

22 HACKENSCHMIDT (Ch.), *fabrique de Vannerie, à Strasbourg (Alsace).* — Meubles en vannerie pour jardins et fumoirs, malles de voyage, paniers, etc., en vannerie.

23 JACQUEMARD-HURTU, *à Nangis (Seine-et-Marne).* — Machines agricoles.

24 JOHNER (J. et J.), neveux de STEINBRENNERS, *constructeurs,* 50, *avenue de la République, à Colmar (Alsace).* — Appareil d'arrosage pour grandes surfaces.

25 KLEIN (Albert), *à Saverne (Bas-Rhin).* — Grandes et petites meules. Fourneaux de cuisines.

26 KOMMANN, *à Barr (Alsace).* — Charrues et herses.

27 KUHN frères, *Saverne.* — Machines agricoles.

28 MAGNIER-BÉDU, *à Groslay (Seine-et-Marne).* — Machines agricoles.

29 MAHOT (Eugène), *Ham (Somme) et Paris,* 37, *rue de Viarmes.* — Pétrins mécaniques.

30 PERRAS (Établissements (P.), *Matériel agricole et viticole, à Belleville-sur-Saône (Rhône).* — Pulvérisateurs et soufreuses.

31 PUZENAT (C.), *Usines-Saint-Denis, à Bourbon-Lancy (Saône-et-Loire).* — Rateau à cheval, faneuse à fourches, rateau-faneur, herse en Z.

32 RENARD (Abel), *Auxerre (Yonne).* — Charrues.

33 ROFFO & Cie, 8, *place Voltaire, Paris.* — Pièces pour machines agricoles. Fontes malléables.

34 SIMON Frères (Éts), *à Cherbourg (Manche).* — Machines agricoles.

35 SIMONETON, 41 *et* 43, *rue d'Alsace, Paris.* — Machines agricoles.

36 SOCIÉTÉ ANONYME DES ANCIENS ÉTABLISSEMENTS ALBARET, *Rantigny (Oise).* — Batteuses, locomobiles, presses.

37 SOCIÉTÉ ANONYME « LA FRANCE », *à Firminy, (Loire)*. — Faucheuse « La France) », botteleuse « la France ».

38 SOCIÉTÉ ANONYME DES ANCIENS ÉTABLISSEMENTS MILLOT, *à Gray (Haute-Saône)*. — Machines agricoles.

39 SOCIÉTÉ ANONYME DES ÉTABLISSEMENTS NODET (A.), *à Montereau (Seine-et-Marne)*. — Machines agricoles.

40 SOCIÉTÉ ANONYME « POMPES NOEL », *Usines de la Flie, à Liverdun (M.-&-M.)*. — Pompes domestiques d'arrosage et pour soutirages, pompes à purin.

41 SOCIÉTÉ GALLIA, *Béziers (Hérault)*. — Produits cupriques pour la vigne.

42 SOCIÉTÉ LYONNAISE DE CONSTRUCTION DE MACHINES AGRICOLES, (*Plissonnier*, administrateur-directeur). 234, *Cours Lafayette, Lyon*. — Charrues, brabants, houe cultivateur.

43 SOCIÉTÉ FRANÇAISE DE MATÉRIEL AGRICOLE & INDUSTRIEL, *Vierzon (Cher)*. — Locomobile de 6 HP., Batteuses de 1 m. 60, à double nettoyage par 2 élévateurs courtes pailles devant, expulseur de balles.

44 SOCIÉTÉ NATIONALE DE MATÉRIEL AGRICOLE, 7, *rue Laffitte, Paris*. — Lot de charrues brabants. Fondeur ; lot de moteurs pour l'agriculture, écrémeuses.

45 SOCIÉTÉ DES POTASSES D'ALSACE.

46 STEPHEN (Henri G.), (Anc. Établissements Breloux et Cie), *à Nevers (Nièvre)*. — Machines agricoles.

47 TANVEZ (Emile), *Guingamp (Côtes-du-Nord)*. — Machines agricoles.

48 UTZCHNEIDER, JAUNEZ & Cie, *à Oberbetschdorf (Alsace)*. — Tuyaux en grès pour canalisations.

49 VIALIS & Cie (P.). (Société Grenobloise de Constructions mécaniques, 11 *et* 13, *rue Diderot, à Grenoble (Isère)*. — Machines agricoles. Pétrins mécaniques.

51 WALLUT (R.) et HOFFMANN (G.), 170, *boulevard de la Villette, Paris*. — Machines agricoles.

52 WENDLING (Jacques), *La Robertsau, près Strasbourg, rue Schutzenberger*, 3. — Chariots pour jardiniers.

53 GUENNETEAU (L.), 80, *rue Boucicaut, Fontenay-aux-Roses (Seine)*. — Charrues.

CLASSES 38 A 42

Produits agricoles et matières fertilisantes

BUREAU

Président. . . . . M. DABAT (Léon), Conseiller d'État, Directeur général des Eaux et Forêts, 48, boulevard de La Tour-Maubourg, Paris.

Vice-Présidents. . BERGE (René), 8, rue Pierre-Charron, Paris.
COUTOURIEUX, 18, avenue Hoche, Paris,

Secrétaire. . . . . RACAGEL, Secrétaire-général [de la direction des Eaux et Forêts au Ministère de l'Agriculture.

Secrétaire-Adjoint. MIDY (Marcel) 9, rue du Commandant Rivière, Paris.

Trésorier . . . . LONGUET, 50, rue des Lombards, Paris.

---

1 ALIOTH (Marcel) & Cie, 79, *rue Ducan, à Bordeaux*. — Huiles d'olives.

2 ARNOLD (D^r) ESCLUVENT, 62, *rue Er'anger, à Paris*. — Plantes pharmaceutiques.

3 ARROUIS (Henry) & HAWKINS (Harry), 24, *rue Alfred-de-Vigny, à Tours*. — Pâte et crème à la cire.

4 ARYS (Société anonyme), 3, *rue de la Paix. Paris*. — Plantes aromatiques.

5 ASSOCIATION CENTRALE DES LAITIERS DES CHARENTES ET DU POITOU, (Mercier (Paul), président), 13, *rue Vieille-Rose, à Niort, (Deux-Sèvres)*. Tableaux graphiques.

6 ASSOCIATION DES LAITERIES COOPÉRATIVES DE SURGÈRES *(Charente-Inférieure)*. M. DORNIC, président. — Produits de Laiterie.

7 BAILLY, 15, *rue de Rome, Paris*. — Herboristerie, plantes médicinales.

8 BATTLE (Albert-Louis), *à Ille-sur-Têt (Pyrénées-Orientales)*. — Huile d'olive.

9 BÉRAUD (Achille), *à Pierrelongue (Drôme)*. — Huile d'olive.

10 BERNARD (Xavier), 19, *rue de Viarmes, Paris*. — Plantes et graines.

11 BEYTOUT & CISTERNE, 4, *faubourg Poissonnière, Paris*. Plantes pharmaceutiques.

12 BOUSQUET (D^r), 140, *rue du Faubourg Saint-Honoré, Paris*. — Plantes médicinales.

13 BOUVET (Administration des Établissements GOY), 23,

rue Beautreillis, Paris, 4ᵉ. — Plantes pharmaceutiques.

14 BRARD, *Saint-Pierre-sur-Dives (Calvados).* — Plantes médicinales.

15 BROSSARD, *Saint-Etienne (Loire).* — Plantes médicinales.

16 COUTURIEUX, 18, *avenue Hoche, Paris.* — Levures. Plantes médicinales.

17 DEBENEDETTI (Jeune), 25, *boulevard Carabacel, à Nice (Alpes-Maritimes).* — Huile d'olive.

18 DURET & REMY, 5, *avenue des Tilleuls, Paris, 18ᵉ.* — Plantes pharmaceutiques.

19 FABRE & Cⁱᵉ, 33, *rue de la Haie-Coq, Aubervilliers (Seine).* — Pressures liquides.

20 FAGARD, 28, *avenue de la Motte-Piquet Paris.* — Plantes médicinales.

21 FEIGNOUX (Raoul), 29, *rue des Jardiniers, à Montreuil-sous-Bois (Seine).* — Plantes pharmaceutiques.

22 FOIRET, *à Montargis (Loiret).* — Plantes médicinales.

23 FRAISSE, *à Saint-Etienne (Loire).* — Plantes médicinales.

24 FRANCOZ, *à Annemasse (Haute-Savoie).* — Plantes médicinales.

25 GAGNIÈRES (Jean), *à Clermont-Ferrand(Puy-de-Dôme).* — Plantes médicinales et produits pharmaceutiques.

26 GAILLARD & CHAUVEL, *Livet-sur-Authou (Eure).* — Fromages et produits de laiterie.

27 GARÇONNET, *Maire à Melleville, par Eu (Seine-Inférieure).* — Ouvrages sur l'Agriculture.

28 GÉRAUDEL (Albert), *à Levallois-Perret (Seine).* — Plantes pharmaceutiques.

29 GIRARD (Alexandre), 67, *boulevard Barbès, Paris, 18ᵉ.* — Plantes diverses, herbier.

30 GIRARD (Constant), 67, *rue Nollet, Paris, 17ᵉ.* — Plantes diverses.

31 GIRARDOT, *à Toucy (Yonne).* — Plantes médicinales.

32 GOURET, *à Lamballe (Côtes-du-Nord).* — Plantes médicinales.

33 GUERIN, *à Evian (Haute-Savoie).* — Plantes médicinales.

34 GUIBAUT, *à Bressuire (Deux-Sèvres).* — Plantes médicinales.

35 HEUDEBERT (Ch.), Société l'Aliment Essentiel, 85, *rue Saint-Germain, à Nanterre, (Seine).* — Produits alimentaires de régime.

36 HIRON, *Riva-Bella, par Ouistreham (Calvados).* — Plantes médicinales.

37 JORON, *à Abbeville (Somme).* — Plantes médicinales.

38 JOSSET, 116, *rue La Boétie, Paris* — Plantes pharmaceutiques.

39 KOEHLY (Joseph), 74, *rue Rodier, Paris.* — Purgyl, Pixal, etc., etc.

40 LÉCUYER (E.), *Etablissements J. Lepelletier, à Carentan (Manche).* — Lait stérilisé, homogénéisé.

41 LONGUET, 50, *rue des Lombards, Paris, 1ᵉʳ.* – – Plantes médicinales.

42 LUNEAU, *Pont-Saint-Esprit (Gard).* — Plantes médicinales.

43 MAERTEN (Sylvain), *Dunkerque (Nord).* — Plantes médicinales.

44 MAETHETE, *à Chalonnes*

(Maine-et-Loire). — Plantes médicinales.

45 MARIE & AUGUSTIN, *à Avignon (Vaucluse)*. — Plantes médicinales.

46 MARTIN (Aîné), *Rochefort-sur-Mer (Charente-Inférieure)*. — Plantes médicinales.

47 MARTIN (Jeune), *à Rochefort-sur-Mer (Charente-Inférieure)*. — Plantes médicinales.

48 MIDY frères, 9, *rue du Commandant Rivière, Paris*. — Plantes médicinales.

49 MINES & USINES D'HUILES MINÉRALES DE PECHELBRONN, *à Merkviller, près Wissembourg (Alsace)*. — Huiles minérales brutes et raffinées et appareils de sondage.

50 MODOT, *Montceau-les-Mines (Saône-et-Loire)*. — Plantes médicinales.

51 MONTAGARD (Edouard), 27, *boulevard Saint-Trophime, Marseille (Bouches-du-Rhône)*. — Huile d'olive.

52 MUTUELSPES, Société anonyme, 52, *rue Sedaine, Paris*. — Plantes médicinales.

53 NALINE, 12, *rue du Chemin-Vert, Villeneuve-la-Garenne (Seine)*. — Plantes médicinales et produits pharmaceutiques.

54 NICOUD, *à Valence (Drôme)*. — Plantes médicinales.

65 NOGUÈS, 64, *boulevard Port-Royal, Paris*. — Plantes médicinales.

56 ONOF (Jérôme), 8, *rue Gabriel, Versailles*. — Houblon.

57 ORLIAC, *à Cahors (Lot)*. — Plantes médicinales.

58 PAJET, *à Pont-de-Beauvoisin (Isère)*. — Plantes médicinales.

59 PELLERIN (Georges), *Malaunay (Seine-Inférieure)*. — Margarine.

60 PÉRICAUD (Henri), *à Montmorillon (Vienne)*. — Produits strongdomine.

61 PICARD, *Pont - sur - Yonne (Yonne)*. — Plantes médicinales.

62 PINARD, *à Coulommiers (Seine-et-Marne)*. — Plantes médicinales.

63 PLISSON, 68, *rue J.-J.-Rousseau, Paris*. — Huile.

64 PLESSIS-PERRAULT, 163, *rue de Rennes, Paris*. Huile végétale, plantes médicinales.

65 POZZI, *Troyes (Aube)*. — Plantes médicinales.

66 PROTEZ-DELATTRE, 68, *rue de la Verrerie, Paris*. — Racines de chicorée.

67 RAYNAUD, 52, *rue Sedaine, Paris*. — Plantes pharmaceutiques.

68 RICOIS (Auguste), *à Moresville, par Bonneval (Eure-et-Loire)*. — Produits agricoles alimentaires.

69 ROBERT (Louis), *à Pithiviers-en-Gâtinais (Loiret)*. — Miel et produits au miel.

70 SAULNIER, 15, *rue Ferdinand-Fabre, Paris*. — Huile.

71 SCHNITZLER, *à Metz*. — Plantes médicinales.

72 SÉRONDE (Charles), *Riom-ès-Montagne (Cantal)*. — Fromages.

73 SOCIÉTÉ ANONYME ANDRÉ (A.) fils, 8, *rue de la Tour-des-Dames, Paris* 9e. — Huiles minérales. et graines.

74 SOCIÉTÉ ANONYME « La Pâte Flamande », 46, *rue du Bac, à Asnières (Seine)*. — Pâte Flamande, Polish for Ever à la cire.

75 SOCIÉTÉ D'ENTREPRISES D'ASPHALTAGE DES ROUTES, « La Trinidad », 8, *rue de la Tour-des-Dames, Paris*. — Huiles végétales et divers.

76 SOCIÉTÉ FRANÇAISE D'ENCOURAGEMENT A L'INDUSTRIE LAITIÈRE, 3, *rue Bailly, Paris*. — Documents. Produits de l'Industrie laitière française.

77 SOCIÉTÉ « LA GIRAFE », *rue d'Eguisou, Marseille*. — Savons, corps gras et autres produits.

78 SOCIÉTÉ POUR L'IMPORTATION ET LA VENTE DES SOUFRES AMÉRICAINS, 8, *rue de la Tour-des-Dames, Paris*. — Soufres et divers.

79 SOCIÉTÉ MARSEILLAISE DE LA MARQUE « PERSIL », *rue du Vigan, Marseille*. — Savons, corps gras et autres produits.

80 SOCIÉTÉ DES RAFFINERIE & SUCRERIE SAY, 123, *boulevard de la Gare, Paris*. — Sucres mélassés.

81 SOUCHON, *à Charlieu (Loire)*. — Plantes médicinales.

82 SOUTEYRAND, *à Ambert (Puy-de-Dôme)*. — Plantes médicinales.

83 TETARD, *à Beauvais (Oise)*. — Plantes médicinales.

84 THOUVENIN (Docteur), *à Bonnelles (Seine-et-Oise)*. — Produits agricoles non alimentaires.

85 TRICOCHE, 62, *avenue de la République à Aubervilliers (Seine)*. — Corps gras d'origine animale.

86 TROUBAT, *Directeur de la Société générale des Cires françaises, à Montluçon (Allier)*. — Cires d'abeilles.

87 VALMARY, *Caussade*. — Plantes médicinales.

88 VILLARD, *Grenoble (Isère)*. — Plantes médicinales.

89 VILMORIN-ANDRIEUX et Cie; 4, *quai de la Mégisserie, Paris*. — Plantes et graines.

90 VINCENT, *rue Charlemagne, Lyon*. — Plantes médicinales.

91 WEILL (Camille), 173-175, *faubourg Poissonnière, Paris*. — Grains pour brasseries, orges et malts.

92 DORNIC, *à Surgères (Charente-Inférieure)*. — Produits de laiterie.

93 ÉTABLISSEMENTS DOUÉNAT, 23, *rue Broca, Paris*.

94 FAMELARD, 11, *rue Ferdinand-Duval, Paris*. — Plantes d'herboristerie.

95 LECOURT (Georges), 19 bis, *rue Vernier, Paris*. — Plantes.

CLASSES 43 A 48

Horticulture

BUREAU

Président . . . . . M. VACHEROT, 12, rue Carnot, Billancourt (Seine).

Secrétaire-Trésorier. M. DUVAL, à Lieusaint (Seine-et-Marne).

---

1 AARON, *La Robertsau, près Strasbourg (Alsace).*—Fournitures pour l'horticulture. Plantes diverses.

2 BERNARD (Xavier), 19, *rue de Viarmes, Paris.* — Plantes et graines.

3 DEBRIE (Édouard), 12, *rue des Capucines, Paris.* — Plantes vivaces. Décoration florale.

4 RICOIS (Auguste), *à Moresville, par Bonneval (Eure).*—Plantes et graines.

5 VILMORIN-ANDRIEUX & Cie, 4, *quai de la Mégisserie, Paris.* — Plantes et graines.

CLASSES 49 A 54

Industrie du bois. — Pêche et chasse

BUREAU

Président . . . . . M. RACHET (Georges), 32, avenue Philippe-Auguste, Paris.

Vice-Présidents . . MM. FIANT (Georges), 11, rue Béranger, Paris.
SÉBASTIEN (Louis), 7, rue |Rataud, Paris.
MODÉ (Célestin), 91, rue Richelieu, Paris.

Secrétaire-Trésorier. M. BIENAIMÉ (Robert), 30, rue Notre-Dame-des-Victoires, Paris.

1 AUBIN d'HELLENCOURT & Cie, 21, *rue Ballu, Paris.* — Articles pour pyrotechnies.

2 BÉNEX, 7, *avenue Georges-V, Paris.* — Échantillons bois.

3 CARTOUCHERIE DE BIS-CHWILLER (Bumiller, p^{re}) à *Bischwiller (Bas-Rhin)* — . Munitions diverses.

4 CARTOUCHERIE STEPHA-NOISE, 3, *rue Thiolliè. e, Saint-Etienne (Loire).* — Munitions diverses.

5 FOURY (Pierre), 70, *rue La-fayette, Paris.* — Armes.

6 HOLLANDE (J.) fils, 114, *rue de Charenton, Paris.* — Panneaux et billes, bois exotiques.

7 MANGOLD (Auguste), 3, *impasse des Bonnes-Gents, à Strasbourg.* — Engins de pêche.

8 MODÉ (Célestin), 91, *rue Richelieu, Paris.* — Armes.

9 RACHET (Georges), 32, *avenue Philippe-Auguste, Paris.* — Panneaux et Billes, bois indigènes et exotiques.

10 SÉBASTIEN frères, 7, *rue Rataud, Paris.* — Échantillons bois.

11 SOCIÉTÉ FRANÇAISE DES MUNITIONS DE CHASSE, DE TIR & DE GUERRE (Bienaimé, administrateur), 30, *rue Notre-Dame des Victoires, Paris.* — Munit.ons diverses pour chasse et tir.

GROUPEMENT E

Alimentation solide et liquide

Président : M. Gaston MENIER, Sénateur,
56, rue de Châteaudun, Paris.

Secrétaire général : M. BERTRAND-TAQUET,
19, boulevard Montmartre, Paris.

Secrétaire général adjoint pour l'Alsace-Lorraine :
M. Jules BUR KARD, à Mulhouse (Alsace).

BUREAU RÉGIONAL DU GROUPEMENT E

STRASBOURG

MM. UNGEMACH (Léon), fabricant de conserves à Strasbourg.
BAUMANN (Achille), minotier à Strasbourg.
SCHALL (Georges), fabricant de chocolats à Strasbourg.
DACHERT (Alfred), directeur de la section confiserie de la
Société alsacienne d'alimentation à Strasbourg.
STROHL (Georges), président du Syndicat du Bas-Rhin du
Commerce en gros des vins et spiritueux à Wangen.
SCHNEIDER (Ernest), brasseur à Kœnigshoffen, près Stras-
bourg.
BRAUN (Léon), brasseur à Schiltigheim.
DAUL (Ch.), liquoriste à Strasbourg.

MULHOUSE

MM. BURCKARD (Jules), à Mulhouse.
MEYER (Joseph), à Mulhouse.

METZ

MM. TILLEMENT, produits farineux, place de la Comédie, Metz.
MINSTER, produits de la boulangerie, rue du Palais, Metz
CHARPANTIER-MOITRIER, conserves alimentaires, rue de
l'Évêché, Metz.
MÉLÈRE, confiserie, rue Fournirue, Metz.
FEBVREL, président du Syndicat des marchands de vins, 5,
rue Migette, Metz.
MASIUS, eaux-de-vie de vins, 23, rue des Parmentiers, Metz.
LAMY, viticulture, à Vic-sur-Seille.
HUSSON, sirops et liqueurs, rue de la Tête-d'Or, Metz.

CLASSES 56 A 59

**Produits farineux et leurs dérivés.
Produits de la Biscuiterie, Boulangerie, Pâtisserie.
Conserves de Viandes, Poissons, Légumes et Fruits.
Sucres et Produits de la Chocolaterie et Confiserie.
Condiments et Stimulants**

BUREAU

Président d'honneur. . . . M. UNGEMACH, à Strasbourg.
Président. . . . . M. RICHARD (Georges), à Dijon.
Vice-Présidents . . . . . MM. AUGIER (Emile), 22, quai de Su-
resnes, à Suresnes (Seine)..
CHEVALLIER-APPERT (R.). 30,
rue de la Mare, Paris,
Secrétaire . . . . M. GUÉRIN-BOUTRON (R.). 23, rue
du Maroc, Paris.

CLASSE 56

1 BIGNON & ANDRÉ, 18, *avenue Victoria, Paris.* — Farines alimentaires, vanille,
thés, épices.

2 BRUSSON Jeune (Établissements), *à Villemur (Haute-
Garonne).* — Pâtes alimentaires, pains de gluten pour
diabétiques.

3 MANDEIX, JAMEIN & Cie,
Le Havre (Seine-Inférieure).

4 PRUNIER (G.) & Cie, (Maison
CHASSAING), 6, *rue de la
Tâcherie, Paris.* — Phos-

phatine Falières, farines
alimentaires pour enfants.

5 SOCIÉTÉ ANONYME PHO-
SOLAT, 15, *rue Labbé, Al-
foriville (Seine).*

CLASSE 57

1 BISCUITERIE ALSACIENNE,
34, *avenue de la République.
Maisons-Alfort (Seine).* —
Biscuits secs, pâtisserie de
conserve, gaufrettes, pains
d'épices, etc.

2 OLIBET (Biscuits), *à Suresnes
(Seine).* Biscuits.

3 PERNOT (Biscuits), RICHARD
(Lucien & Georges), 14-16,
*rue Courte-Epée, Dijon (Côte-
d'Or).* — Biscuits.

CLASSE 58

1 AMIEUX Frères & Cie, *Nantes-
Chantenay, Paris et Périgueux.*
— Confitures, gelées, conserves de poissons, viandes
et légumes.

2 BREZIAT (Eugène), 110, *avenue Michel-Bizot, Paris.* —
Conserves de viande.

3 CHEVALLIER-APPERT, 30,
rue de la Mare, Paris. —
Conserves de toutes natures.

4 CLOT & Cie (J.), 11, *rue de
Wissembourg, à Strasbourg.*
— Produits alimentaires.

5 CONSERVERIE BILLET-LE-
MY, 108, *rue Saint-Honoré,
à Paris.* — Conserves alimentaires, poissons, légumes, viandes, truffes, etc.

6 FONTAINE (Lucien), 11, *rue
du Marché-Saint-Honoré, à
Paris.* Président d'honneur
de la Chambre syndicale des
Fabricants de conserves alimentaires de Paris. — Conserves alimentaires.

7 GARRES & DE PENANROS
Fils (Établissements V^e), 10,
rue de la Fosse, Nantes. —
Conserves.

8 HENRY (Louis), 5, *rue du
Dôme, Strasbourg.* — Pâtés
de foies gras truffés.

9 MACE (Adrien), 6, *rue de l'Alma,
Cherbourg.* — Marmelades de
pommes et produits dérivés
de la pomme.

10 MAULER Frères, 5, *boulevard
du Président Poincaré, à
Strasbourg.* — Produits alimentaires.

11 PETITJEAN (E. GAY, successeur), 9, *rue Saint-Merri,
Paris.* — Conserves ali-
mentaires.

12 PREVET & Cie (J.), 48, *rue des
Petites-Ecuries, Paris.* —
Farines de légumes, potages
comprimés.

13 LE RÉGAL (Léon GRIFFON
& Cie), *Cholet (Maine-et-
Loire).* — Conserves viandes
légumes, poissons, bouillons,
potages, extraits de viandes,
fruits, confitures.

14 TONY & GRUSSENMEYER,
50, *faubourg de Pierres,
Strasbourg.* — Produits alimentaires. « Marguerite ».

15 UNGEMACH, *Schiltigheim-
Strasbourg.* — Société Alsacienne d'alimentation, confiserie, conserves de fruits
et légumes.

CLASSE 59

1 BANNIER (E. J.), boulevard Vercingétorix, à Argenteuil (Seine-et-Oise). — Articles de réclame, bocaux à bonbons.

2 BERTRAND (Georges), 13, place Olivier, Toulouse. — Chocolat « Olivier », violettes cristallisées.

3 CHOCOLAT DELESPAUL-HAVEZ (M. Hector Franchomme), 2, rue Edouard-VII, Paris. Maison de vente 98, rue Nationale, à Lille. Usine à Marcq-en-Barœul (Nord).

4 CARPENTIER (Société anonyme du Chocolat), 17, rue de Reuilly, à Clichy (Seine). — Chocolat, cacaos, confiserie.

5 CAUBET (Antoine), 9, rue Junot, Marseille. — Produits coloniaux.

6 DEBRAY (Établissements), 65, rue du Bois, Clichy (Seine). — Cafés, thés, produits alimentaires solides.

7 DESMARAIS Frères, 42, rue des Mathurins, Paris. — Huiles, graines, tourteaux.

8 GALLET & Cie, 17, rue de l'Argonne, Paris. — Glucoses, caramels, mélasses, sucre, interverti en bocaux.

9 GUÉRIN-BOUTRON & Fils, 23, rue du Maroc, Paris. — Chocolats.

10 JACQUIN (L.), 12, rue Pernelle, Paris. — Confiseries, chocolats, cacaos et confitures.

11 LABOUESSE (A.) & Cie, 21, rue Ordener, à Paris. — Chocolats et chicorée.

12 LOMBART (Société anonyme du Chocolat), 75-87, avenue de Choisy, à Paris. — Chocolats, cacaos, confiseries.

13 LORIN (Ve), à Messac (Ille-et-Vilaine). — Confiturerie d'Arvor.

14 MENIER 56, rue de Château-dun, Paris. — Chocolats, cacaos.

15 MEYER (Antoine), 22, avenue de Schirmeck, à Strasbourg. — Levure, sucre vanillé, crème, poudre de pouding « A la Cathédrale ».

16 CHOCOLAT MOREUIL, rue du Landy, à Clichy (Seine). — Chocolats.

17 NÈGRE (M. l'abbé Henri), à Py (Pyrénées-Orientales). — Miel.

18 NEGRI-PIPOZ (Le), 28, rue Joubert, Paris. — Cure-dents, chalumeaux stérilisés sous enveloppe.

19 PATRELLE Frères & Fils, Les Lilas (Seine). — Arome des potages Patrelle.

20 PELLERIN (Auguste), 110, route de Flandre, à Pantin. — Margarine.

21 PICON & Cie, 100, rue Gide, Levallois-Perret. — Confitures.

22 POTIN & Cie, 95-103, boulevard Sébastopol, Paris. — Chocolats, confiseries, biscuits, conserves alimentaires vins fins et champagnes.

23 ROCCA, TASSY & DE ROUX, 46, rue Breteuil, Marseille. — Végétaline, huile, tourteaux.

24 SOCIÉTÉ DES RAFFINERIE ET SUCRERIE SAY, 123, boulevard de la Gare, Paris. — Sucres raffinés, en pains, en tablettes, en morceaux, etc.

25 SCHAAL (L.) & Cie, (Cie Française des chocolats et thés),

à Strasbourg. — Chocolats en tablettes, poudre cacao, thés, etc.

26 SEIGNEURIE (Albert), *Bourse du Commerce, Paris.* — Journal l'*Epicier*, annuaire, etc., etc.

27 SOCIÉTÉ DES POTAGES DU-VAL, 253, *boulevard Saint-Denis, à Courbevoie.* — Potages et bouillon.

28 SOCIÉTÉ ANONYME DES SUCRERIES DE SAINT-MARTIN-AU-LAERT, Ancienne Société Cotillon-Belin C ᵉ, *à Saint-Omer (Pas-de-Calais).*

29 VOELCKER-COUMES (Daniel) *à Bayon (Meurthe-et-Moselle).* — Chicorée.

30 VOINIER (Ch.), & Vᵉ TEM-PER, 11 *bis, rue de Maubeuge, Paris.* — Bonbons chocolat : « Les Palets d'or ».

CLASSE 60

Viticulture, Vins et Eaux-de-vie de vin

Président. . . . . . M. DENOMAISON (Armand), 103, boulevard Haussmann, Paris.

Vice-Présidents. . MM. STROHL, FEBVREL, BURCKARD (Alsace-Lorraine). BRENOT (Albert), DESMOULINS (A.-M.), DUMAS (Francisque), FAURE (Ed.G.), GUICHARD-POTHERET, HAVY (A.), JANNEAU (P.), MICHEL (Félix), MONNET (J.-G.), SAILLARD, SARRAZIN (Adrien), SOUALLE (L.), TABERNE (Ch. de), VALETTE (A.).

Secrétaires. . . . MM. BINEY (Arnaud), COTILLON (René), GOUIN (Henri), HEURTAULT, MEUSNIER (Maurice).

ALSACE ET LORRAINE

✗ 1 BURCKARD (E.), 18, *rue de la Bourse, Mulhouse.* — Vins.

✗ 2 ERHART (L.), 3, *rue Oberkampf, à Mulhouse.* — Vins.

✗ 3 SCHLUMBERGER, *à Guebwiller (Alsace).* — Domaines viticoles.

✗ 4 KUGLER (Emile), négociant en vins, *Gertwiller (Bas-Rhin).*

5 SCHICK (Alphonse), *à Colmar*.

6 SCHOECH, *à Ammerschwihr*. — Vins.

7 STROHL (Ch.), *à Wangen*. — Vins et eaux-de-vie fines.

8 TEMPE (Constant), *Ribeauville (Haut-Rhin)*. — Vins.

9 WELLER (Émile), 5, *rue du Tilleul, à Mulhouse*. — Vins.

10 SYNDICAT DU COMMERCE de vins en gros de la Lorraine, *à Metz*. — Vins, Eaux-de-vie, liqueurs.

11 SYNDICAT DES NÉGOCIANTS EN VINS, VITICULTEURS DU VIGNOBLE ALSACIEN, *à Mittelwihr (Alsace)*. — Vins.

12 ADAM (Veuve J.-B.), *Ammerschwir*.

13 BECKER (J.), *Zellenberg*.

14 BEYER (Léon), *Eguisheim*.

15 BIECHER (Paul), *Saint-Hippolyte*.

16 BIRGY (René), *Wintzenheim (Colmar)*.

17 BOECKEL (E.), *Mittelbergheim*.

18 BOTT (Frères), *Ribeauville*.

19 BOURSE AUX VINS, COOPÉRATIVE VINICOLE, *Colmar*.

20 DOPF & Cie, *Riquewihr*.

21 FALLER (Henri), *Ribeauville*.

22 GASCHY (Joseph), *Wettolsheim*.

23 GILLET (P. E.), *Ingersheim*.

24 GREINER (J. D.), *Mittelwihr*.

25 GRUENER (Aimé), *Niedermorschwihr*.

26 HELLMUTH (Joseph), *Dambach (Schlestadt)*.

27 HUGEL (F. E.), *Riquewihr*.

28 KIENTZ (Oscar), *Dambach (Schlestadt)*.

29 KRUMB (Joseph), *Ribeauville*.

30 KUEHN (Ernest), *Ammerschwihr*.

31 LEIPP (Charles), *Barr*.

32 LORRENTZ (Gustave), *Bergheim*.

33 MEYER (Aloïs), *Wintzenheim (Colmar)*.

34 MULLER (Emile), *Rohrschwihr*.

35 MULLER (Jules), *Bergheim*.

36 PREISS (Camille), *Mittelwihr*.

37 PREISS (Ernest), *Riquewihr*.

38 PREISS (Jean, fils), *Riquewihr*.

39 SCHOECH (Albert), *Ammerschwihr*.

40 SIGRIST & WOELFLIN, *Beglenneim*.

41 TRIMBACH Frédéric), *Ribeauville*.

42 WISCHLEN (Armand), *Westhalten*.

1ʳᵉ RÉGION

Seine, Seine-et-Oise, Seine-et-Marne

43 BERTAUD (Jules), (Société des Grands Hôtels et restaurants français), 16, *rue Grange-Batelière, à Paris*. — Vins

44 BINEY (Arnaud), 75, *rue du Pont-de-Bercy, Paris*.

45 COMITÉ INTERNATIONAL DU COMMERCE DES VINS, CIDRES, SPIRITUUX & LIQUEURS, 27, *rue du Louvre, Paris*. — Tableau.

46 COTILLON & Cie (B), 46, *rue de Barsac, Paris.* — Vins.

47 GOUIN (Augustin), 10, *rue Gallois, Paris-Bercy.* —Vins.

48 GOUIN (Henri), *rue du Petit. Château, Paris-Bercy.* — Vins.

49 HAVY (Alfred), 1, *avenue de l'Observatoire, Paris.* — Vins.

50 LORON (Joannès), 12-14, *cour Baudoin, Paris.* — Vins.

51 MAYET (Jules-Alexandre), 16, *rue Gallois, Paris-Bercy.* — Vins.

52 PAILLARD (Louis), 2, *rue de la Chaussée-d'Antin, Paris.* — Vins et eaux-de-vie.

53 SOUALLE (L.), Négociant en vins. *Pont-Sainte-Maxence (Oise).* — Vins.

54 VALETTE (A.), 124, *rue du Bois, Levallois-Perret (Seine).* — Vins.

55 CHAMBRE SYNDICALE DU COMMERCE EN GROS DES VINS ET SPIRITUEUX DE PARIS ET DU DÉPARTEMENT DE LA SEINE, *rue du Pas de la Mule, Paris.*

56 ALBAREL, 6, *rue Gallois, Bercy, Paris.*

57 BARY & TESTE, 22, *rue de Nuits, Bercy, Paris.*

58 BELIN (J.-B.), 93, *Grande-rue, Montrouge.*

59 BESOMBES (J.), 11, *rue Hébert, Courbevoie.*

60 BILLARD (François), 150, *rue de Paris, à Meudon.*

61 BILLARD & BLANCHET, 22, *rue de Champagne, Halle aux Vins, Paris.*

62 BOIVIN, 44, *rue du Languedoc, Halle aux Vins, Paris.*

63 BOUNAIX (Aimé), 12, *rue d'Aguesseau, Boulogne-sur-Seine.*

64 BRASSEUR & Cie, 1, *rue de Touraine, Halle aux Vins, Paris.*

65 BROSSETTE (V^c L.), 15, *rue de la Côte d'Or, Halle aux Vins, Paris.*

66 CARRÉ, 45. *rue de Nuits, Bercy, Paris.*

67 CHATEL (Ed. & Cie), 28, *rue de Pétrograd, Paris.*

68 CINQUIN, 44, *quai des Carrières, Charenton.*

69 CIPRIANO, 5, *Cours Baudoin, à Bercy, Paris.*

70 COTILLON (R.), 46, *Cour Barsac, Bercy, Paris.*

71 COUVREUR (Paul), 9, *rue de Bordeaux, Halle aux Vins, Paris.*

72 CUER (Auguste), 48, *rue du Cher, Charenton.*

73 CUVILLIER & MOREAU, 10, *rue du Port-de-Bercy. Bercy, Paris.*

74 DEFERT, 112, *rue du Port-de-Bercy, Bercy, Paris.*

75 DELBERGUE, 66, *rue du de-Bercy, Bercy, Paris.*

76 DELEAU (Établissements A.), 3, *rue de Graves, Halle aux Vins.*

77 DUBOUILLÉ (Déodat), 14, *avenue de l'Observatoire, Paris.*

78 DESGROUX-CHARNAY, 60, *route d'Orléans, Grand-Montrouge.*

79 DUBECH (Jeune), 62, *avenue d'Ormesson, Thiais.*

80 FANTON, 22, *Cour Louis-Proust, à Bercy.*

81 FLEUTIAUX, 17, *rue de Bordeaux, Halle aux Vins.*

82 GELIN, *rue du Cher, à Charenton.*

83 GOUIN (Augustin), 10, *rue Gallois, Bercy, Paris.*

84 GOUIN (Henri), 12, *avenue du Petit-Château, Bercy, Paris.*

85 GOURDAULT (M.), 17, *rue de Bordeaux, à Bercy, Paris.*

86 GRANDCHAMPS (B.), 2, *avenue de Paris Châtillon-sous-Bagneux.*

87 JOANIS (Maurice), 117, *rue de Paris, Charenton.*

88 JONINON, 66, *rue du Port-de-Bercy, Bercy, Paris.*

89 JUVENEL (Marius), 7, *rue de l'Hérault, Charenton.*

90 KARRER (Em.), 24, *boulevard Carnot, Saint-Denis.*

91 LACOSTE Frères & GILLOT, 40, *rue de Mâcon, à Bercy.*

92 LAFON (Charles), 33, *rue Saint-Emilion, à Charenton.*

93 LAMPERT Frères, 164, *rue de Graves, Halle aux Vins, Paris.*

94 LAVEUR, 92, *rue des Carrières, Charenton.*

95 LEFEBURE Frères, 107, *avenue des Batignolles, Saint-Ouen.*

96 LOEVI & JAURIAT, 15, *cour Chamonard, Bercy.*

97 LOURY & GUIRAUD, 6, *rue du Pont-de-Bercy, Bercy.*

98 MARSALET, 30, *rue Abel-Laurent, Bercy.*

99 MOREL Frères & SAULOU, 33, *rue de l'Yonne, Charenton.*

100 MOUREAUX (Lucien), 142, *boulevard Victor-Hugo, Saint-Ouen.*

101 NOIREAULT Frères, 14, *rue de Vincennes, Bagnolet.*

102 PELLETIER (Joseph), 11, *rue Marcelin Berthelot, Charenton.*

103 PICON & Cie, 100, *rue Gide, Levallois.*

104 REGNIER, 22, *rue Abel, Paris.*

105 ROUQUETTE (E.), 1, *rue Saint-Louis-en-l'Ile, Paris.*

106 SAILLARD & CUINET, 18, *rue du Languedoc, Halle aux vins.*

107 SOLERES, *Butte des Eaux-de-vie, Halle aux Vins.*

108 VALETTE (A.), 124, *rue du Bois, Levallois-Perret.*

109 VERDIER, 5, *quai de Bercy, prolongé, Charenton.*

110 SYNDICAT NATIONAL DES VINS, SPIRITUEUX, LIQUEURS, CIDRES DE FRANCE, *à Paris,* 103, *boulevard Haussmann.*

GROUPEMENT DES SYNDICATS AFFILIÉS AU SYNDICAT NATIONAL.

111 ABBEVILLE (*Somme*). Union amicale des Entrepositaires de vins et spiritueux de l'arrondissement d'Abbeville, 102, *rue Saint-Gilles.*

112 AGEN (*Lot-et-Garonne*). Syndicat régional du commerce en gros des vins et spiritueux de l'Agenais.

113 ALAIS (*Gard*). Syndicat du Commerce des vins et spiritueux en gros de l'arrondissement d'Alais, 6, *place de la République.*

114 ALBI (*Tarn*). Syndicat des négociants en spiritueux et vins du département du Tarn.

115 ALENÇON (*Orne*). Syndicat du commerce en gros des vins et spiritueux des arrondissements d'Alençon, Argentan et Mortagne.

116 ALGER *(Algérie)*. Syndicat commercial algérien (vins)- huitième groupe (Palais consulaire)..

117 ALGER *(Algérie).* Syndicat des Bouilleurs-Distillateurs et Négociants en alcool d'Algérie, 8, *rue Ledru-Rollin, Alger.*

118 AMIENS *(Somme)*. Syndicat du Commerce des vins et spiritueux du département de la Somme, Salon-Liesse, *rue Sire-Firmin-Leroux.*

119 ANGERS *(Maine-et-Loire)*. Syndicat du Commerce en gros des vins et spiritueux du département de Maine-et-Loire, *quai National.*

120 ANNECY *(Haute-Savoie)*. Syndicat des négociants en vins et spiritueux de la Haute-Savoie.

121 ARRAS *(Pas-de-Calais)*, Syndicat des marchands en gros de l'arrondissement d'Arras, *place du Théâtre.*

122 AURILLAC *(Cantal)*. Syndicat des distillateurs et liquoristes du Cantal.

123 AUXERRE *(Yonne)*. Syndicat du Commerce en gros des vins et spiritueux du département de l'Yonne, 10, *boulevard Davout.*

124 AVIGNON *(Vaucluse)*, Syndicat du Commerce des vins et spiritueux en gros du Vaucluse.

125 AVRANCHES ET MORTAIN *(Manche)*. Syndicat du Commerce en gros des vins et spiritueux des arrondissements d'Avranches et Mortain.

126 BANYULS *(Pyrénées-Orientales)*. Syndicat du Commerce des vins du terroir du « Banyuls », Cerbère, Collioure et Port-Vendres.

127 BAR-LE-DUC *(Meuse)*. Syndicat du Commerce en gros des vins et spiritueux du département de la Meuse.

128 BAYONNE *(Basses-Pyrénées)*. Syndicat du Commerce des vins et spiritueux de l'arrondissement de Bayonne.

129 BEAUNE *(Côte-d'Or)*. Chambre syndicale du Commerce en gros des vins et spiritueux de l'arrondissement de Beaune.

130 BELFORT *(Territoire de)*. Chambre syndicale du Commerce en gros des vins et spiritueux du territoire de Belfort, 6, *faubourg de France.*

131 BELLEVILLE-SUR-SAONE *(Rhône)*. Chambre syndicale du Commerce en gros des vins et spiritueux des arrondissements de Mâcon et Villefranche.

132 BERGERAC *(Dordogne)*. Syndicat du Commerce en gros des vins, spiritueux et vinaigres de l'arrondissement de Bergerac.

133 BESANCON *(Doubs)*. Syndicat du Commerce en gros des vins et spiritueux du département du Doubs, Café de la Bourse.

134 BÉTHUNE *(Pas-de-Calais)*. Syndicat du Commerce en gros des vins et spiritueux et des distillateurs de l'arrondissement de Béthune, 76, *boulevard Thiers.*

135 BÉZIERS *(Hérault)*. Chambre syndicale du Commerce des vins et spiritueux de l'arrondissement de Béziers.

136 BÉZIERS *(Hérault)*. Syndicat régional des bouilleurs, distillateurs, liquoristes et négociants en alcools de l'arrondissement de Béziers.

137 BÉZIERS *(Hérault)*. Syndicat des distillateurs et bouilleurs d'eau-de-vie du Midi.

138 BÉZIERS *(Hérault)*, Syndicat des Négociants en vins et des commissionnaires. Expéditeur des établissements de Béziers et Saint-Fons.

139 BLOIS *(Loir-et-Cher)*. Syndicat des vins et vinaigres, liqueurs et spiritueux du département du Loir-et-Cher.

140 BORDEAUX *(Gironde)*. Syndicat du Commerce en gros des vins et spiritueux de la Gironde, 2 *bis, rue Guillaume-Brochon.*

141 BORDEAUX *(Gironde)*. Union syndicale des négociants en vins de Bordeaux, 9, *cours de la Martinique.*

142 BOULOGNE - SUR-MER *(Pas-de-Calais)*. Syndicat du Commerce en gros des vins et spiritueux de l'arrondissement de Boulogne-sur-Mer.

143 BOURG *(Ain)*. Syndicat des négociants en vins et spiritueux du département de l'Ain, *Café National, place Grenette.*

144 BOURGES *(Cher)*. Syndicat du Commerce en gros des vins, spiritueux et liqueurs du Cher, Chambre de Commerce.

145 BREST *(Finistère)*. Syndicat des négociants en vins et spiritueux de l'arrondissement de Brest.

146 CAEN *(Calvados)*. Chambre syndicale du Commerce en gros des vins, cidres et spiritueux du département du Calvados, 36, *rue Guilbert.*

147 CAEN *(Calvados)*. Syndicat des courtiers-représentants de commerce de la ville de Caen et du département du Calvados.

148 CAHORS *(Lot)*. Syndicat des distillateurs et liquoristes du département du Lot, 18, *rue de la Liberté, Cahors.*

149 CARCASSONNE *(Aude)*.- Chambre syndicale des négociants en vins de la région de Carcassonne.

150 CARCASSONNE *(Aude)*. Syndicat du Commerce des vins de la région de Carcassonne.

151 CASTRES *(Tarn)*. Syndicat des négociants en vins de l'arrondissement de Castres.

152 CETTE *(Hérault)*. Syndicat du Commerce en gros de Cette, 17, *qua Noël-Guignon.*

153 CHALON-SUR-SAONE *(Saône-et-Loire)*. Syndicat du Commerce des vins, spiritueux et vinaigres des arondissemen ents de Ch losn, A.-tun et Lo . ans (Hôtel de Ville).

154 CHALONS - SUR - MARNE *(Marne)*. Syndicat du Commerce en gros des vins, spiritueux et liqueurs des arrondissements de Châlons-sur-Marne, Épernay et Sainte-Menehould.

155 CHAMBÉRY *(Savoie)*. Syndicat du Commerce en gros des liquides de la Savoie (Hôtel de Ville).

156 CHARLEVILLE *(Ardennes)*. Syndicat des négociants en vins et spiritueux de la région des Ardennes, 15, *place Carnot.*

157 CHARTRES *(Eure-et-Loir)*. Syndicat du Commerce en gros des vins et spiritueux du département d'Eure-et-Loir.

158 CHATEAUROUX *(Indre)*. Chambre syndicale du Commerce en gros des liquides du département de l'Indre.

159 CHATEAU-THIERRY *(Aisne)*. Syndicat du Commerce en gros des vins et spiritueux de l'arrondissement.

160 CHAUMONT *(Haute-Marne)*. Syndicat du Commerce en gros des vins et spiritueux du département de la Haute-Marne, *boulevard Thiers*.

161 CHERBOURG ET VALOGNES *(Manche)*. Syndicat des vins, cidres et spiritueux en gros des arrondissements de Cherbourg et Valognes.

162 CLERMONT-FERRAND *(Puy-de-Dôme)*. Chambre syndicale des liquides du Puy-de-Dôme.

163 CLERMONT - FERRAND *(Puy-de-Dôme)*. Syndicat des marchands de vins en gros de Clermont-Ferrand et du département du Puy-de-Dôme.

164 COGNAC *(Charente)*. Syndicat de défense du Commerce des eaux-de-vie de Cognac, 21, *rue de Bellefonds*.

165 COGNAC *(Charente)*. Syndicat des négociants du rayon de Cognac, *rue Madeleine*.

166 COMPIÈGNE *(Oise)*. Syndicat du Commerce en gros des vins et spiritueux du département de l'Oise.

167 CONDOM *(Gers)*. Syndicat du Commerce en gros des vins et eaux-de-vie de l'Armagnac (Hôtel de Ville).

168 DIEPPE *(Seine-Inférieure)*. Syndicat des entrepositaires de l'arrondissement de Dieppe, 3, *rue Desceliier*.

169 DIJON *(Côte-d'Or)*. Chambre syndicale du Commerce en gros des vins et spiritueux du département de la Côte d'Or, Bourse de Commerce.

170 ÉPERNAY *(Marne)*. Syndicat de défense du Commerce des vins en gros et vins de Champagne, à *Epernay*.

171 ÉVREUX *(Eure)*. Syndicat des vins et spiritueux du département de l'Eure.

172 FÉCAMP *(Seine-Inférieure)*. Syndicat des négociants et courtiers en vins et spiritueux, de Fécamp et ses environs, 25, *place Thiers*.

173 FLERS-DOMFRONT *(Orne)*. Syndicat des entrepositaires et distillateurs de Flers-Domfront.

174 FLERS-DOMFRONT *(Orne)*. Union syndicale des vins et spiritueux de l'arrondissement de Domfront et environs, *rue Ch.-Mousset, à Flers*.

175 FOUGEROLLES *(Haute-Saône)*. Syndicat des distillateurs de kirsch de la Haute-Saône.

176 FRONTIGNAN *(Hérault)*. Syndicat du Commerce des vins en gros de Frontignan.

177 GRAY *(Haute-Saône)*. Syndicat du Commerce des vins et spiritueux en gros du département de la Haute-Saône.

178 GRENOBLE *(Isère)*. Syndicat des marchands de vins en gros du département de l'Isère, 8, *rue Voltaire*.

179 GRENOBLE *(Isère)*. Syndicat des négociants en gros de liqueurs, vins et spiritueux du département de l'Isère, café des Mille-Colonnes.

180 LA ROCHELLE *(Charente-Inférieure)*. Syndicat des négociants en vins et spiritueux du département de la Charente-Inférieure.

181 LA ROCHE-SUR-YON *(Vendée)*. Chambre syndicale du

Commerce en gros des vins, spiritueux et vinaigres du département de la Vendée.

182 LAVAL *(Mayenne)*. Syndicat du Commerce des vins et spiritueux et cidres en gros du département.

183 LECREUSOT *(Saône-et-Loire)*. Syndicat du Commerce en gros des vins et spiritueux et entrepositaires du Creusot et de la Région.

184 LE HAVRE *(Seine-Inférieure)*. Syndicat des brasseurs de cidre de la ville du Havre, 34, *rue du Chillou*.

185 LE HAVRE *(Seine-Inférieure)*. Syndicat du Commerce en gros des vins et spiritueux de l'arrondissement du Havre, 34, *rue du Chillou*.

186 LE MANS *(Sarthe)*. Syndicat du Commerce en gros des vins et spiritueux du département de la Sarthe, Bourse du Commerce.

187 LE PUY *(Haute-Loire)*. Syndicat départemental du commerce en gros des vins, spiritueux et liqueurs.

188 LEZIGNAN *(Aude)*. Syndicat des négociants et commissionnaires en vins de Lézignan.

189 LIBOURNE *(Gironde)*. Syndicat du Commerce en gros des vins et spiritueux de l'arrondissement de Libourne, 40, *place de l'Hôtel-de-Ville*.

190 LILLE *(Nord)*. Syndicat central du Commerce en gros des vins et spiritueux de la région du Nord, 11, *Grande-Place, Lille*.

191 LIMOGES *(Haute-Vienne)*. Syndicat du Commerce en gros des vins du département de la Haute-Vienne.

192 LIMOGES *(Haute-Vienne)*. Syndicat du Commerce en gros des vins et spiritueux du département de la *Haute-Vienne*.

193 LONS-LE-SAULNIER *(Jura)*. Syndicat du Commerce en gros des vins et spiritueux du Jura.

194 LUNEL *(Hérault)*. Chambre syndicale du Commerce en gros des vins et spiritueux du canton de Lunel.

195 LURE *(Haute-Saône)*. Syndicat des négociants et représentants du Commerce des vins en gros de l'arrondissement de Lure (Siège à Luxeuil).

196 LYON *(Rhône)*. Chambre syndicale du Commerce en gros des vins et spiritueux de Lyon et du département du Rhône, 33, *rue Centrale*.

197 LYON *(Rhône)*. Chambre syndicale des négociants en gros, liqueurs et alcools de Lyon et du département du Rhône.

198 LYON *(Rhône)*. Syndicat central des marchands de vins et débitants ayant entrepôt de la ville de Lyon et de la région, 1, *place d'Albon*.

199 MACON *(Saône - et - Loire)*. Chambre syndicale des négociants en vins et spiritueux de Mâcon.

200 MARSEILLE *(Bouches - du - Rhône)*. Syndicat des négociants en gros des vins, spiritueux et liqueurs de Marseille, des Bouches-du-Rhône et du Var, 9, *boulevard Garibaldi*.

201 MARSEILLE *(Bouches - du - Rhône)*. Union syndicale des commerçants en vins du département, 50, *rue des Dominicaines*.

202 MEAUX *(Seine-et-Marne)*. Syndicat du Commerce en gros

des vins et spiritueux, de la fabrication des alcools et vinaigres de l'arrondissement de Meaux, 21, *quai Thiers*.

203 MELUN *(Seine - et - Marne)*. Chambre syndicale du Commerce en gros des liquides du département de Seine-et-Marne.

204 MEZE *(Hérault)*. Syndicat des négociants en vins de Mèze.

205 METZ. Syndicat du commerce en gros des vins de la Lorraine.

206 MILLAU *(Aveyron)*. Syndicat aveyronnais du Commerce en gros des vins, spiritueux et liqueurs.

207 MONTBÉLIARD *(Doubs)*. Chambre syndicale du Commerce en gros des vins et spiritueux de l'arrondissement de Montbéliard, café d'Alsace.

208 MONT-DE-MARSAN *(Landes)*. Chambre syndicale des négociants en vins du département des Landes.

209 MONTLUÇON *(Allier)*. Syndicat des négociants et représentants en gros des vins, spiritueux et liqueurs de l'arrondissement de Montluçon et de l'arrondissement de Boussac *(Creuse)*.

210 MONTPELLIER. *(Hérault)*. Syndicat des négociants et commissionnaires en vins ruraux des arrondissements de Montpellier et de Lodève.

211 MONTPELLIER *(Hérault)*. Chambre syndicale du Commerce en gros des vins et spiritueux de Montpellier, 12, *rue du Clos-René.*

212 MORLAIX *(Finistère)*. Syndicat des négociants en vins et spiritueux de l'arrondissement de Morlaix.

213 MOULINS *(Allier)*. Chambre syndicale du Commerce en gros des liqu des du département de l'Allier.

214 MULHOUSE. Syndicat du Commerce en gros des vins du département du Haut-Rhin.

215 MULHOUSE. Syndicat des courtiers-représentants du Haut-Rhin.

216 NANCY *(Meurthe-et-Moselle)*. Syndicat du Commerce en gros des vins et spiritueux du département de Meurthe-et Moselle.

217 NANTES *(Loire-Inférieure)*. Chambre syndicale du Commerce en gros des vins, vinaigres et spiritueux du département de la Loire-Inférieure, 4, *rue Voltaire.*

218 NARBONNE *(Aude)*. Syndicat du Commerce en gros des vins et spiritueux de l'arrondissement de Narbonne.

219 NEUFCHATEAU *(Vosges)*. Syndicat du Commerce en gros des vins et spiritueux de la région de Neufchâteau.

220 NEVERS *(Nièvre)*. Chambre syndicale du Commerce en gros des vins et spiritueux du département de la Nièvre 1, *place de l' Hôtel-de- Ville.*

221 NICE *(Alpes-Maritimes)*. Syndicat vinicole du Commerce en gros des Alpes-Maritimes, 1, *avenue de la Gare.*

222 NICE *(Alpes-Maritimes)*. Syndicat des négociants en spiritueux de la ville de Nice et du département.

223 NIMES *(Gard)*. Syndicat du commerce des vins et spiritueux en gros du département.

224 NIMES *(Gard)*. Chambre syndicale du Commerce en gros et emi-gros de la régi n du Gard.

225 ORAN *(Algérie)*. Syndicat du commerce en gros des vins du département d'Oran.

226 ORLÉANS *(Loiret)*. Syndicat du Commerce en gros des vins, spiritueux et vinaigres d'Orléans, du Loiret et des départements limitrophes, *place du Martroi*.

227 PARIS. Chambre syndicale des distillateurs, liquoristes de la banlieue de Paris, 87, *rue de Paris, Montreuil-sous-Bois*.

228 PARIS. Syndicat des négociants en vins de Paris, 76, *rue de Turenne* (3e).

229 PARIS. Chambre syndicale des distillateurs en gros de Paris et de la région parisienne. 103, *boulevard Haussmann* (8e).

230 PARIS. Syndicat du commerce d'importation des vins de liqueur, 103, *boulevard, Haussmann* (8e).

231 PARIS. Chambre syndicale du commerce en gros des vins et spiritueux de la Seine, 2, *rue du Pas-de-la-Mule* (3e).

232 PARIS. Syndicat des courtiers et représentants experts en vins et spiritueux en gros de Seine et Seine-et-Oise, 103, *boulevard Haussmann* (8e).

233 PARIS. Chambre syndicale des courtiers-gourmets de Paris, 73, *rue du Port-de-Bercy* (12e).

234 PARIS. Syndicat général des cidres et fruits à cidre, 163, *rue Saint-Honoré* (1er).

235 PARIS. Syndicat du Commerce des vins et spiritueux en gros de l'Ile-de-France 31, *rue Saint-Antoine* (4e)

236 PARIS. Union des fabricants de vinaigres de France.

237 PARIS. Syndicat général des maisons et sociétés d'alimentation et d'approvisionnement à succursales de France, 48, *rue des Petites-Ecuries*.

238 PAU *(Basses-Pyrénées)*. Syndicat du Commerce en gros des vins et spiriteux du département des Basses-Pyrénées.

239 PÉRIGUEUX *(Dordogne)*. Syndicat du Commerce en gros des vins et spiritueux du Périgord.

240 PERPIGNAN *(Pyrénées-Orientales)* Chambre syndicale du Commerce des vins des Pyrénées-Orientales, Chambre de Commerce.

241 POITIERS *(Vienne)*. Syndicat des négociants en vins et spiritueux du département de la Vienne, café du Méridien, *rue Carnot*.

242 PONTARLIER *(Doubs)*. Syndicat des fabricants de liqueurs de Pontarlier.

243 QUIMPER *(Finistère)*. Syndicat des négociants en vins et spiritueux des arrondissements de Quimper, Quimperlé et Châteaulin, *quai de l'Odet*.

244 RAON-L'ÉTAPE *(Vosges)*. Syndicat des négociants en vins et spiritueux de Raon-l'Étape et ses environs.

245 REIMS *(Marne)*. Syndicat du Commerce des vins de Champagne.

246 REIMS *(Marne)*. Association syndicale des négociants en vins de Champagne, 28, *rue Henri-IV*.

247 REIMS *(Marne)*. Chambre syndicale des vins et spiritueux et de l'épicerie du département de la Marne (Bourse du Commerce).

248 REMIREMONT *(Vosges)*. Syndicat du Commerce en gros des vins et spiritueux de l'arrondissement de Remiremont.

249 RENNES *(Ille-et-Vilaine)*, Syndicat du Commerce en gros des vins et spiritueux du département d'Ille-et-Vilaine, 5, *rue Coëtquen*.

250 ROCHECHOUART *(Haute-Vienne)*. Syndicat des négociants en vins de l'arrondissement.

251 ROUEN *(Seine-Inférieure)*. Syndicat des courtiers de marchandises en gros de la ville et de l'arrondissement de Rouen.

252 ROUEN *(Seine-Inférieure)*. Syndicat central du Commerce en gros des vins et spiritueux du département de la Seine-Inférieure.

253 ROUEN *(Seine-Inférieure)*. Syndicat général des Importateurs de vins, 10, *place du Gaillardbois*.

254 SAINT-BRIEUC *(Côtes-du-Nord)*. Syndicat du Commerce en gros des vins et spiritueux et des représentants des Côtes-du-Nord.

255 SAINT-CLAUDE *(Jura)*. Syndicat du Commerce en gros des vins et spiritueux, de Saint-Claude et environs.

256 SAINT-ETIENNE *(Loire)*. Chambre syndicale des liquides de la Loire, 8, *rue Saint-Jean*.

257 SAINT-JEAN-D'ANGÉLY *(Charente-Inférieure)*. Syndicat des négociants en eaux-de-vie du rayon de Saint-Jean-d'Angély.

258 SAINT-LO et COUTANCES *(Manche)*. Syndicat des entrepositaires des arrondissements de Saint-Lô et Coutances.

259 SAINT-LO *(Manche)*. Syndicat des distillateurs de la Manche.

260 SAINT-OMER *(Pas-de-Calais)*. Syndicat du Commerce des vins et spiritueux de Saint-Omer.

261 SAINT-POL *(Pas-de-Calais)*. Syndicat des distillateurs et négociants en vins et spiritueux de l'arrondissement de Saint-Pol.

262 SAINT-QUENTIN *(Aisne)*. Syndicat du Commerce en gros de l'Épicerie, des vins, cidres et spiritueux de Saint-Quentin et du département de l'Aisne.

263 SAUMUR *(Maine-et-Loire)*. Syndicat du Commerce des vins en gros (en cercles), de l'arrondissement de Saumur.

264 SAUMUR *(Maine-et-Loire)*. Syndicat des vins mousseux de Saumur.

265 SOISSONS *(Aisne)*. Syndicat central du Commerce en gros des vins et spiritueux du département de l'Aisne (Bourse du Commerce), *place de la République*.

266 STRASBOURG. Syndicat des distillateurs et liquoristes d'Alsace et de Lorraine.

267 STRASBOURG. Syndicat du Bas-Rhin du commerce en gros des vins.

268 TARBES *(Hautes-Pyrénées.)* Chambre syndicale du Commerce en gros des vins et spiritueux du département des Hautes-Pyrénées, 1, *rue des Petits-Fossés*.

269 TOULON *(Var)*. Syndicat du Commerce des vins et spiritueux du département du Var.

270 TOULOUSE *(Haute-Garonne)*. Chambre syndicale du Com-

merce en gros des vins et spiritueux du département de la Haute-Garonne et de la rég on.

271 TOULOUSE *(Haute-Garonne)*. Chambre syndicale du Commerce des vins de la région de Toulouse, 2, *rue du Tour*.

272 TOURS *(Indre-et-Loire)*. Syndicat du Commerce en gros des vins et spiritueux du département d'Indre-et-Loire, café du Commerce, *rue Nationale*.

273 TOURS *(Indre-et-Loire)*. Chambre syndicale des courtiers en vins, tonneliers d'Indre-et-Loire, 1, *rue de Nantes*.

274 TROYES *(Aube)*. Chambre syndicale du Commerce des vins et spiritueux et de l'épicerie en gros du département de l'Aube, 10, *place d'Audiffred*.

275 TULLE *(Corrèze)*. Syndicat des distillateurs et liquoristes de la Corrèze.

276 VALENCE *(Drôme)*. Chambre syndicale du Commerce en gros des vins, spiritueux et liqueurs des départements de la Drome et de l'Ardèche.

277 VANNES *(Morbihan)*. Chambre syndicale du Commerce en gros des vins, du département du Morbihan.

278 VERSAILLES *(Seine-et-Oise)*. Chambre syndicale du Commerce en gros des vins et spiritueux du département de Seine-et-Oise.

279 VICHY-CUSSET *(Allier)*. Chambre syndicale du Commerce en gros des liquides de Vichy-Cusset et environs.

280 VILLEFRANCHE - SUR - SAONE *(Rhône)*. Syndicat des distillateurs et bouilleurs professionnels de la région de Villefranche-sur-Saône.

281 VIRE *(Calvados)*. Chambre syndicale du Commerce des boissons de l'arrondissement de Vire (Hôtel de Ville).

282 VITRY-LE-FRANCOIS *(Marne)*. Syndicat du Commerce en gros des vins et spiritueux de l'arrondissement de Vitry-le-François, *place d'Armes*.

283 VOIRON *(Isère)*. Syndicat des négociants et représentants des vins en gros de Voiron et de la région.

2e RÉGION

Marne, Aube

284 CARRE Fils (L. et E.), *à Avize (Marne)*. — Vins de Champagne.

285 FORGET (Marcel), *à Châlons-sur-Marne (Marne)*. — Vins de Champagne.

286 LALLEMANT (Jean), *à Epernay (Marne)*. — Vins Mousseux de Champagne. Eaux-de-vie de marc de Champagne.

287 MERCIER & Cie (E.), négociants en vins de Champagne *Epernay (Marne)*.

289 ROEDERER (Louis) (L. OLRY ROEDERER Petit-Fils successeur), *à Reims (Marne)*.

289 SAINT-MARCEAUX (de) & Cie, *à Reims (Marne)*.

3ᵉ RÉGION

Yonne, Saône-et-Loire, Côte-d'Or, Rhône

290 DUPRÉ & Cⁱᵉ (Jules), 10, *bou-levard Davout, à Auxerre (Yonne)*.

291 GROUPEMENT COLLECTIF DE LA BASSE-BOURGO-GNE *à Auxerre (Yonne)*.

292 REGNARD, propriétaire à *Cha-blis*.

293 PIC (Albert), propriétaire, à *Chablis*.

294 MOREAU (Jean), propriétaire *à Chablis*.

295 SIMONNET (Georges), pro-priétaire, *à Chablis*.

296 DEBAIX Frères, négociants, *Coulange-la-Vineuse*.

297 THOMAS BASSOT Fils, à *Ge-vrey-Chambertin*.

298 COLCOMBET Frères, *château de Dracy, par Dracy-'e-Fort, Mercurey*.

299 MOMMESSIN (Jean), à *Char-nay-les-Mâcon*. — Vins et eaux-de-vie.

300 SYNDICAT DU COMMERCE DES VINS & SPIRITUEUX EN GROS DE MACON — Vins et eaux-de-vie.

301 GUICHARD-POTHERET & Fils, *Chalon-sur-Saône*. — Vins fins de Bourgogne.

302 BOUCHACOURT, *Pontanre-vaux*.

303 CABEZ, *Mâcon*.

304 COLLIN & BOURISSET, *Crê-ches-sur-Saône*:

305 CROZET (Frères), *Romanèche-Thorins*.

306 GENÈVE, *Mâcon*.

307 JAMBON, *Mâcon*.

308 JEANDART, *Romanèche-Tho-rins*.

309 LANERY & GRAND JEAN, *Mâcon*.

310 LARDET, *Mâcon*.

311 LORON, *Pontanevaux*.

312 MARTINET, PIAT & Cⁱᵉ, *Mâcon*.

313 THOMACHOT, *La Roche-Vi-neuse*.

314 COLLECTIVITÉ DE L'AR-RONDISSEMENT DE BEAUNE, COTE-D'OR.

315 CHAMBRE SYNDICALE DU COMMERCE EN GROS DES VINS ET SPIRI-TUEUX DU BEAUJOLAIS-BOURGOGNE, *à Ville-franche-sur-Saône*.

316 ARNAUD (Antoine), *Ville'ran-che-sur-S'ône (Rhône)*.

517 DÉPAGNEUX (Jacques), *à Vil-le'ranche-sur-Saône (Rhône)*.

318 DUFAITRE (Jean-François), *à Ville'ranche-sur-Saône (Rhô-ne)*.

319 DUMAS (Francisque), *à Ville-'ranche-sur-Saône (Rhône)*.

320 FROMONT (P.), *à Ville'ranche-sur-Saône (Rhône)*.

321 MARCHAND (Florent), *Cercié (Rhône)*.

322 MÉHU-CARALY (J.), *Fleurie (Rhône)*.

323 PAQUIER-DESVIGNES & Fils, *Saint-Lager-en-Beau-jolais (Rhône)*.

324 POMMIER Frères, *Ville'ran-che-sur-Saône (Rhône)*.

325 THIOLERE & Cⁱᵉ, *Belleville-sur-Saône (Rhône)*.

326 THENARD (Baron), *Givry (Saône-et-Loire) et 96, rue d'Assas, Paris*. — Vin Mon-trachet et clos Saint-Tierre.

327 PEYRET (Pierre), vins, *à Ju-liénas*.

328 TRAMOY DE LAUBEYPIE 4, *rue des Jacobins, Lyon*. — Vins.

4e RÉGION

Ardèche, Bouches-du-Rhône, Var, Vaucluse, Drôme

329 GRENIER (Henri), 14, *avenue de la Gare, à Valence (Drôme)*. — Vins.

330 JABOULET aîné (Paul), *à Tain (Drôme)*. — Vins.

331 MIARD (Paul), *rue Jonchère, à Valence (Drôme)*. — Vins.

332 ROCHETTE (Alexandre), propriétaire négociant, *à Tain (Drôme)*. — Vins.

333 SALAVERT Frères, *à Bourg-Saint-Andéol (Ardèche)*. — Vins.

5e RÉGION

Aude, Gard, Hérault, Pyrénées-Orientales

334 BERTRAND-TAQUET (A.), « Les Roches-Fleuries », *à Lézignan-la-Cèbe (Hérault)*.

335 SYNDICAT DU COMMERCE DES VINS ET SPIRITUEUX EN GROS DU DÉPARTEMENT DU GARD (NIMES).

Nimes

336 AUBERT & GUIRAUD, distillateurs.
337 BERGOGNON Fils (H.).
338 BOUDON (Veuve).
339 BOUCAIRAN (A.).
340 BRUN (Victor).
341 BRUNEL (J.) & Cie.
342 BRUNEL & SIMON.
343 CHABAUD-MAUREL.
344 CHARLES Frères, distillateurs.
345 CHAUGIER (Louis).
346 DENIS & Cie.
347 DUBUISSON (E.).
348 FABRE Fils (G.).
349 FLAMAND (M.) Fils.
350 FERRAND (Auguste).
351 FIGUIERE (Louis).
552 FUOC (Louis).
353 GADILLE (André) & Cie.

354 GRANON & BOISSIER.
355 GIGNOUX (E.).
356 GIRARD (Joanny).
357 IMBERT-BOMPART.
358 JARDIN (A.),
359 JULLIEN (J.-L.).
360 LAUNE (A.).
361 LIBES (A.).
362 MALOSSE (L.).
363 MARTIN (J.).
364 MASSON distillateur.
365 MARTIN-MAZEL, distillateur.
366 MANTOUT (F.).
367 MEYNADIER (L.).
368 NIER (A.).
369 PAGES & LIEURE, distillateurs.
370 PEYRONNIER (F.)
371 PIZE (A.).
372 POUJOL (L.).
373 RASPAY-PALLOC.
374 RIEUTORD (F.).
375 ROMAN (Ch.), fils.
376 ROUSTAN (Kina-Perrier).
377 ROUX-PERSIN.
378 ROYER (Joseph).
379 SABATIER (Victor).
380 SABATIER-ROUSTAN.
381 TOURNAIRE aîné.
382 VALPREDE (H.), distillateur.

Aiguesvives

383 BOSC-VIGNAUD (C.).
384 CAZANIS (G.).
385 CAUZID (Jules).
386 DAUDE (Talma).
387 DÉJARDIN (Brutus).
388 GUÉRIN (Salvador).
389 GUÉRIN-ROUSSEL.
390 PRADE (Louis).
391 PATTUS (Scipion).
392 RAQUIN-PERRET.
393 VEDEL (Emile).
394 VEDEL (Léonce).

Aiguesmortes

395 ARNAUD & Cⁱᵉ.
396 REY-VISSAC.
397 SOULIER (Auguste).

Aimargues

398 BARBUSSE (Jean).
399 BARBUSSE (Louis).
400 CROUZET (Félix).
401 FONTANIEU Frères.
402 GOUJON Frères.
403 GOUT (E.), distillateur.
404 ROGATTI-PATUS, distillateur.

Aubais

405 LOMBARD (Félix).
406 MABELLY (Daniel).

Beauvoisin

407 GIRAN-JAULMES.
408 TEISSIER & GIRAN.
409 SAUVAIRE-AFFRE, distillateur.
410 VIGOUROUX Fils.

Bagnols

411 BOSC Fils.

Beaucaire

412 BARON-BERTON & Cⁱᵉ, distillateurs.
413 BERTHIER (Ph.).
414 GIRARD (Joanny).

415 GINOUX (L.). distillateur.
416 PISSEVIN.

Le Cailar

417 GRÉGOIRE (Th.).

Caderousse

418 ROCHE (Gustave), distillateur.

Calvisson

419 CLAUZEL Frères.
420 GILLY & BERNARD.

Codognan

421 GABRIEL (S. & E.), Frères.
422 MATHIEU Frères.

Congénies

423 MAURIN-GUÉRIN.
424 VERMEIL (U.).

Comps

425 FERRAGUT (Julien), distillateur.
426 MOUTON (J.) (Vᵉ), distillateur.

Garons

427 BAUTIAS (L.), distillateur.

Générac

428 ALCAY (Emile) & Fils.
429 AMPHOUX & ETIENNE.
430 CHASSARET (A.), distillateur.
431 BOISSIER-GUIOT.

Le-Grau-du-Roi

432 DOLORENZI (Ange).
433 MARQUET (A.).

Junas

434 ARNAUD (J.).

Manduel

435 BALAZARD (Gustave).

Milhaud

436 BOURDY (Élisée).
437 BOURDY (Gédéon).
438 GOURDOUX (S.).
439 MARTIN & SCELLIER.
440 PUECH (Gustave).
441 SÉGUIN (Ulysse).

Pont-Saint-Esprit

442 BOUILLARD Fils.
443 ODE (Ve J.).
444 VIALLET Frères.

Remoulins

445 AUBERY.
446 VILLARET (G.).

Rochebelle-le-Vigan

447 COURNON (J.), distillateur.

Sauve

448 RANDON (L.).

Sernhac

449 CADENET (Clément).

Sommières

450 GAUSSEN (L.).
451 GÉRIN (Paul), Fils.
452 JEANJEAN (Gaston).
453 ROUX-PERSIN.
454 ROUSSET (A.) Fils.

Saint-Césaire-les-Nîmes

455 BÉRANGER Fils et Cie, distillateurs.

Saint-Gilles

456 BOUSQUET (J.), Établissements.
457 BRUNEL (J.) & Cie, distillateurs.
458 CLAVEL (A.) Fils.
459 JOFFRE (J.).
460 GUICHARD (H.).

461 MALBOS (César), distillateur.
462 ROQUELIN Frères.
463 ROUX Frères.

Saint-Laurent-d'Aigouze

464 PUECH-DAX (J.).

Tarascon

465 STEIGER & NOAILLES.

Uchaud

466 POUJOL (Louis).

Vauvert

467 ALLIER (Paul).
468 VERGNE (Louis).
469 VIALLET (P.).
470 LAYALLE (Félix), distillateur.
471 FABRE (Jules).

Vergèze

472 AUBANEL Père et Fils.
473 DELMAS (A.).
474 FRION (Louis).
475 PELATAN (Gaston).
476 ROUGER-FONTANES.

Le Vigan

477 DAUDE (G.), distillateur.
478 NOUGARÈDE (H.), distillateur.

479 COMITÉ INTERDÉPARTEMENTAL DU MIDI, MONTPELLIER.
480 CHAMBRE DE COMMERCE DE MONTPELLIER, *Président* : M. GERVAIS (A.).
481 CHAMBRE DE COMMERCE DE CARCASSONNE. *Président* : M. PREVET.
482 CONFÉDÉRATION GÉNÉRALE DES VIGNERONS, SYNDICAT RÉGIONAL DE MONTPELLIER - LODÈVE. *Président* : M. COMBEMALE.

483 SOCIÉTÉ COOPÉRATIVE DE VENTE DES VINS MUSCATS NATURELS DE FRONTIGNAN.

484 CAVE COOPÉRATIVE DES VIGNERONS DE LAN-SARGUES (*Hérault*).

485 CHAMBRE SYNDICALE DES NÉGOCIANTS EN VINS DE LA RÉGION DE CARCASSONNE.

486 SYNDICAT DU COMMERCE EN GROS DES VINS & SPIRITUEUX DE MONT-PELLIER. *Président* : M. SICARD.

487 SYNDICAT DES NÉGO-CIANTS & COMMISSION-NAIRES EN VINS RU-RAUX DES ARRONDIS-SEMENTS DE MONTPEL-LIER & LODÈVE, *Président* : M. GRÉGOIRE.

488 SYNDICAT DU COMMERCE EN GROS DES VINS ET SPIRITUEUX DU CAN-TON DE LUNEL.

489 DISTILLERIE COOPÉRATI-VE DE LUNEL-VIEIL. *Président* : M. GIRAUD.

490 MICHEL (Félix), président du Comité Interdépartemental du Midi : 5, *rue du Clos-René, Montpellier*.

491 DEFARGE (Jules), vermou-thier, *à Cette*.

492 CHARBAL & PASCAL, négo-ciants en vins, 5, *rue du Clos-René à Montpellier*.

493 GIRAN (Albert), *rue Perraube, à Nîmes*.

494 LEENHARDT (Eugène et Fer-nand), négociants en vins, *rue Durant à Montpellier*.

495 GUILLAMET (Joseph), négo-ciant en vins, *à Lunel*.

496 GRASSION-FRÉDOT, négo-ciant en vins, *à Lunel*.

497 GAUJAL (Ludovic), château de Pinet, *par Pomerols (Hé-rault)*.

498 ESCAFFRE (Alfred), proprié-taire-viticulteur, *Balaruc-le-Vieux (Hérault)*.

499 LE COMMANDANT SCHMITT DONNADIEU, proprié-taire-Viticulteur, *à Valros (Hérault)*.

500 SOULIER (Scipion), proprié-taire, *à Nebian (Hérault)*.

501 ARNAUD (Eloi), propriétaire, *à Olonzac (Hérault)*.

502 RIEUX-GOUDET, négociant en vins, *à Marseillan (Hé-rault)*.

503 SYNDICAT VITICOLE DE CLAPIERS-HÉRAULT. *Président* : CHEVALIER FRANK DE TABERNE DE MIRAMONT, proprié-taire du domaine du Cas-tellas *et à Bruxelles, 77, ave-nue Michel-Ange*.

504 CAUSSEL (Louis), LACROIX (Charles), JACQUES (Gas-ton, propriétaires.

505 MALRIC (H.), avocat-proprié-taire, *rue de la Gare*, 62, *à Carcassonne*.

506 MIR (M.) sénateur de l'Aude, propriétaire du château des Chemenières *Aude (et* 35 *fau-bourg Saint-Honoré, Paris)*.

507 LA SOCIÉTÉ CENTRALE D'AGRICULTURE DE L'HÉRAULT. *Président* : M. de VULLIOD, *rue Ma-guelone, à Montpellier*.

508 SOCIÉTÉ DÉPARTEMEN-TALE D'ENCOURAGE-MENT A L'AGRICULTU-RE. *Président* : Sénateur NEGRE (Louis), 19, rue *Durand, à Montpellier*.

509 MAROGER (Ernest), proprié-taire, *à Nîmes*, 2, *rue Vol-taire*.

510 MAROGER (Alfred), propriétaire, *à Nîmes.*

511 LA COOPÉRATIVE DE VINIFICATION DE MARSILLARGUES *(Hérault).*

512 HORTOLES (D^r), *Montpellier•*

513 COURTINES (Alfred), *Montpellier.*

514 FOURQUET (J. P.), négociant en vins, *à Perpignan (Pyrénées-Orientales).*

515 NICOLAS (Hippolyte), *Perpignan.* — Vins.

516 OLIVER (Établissements Ve Paul) *à Banyuls-sur-Mer. (Pyrénées-Orientales).* — Vins.

517 CHAMBRE SYNDICALE DU COMMERCE DES VINS DES PYRÉNÉES-ORIENTALES, *Perpignan.* — Vins.

518 ALEX (Jean) fils, vins, *Perpignan.*

519 ANDRÉ (Joachim), vins, *Perpignan.*

520 BONNAREL (Henri), vins, *Perpignan.*

521 BERNARD (Jules), vins, *Perpignan.*

522 BERNARD (Jules), vins, *Perpignan.*

523 BILLERACH & LIMOUZY, vins, *Perpignan.*

524 BOLLO-CHICHET, vins, *Perpignan.*

525 BOUIX & BUSCAIL, liquoristes, *Perpignan.*

526 BORALLE (H.), vins, *Perpignan.*

527 BÂTLLO (François), vins, *Perpignan.*

528 BOISSONT (Lucien), vins, *Perpignan.*

529 BERNARD (Ernest), vins, *Perpignan.*

530 BERNADAC (Jacques), vins, *Perpignan.*

531 CAMPANAUD (Henri), vins, *Perpignan.*

532 CAVAILLÉS & BRIAL, vins, *Perpignan.*

533 COLL-ESCLUSE, vins, *Perpignan.*

534 COURMES (Gaston), vins, *Perpignan.*

535 CARRÉRE (Casimir), vins, *Perpignan.*

536 CANABEILLES ANTOINE & Co, vins, *Perpignan.*

537 DALBIEZ & PARIS, liquoristes, *Perpignan.*

538 DARÉ (Henri) & Cie, vins, *Perpignan.*

539 DURAND (Elie), vins, *Perpignan.*

540 DOT (Pierre), vins, *Perpignan.*

541 DAUDER (O.), vins, *Perpignan.*

542 DABAT (Barthélemy), vins, *Perpignan.*

543 ESTÈVE (Louis), vins, *Perpignan.*

544 FAYET (Léon), vins, *Perpignan.*

545 FARINES (Jeune), vins, *Narbonne.*

546 FONS (Etienne), vins, *Perpignan.*

547 FOURQUET J.-P.), vins, *Perpignan.*

548 GALTÉ (Joseph), vins, *Perpignan.*

549 IZARN (Louis), vins, *Perpignan.*

550 JAEGER & Co, vins, *Perpignan.*

551 JULHIA (Barthélemy) père, vins, *Perpignan.*

552 KAUFFMANN (A.), & Cie, vins, *Perpignan.*

553 LIQUEUR DU CANIGOU liqueurs, *Perpignan.*

554 LEROY-GATINOIS, vins, *Perpignan.*

555 LABUSSIÈRE fils, vins, *Perpignan*.

556 LAUHN Frères! & ESQUIROL, vins, *Perpignan*.

557 MARTY (Henri), vins, *Perpignan*.

558 MONTAGNÉ (Albert), vins, *Perpignan*.

559 MITJAVILE (Henri), vins, *Perpignan*.

560 NICOLAU (Vᵉ E.), vins, *Perpignan*.

561 NOELL (J.), Société des Vins de Banyuls-Cité Bartissol-Perpignan, *Perpignan*.

562 NICOLAS (Hipp᾽lyte), vins, *Perpignan*.

563 PAMS (Eugène), vins, *Perpignan*.

564 PAMS (Pierre), vins, *Perpignan*.

565 PASQUIER & PATROUIX, vins, *Perpignan*.

566 PONS (Julio), vins, *Perpignan*.

567 REYNES-AUDUSSON (G.), vins, *Perpignan*.

568 ROLLAND (Léon), vins, *Perpignan*.

569 REYNAUD (Emile), vins, *Perpignan*.

570 ROUX (Elie), vins, *Perpignan*.

571 ROUX (Louis), vins, *Perpignan*.

572 RICHARD (Adalbert), vins, *Perpignan*.

573 SOURNIA (François), vins, *Perpignan*.

574 SENAUX (Georges), vins, *Perpignan*.

575 THOMAS (Vincent), vins, *Perpignan*.

576 TRILLES (Albert), vins, *Perpignan*.

577 TRILLES (Henri), vins, *Perpignan*.

578 THOMAS (Geoffroy), vins, *Perpignan*.

579 TARTÉS (Pierre), vins, *Perpignan*.

580 VERGÉS (Joseph), vins, *Perpignan*.

581 VILAR & SICRE, vins, *Perpignan*.

582 VILLARÉQUE fils aîné, vins, *Perpignan*.

583 VERGÉS-MARCENAT, vins, *Perpignan*.

584 ANGUILLE (Edmond), vins, *Rivesaltes*.

585 BÉLANGE (Jean), vins, *Rivesaltes*.

586 BERNIS-CALMON, vins, *Rivesaltes*.

587 CONTE (Dʳ), vins, *Rivesaltes*.

588 CRÉMADEILS (Théophile), vins, *Rivesaltes*.

589 CLARET (Théophile), vins, *Rivesaltes*.

590 DAURÉ (Laurent), vins, *Rivesaltes*.

591 FAJOU (Sévérin), vins, *Rivesaltes*.

592 JOFFRE (Vᶜ Ant.), vins, *Rivesaltes*.

593 LAMAYSOUETTE (F.), vins, *Rivesaltes*.

594 LHÉRITIER (Eugène), vins, *Rivesaltes*.

595 MARTIN Fils (F.), vins, *Rivesaltes*.

596 MARY (Emile), vins, *Rivesaltes*.

597 MARIGNAC (Pierre), vins, *Rivesaltes*.

598 MASSON-NICOLAS, vins, *Rivesaltes*.

599 MASSOT & MORER, vins, *Rivesaltes*.

600 MOLINER-MORER, vins, *Rivesaltes*.

601 MIALHE & FILS, vins, *Rivesaltes.*

602 NICOLAS (Adrien), vins, *Rivesaltes.*

603 PANABIERES (Jean) (B. Olive), vins, *Rivesaltes.*

604 PÉQUIGNOT (E.), vins, *Rivesaltes.*

605 ROUSSEL (François), vins, *Rivesaltes.*

606 SISQUEILLE, vins, *Rivesaltes.*

607 SALVET (Ambroise), vins, *Rivesaltes.*

608 TRIBILLAC (Casimir), vins, *Rivesaltes.*

609 TRESFI (Sauveur), vins, *Rivesaltes.*

610 NADAL (Joseph), vins, *Port-Vendres.*

611 RIBEILL (François), vins, *Port-Vendres.*

612 BOUSQUET (A.), vins, *Port-Vendres.*

613 OLIVER (Vᵉ Paul), vins, *Banyuls-sur-Mer.*

614 HERRE (Jean), vins, *Banyuls-sur-Mer.*

615 BOURGAT (F.), vins, *Le Soler.*

616 TIXADOR & GALTÉ, vins, *Thuir.*

617 MARTY (H.) fils, vins, *Thuir.*

618 VIOLET (Maison), vins, *Thuir.*

619 CHRISTINE, vins, *Thuir.*

620 BIGORRE (Anselme), vins, *Thuir.*

621 TIXADOR (Joseph), vins, *Thuir.*

622 SOUVILLE (*Maurice*), vins, *Maury.*

623 FABRE-DURAND (J.), vins, *Claira.*

624 ESTER (Joseph), vins, *Torreilles.*

625 LAVERGNE (Emile), vins, *Estagel.*

626 BAUDY (Joseph), vins, *Estagel.*

627 NAVARRO (Salvator), vins, *Collioure.*

628 SALIES (Isidore), vins, *Le Boulou.*

629 COSTE (J.), vins, *Le Boulou*

630 FOXONET (Justin), vins, *Cabestany.*

631 BOURDOUIL, vins, *Cases-de-Pène.*

632 PÉJOUAN (Jean), vins, *Toulouges.*

633 BRÉGOULAT & CANTIER, vins, *Salces.*

634 CLARET (Aubien), vins, *Salces.*

635 MANYA (Henri), vins, *Saint-Laurent-la-Salanque.*

636 PARES Frères, vins, *Saint-Laurent-la-Salanque.*

637 CATALA (Père et Fils), vins, *Saint-Paul-de-Fenouillet.*

638 SIRE (Etienne), vins, *Ille-sur-Tet.*

6e RÉGION

Haute-Garonne, Liot-et-Garonne, Tarn, Landes

639 ANDRIEU (Louis), 33, *Allée Saint-Agne, à Toulouse.* — Vins.

7e RÉGION

Basses-Pyrénées, Hautes-Pyrénées, Gers

640 FORSANS (Paul), *à Lagor (Basses-Pyrénées).* — Vin mousseux.

641 JANNEAU (P.) & Fils, *Condom (Gers).* — Vins et eaux-de-vie d'Armagnac.

642 SYNDICAT DU COMMERCE EN GROS DES VINS & EAUX-DE-VIE D'ARMA-GNAC, *Condom (Gers).*

643 BOUCHET (J.), *à Vic-Fezensac.*

644 BOURDETTE (L.), *à Condom.*

645 CASTAY (O.), *à Jaulin, Bretagne d'Armagnac.*

646 DU VIGNAU (J.), *à Condom.*

647 GABARROT & DARROUX, *à Vic-Fezensac.*

648 JANNEAU & Fils, *à Condom.*

649 LAFONTAN & DUBERNET, *à Castelnau-d'Auzan.*

650 NIONIER, DELCLOU & Cie, *à Pont-de-Bordes.*

651 ORTHOLAN Frères, *à Auch.*

652 TORCHEBUS (Samuel), *à Condom.*

653 VIVEZ (H.), *à Condom.*

8e RÉGION

Gironde

654 AUDINET & BUHAN, 2, *quai des Chartrons, à Bordeaux.* — Vins.

655 BARTON & GUESTIER, *à Bordeaux.*

656 BERTRAND-TAQUET, *château « La Louvière », à Léognan (Gironde).* — Vins.

657 CALVET & Cie, (J.), négociants 75, *cours du Médoc, Bordeaux.* — Vins et cognacs.

658 FLOUCH Fils aîné, 216, *rue du Jardin-Public, Bordeaux.*

659 FLAUGERGUES & Cie (Paul), 38, *rue Laseppe, à Bordeaux.*

660 JOHNSTON & Fils (Nath.) 18, *Pavé des Chartrons, Bordeaux.*

661 JOURNU Frères, KAPPEL-HOFF & Cie, 33 et 34, *quai de Bacalan, Bordeaux.*

662 LAFOND Frères, 10, *rue de Rivière, à Bordeaux.*

663 LATRILLE & GINESTET (Établissements), 20 à 27, ɓ *Quai de Brienne, à Bordeaux.*

664 MATHELLOT (Camille), propriétaire, *à Cadillac-sur-Garonne (Gironde).*

665 MARCELIN MARCEAU (Maison), (M. Jérôme Mauvigney), 57, *rue Minvielle, Bordeaux.*

666 MESTREZAT & Cie, 17, *cours de la Martinique, Bordeaux.*

667 PARIS (L.) & Cie, 107, *rue du Jardin-Public, à Bordeaux.* — Vins et liqueurs, spiritueux.

668 RIGAUD (Mme Ve Esther), 16, *rue de Montpensier, Paris.* — Grand vin du Château Rauzan-Gassies.

669 SCHRODER & SCHYLER, *à Bordeaux.*

670 SOCIÉTÉ GÉNÉRALE DES VINS DE BORDEAUX, 236, *boulevard Godard, à Bordeaux.*

671 WILL, TOURNEUR & Cie, *Bordeaux,* 83, *quai des Chartrons.*

672 COLLECTIVITÉ DU SYNDICAT DU COMMERCE EN GROS DES VINS ET SPIRITUEUX DE L'ARRONDISSEMENT DE LIBOURNE *(Gironde).*

673 DUVERGER (Th.) & Fils, *de Libourne.*

674 BERTRAND & PIERRE, *de Libourne.*

675 JACQUET & Fils, *de Libourne.*

676 PÉRAIRE & Cie, *de Libourne.*

677 DANGLADE & Fils, *de Libourne.*

678 BELLIQUET & BERTIN, *de Saint-Émilion.*

679 DUPUY (J.), *de Libourne.*

680 AUDY (J.-B.). *de Libourne.*

681 LUCQUOT, *de Libourne.*

682 MONTOUROY (Ch.), *de Libourne.*

683 NICOLAS Frères, *de Libourne.*

684 DESPUJOL (E.) Fils & PICQ, *de Libourne.*

685 LES GENDRES DE CHAPERON & MORANGE, *de Libourne.*

686 COLLECTIVITÉ DU COMICE AGRICOLE DE CRÉON ET DE L'ENTRE-DEUX MERS ET DU SYNDICAT DE DÉFENSE AGRICOLE ET VITICOLE.

9e RÉGION

Charentes

687 AUDOIN Frères, *Saint-Jean-d'Angély (Charente-Inférieure).* — Eaux-de-vie des Charentes.

688 BARRAUD (Jean), *à Segonzac (Charente).* — Eaux-de-vie des Charentes.

689 DRUJON (Auguste), viticulteur, *à Varzay, près Saintes (Charente-Inférieure).* — Vin.

690 GIRARD (Etienne), Maison GIRARD & Cie, *Tonnay-Charente.* — Eaux-de-vie des Charentes.

691 MAISON MARTELL (J. & F.), (Lafarie et Cie), 59 et 61, *rue Dulong, Paris.* — Cognacs.

692 SOCIÉTÉ DES PROPRIÉTAIRES VINICOLES DE COGNAC (J. G.), MONNET & Cie, *à Cognac.* — Cognac.

693 MOYET & Cie, propriétaires-viticulteurs, *Cognac.*

694 OTARD-DUPUY, *à Cognac.*

695 FROMY, ROGÉE & Cie, *Saint-Jean-d'Angély.* — Eaux-de-vie des Charentes.

696 ROUYER, GUILLET & Cie, négociants, *à Saintes, près Cognac.* — Eaux-de-vie de Cognac.

697 ROY (Henri), & Cie, *à Cognac.* — Eaux-de-vie de vin des Charentes.

10e RÉGION

Calvados, Eure, Manche, Loire-Inférieure, Maine-et-Loire, Sarthe, Seine-Inférieure

698 DENOMAISON (Armand), 7, *rue de la Madel ine à Rouen (Seine-Inférieure).* — Fine champagne.

699 DUQUESNAY (Albert), 19, *rue Nicolas-Leblanc, Lille.* — Vins.

700 MASSELIN (Jean), *Le Havre (Seine-Inférieure).* — Vin et eau-de-vie de Calvados.

701 MORIN-BEAUSSART Fils, 59, *rue Lafayette, Rouen.* — Fine champagne.

702 SYNDICAT DES VINS MOUSSEUX DE SAUMUR *à Saumur (Maine-et-Loire).*

703 COMPAGNIE GÉNÉRALE DES VINS MOUSSEUX DE SAUMUR, MAISON ACKERMAN-LAURANCE, SOCIÉTÉ ANONYME. *Saint-Hilaire-Saint-Florent.*

704 AMIOT (V^e), *Saint-Hilaire-Saint-Florent.*

705 CHARBONNEAU & LEHOU, *Saint-Hilaire-Saint-Florent.*

706 TESSIER & Cie, *Château de Grenelle, Saumur.*

707 GRATIEN & MEYER, *Château de Beaulieu, Beaulieu-les-Saumur.*

708 LANDAIS (E.) Fils, *Chacé.*

709 CHAPIN & Cie, *Château de Varrains, Varrains.*

710 SOCIÉTÉ VINICOLE DU SAUMUROIS, DE L'ANJOU & DE LA TOURAINE (Société anonyme). *Saint-Cyr-en-Bourg.*

11ᵉ RÉGION

Indre-et-Loire, Loir-et-Cher, Loiret, Nièvre

711 MEUSNIER (Maurice), *Lalen Commune de Chouzy-sur-Cisse (Loir-et-Cher)*. — Vins.

712 UNION VINICOLE DES PROPRIÉTAIRES D'INDRE-&-LOIRE, 21, *rue Nationale, Tours*.

VINS BLANCS

713 PÉQUIGNOT, *à Vouvray*, Années 1914, 1917.

714 VAVASSEUR, *à Vouvray*. Années 1906, 1908.

715 BRÉDIF (E.), *à Vouvray*. Années 1904, 1900.

716 FOURNIER (Octave), *à Rochecorbon*. Années 1904, 1906.

717 MONJALON, *à Rochecorbon*, Années 1858, 1870, 1874, 1893, 1906, 1911.

718 VERJAT, *à Rochecorbon*. Années, 1870, 1874, 1893, 1900.

719 FILLET-ARCHAMBAULT, *à Montlouis*. Année 1906.

720 DALBIN-NAU, *à Montlouis*. Année 1917.

721 BALLU-MOISANT, *à Vernou*. Années 1893, 1908.

722 JACOPIN (Paul), *à Vernou*. Années 1908, 1915.

723 DUMUS, *à Villedomer*. Années 1893, 1900, 1906, 1908, 1914, 1917.

724 ROLLAND, *à Vallères*. Années 1892, 1917.

725 PRETESEILLE, *à Brizay*, Années 1906, 1911.

726 OUVRARD-BRUZEAU, *à Joué-les-Tours*.

727 LOTHION-LECOMTE, *à Savonnières*.

728 FLEURIAU (Sylvain), *à Saint-Avertin*.

729 GERMAIN-BRY, *à Saint-Michel-sur-Loire*.

730 THOMAS-SOURDAIS, *à Azay-le-Rideau*. Année 1911.

731 VIDAL DE VEYRÉS (Mˡˡᵉ B.), *à Azay-sur-Cher*. Années 1911, 1917. Rosé 1912.

VINS ROUGES

732 GERMAIN-BRY, *à Saint-Michel-sur-Loire*. Années 1900, 1906, 1908.

733 HEURTAULT, *à Joué*. Années, 1916, 1918.

734 PENET, *à Ingrandes*. Vins de Bourgueil. Années 1900, 1906.

735 DEMONT-JAMET, *à Restigné*. Vins de Bourgueil. Années 1898, 1911.

736 BLONDEAU-CHASSA, *à Huismes*, Vins de Chinon. Années 1904, 1906, 1916, 1918.

737 THOMAS-SOURDAIS, *à Azay-le-Rideau*. Vins de Chinon. Année 1911.

738 PINGUET-GUINDON, *à Saint-Symphorien*. Côt précoce. Année 1911.

739 VIDAL DE VEYRÉS (Mˡˡᵉ B.), *à Azay-sur-Cher*. Année 1914. Gris 1911.

740 OUVRARD (Jean), *à Joué*. *Noble* 1904, 1908.

741 LOTHION-LECOMTE, *à Savonnières*, 1906.

742 FLEURIAU, *à Saint-Avertin*. Années 1914, 1916.

743 ROLLAND (Rodolphe), *à Vallères*.

744 DAVESNE & Cⁱᵉ, *à Tannay (Nièvre)*. — Vins et eaux-de-vie.

CLASSES 61 ET 62

**Sirops, Liqueurs, Spiritueux, Apéritifs divers
Alcools divers, Bières, Cidres et Eaux-de-vie de cidre
Boissons diverses**

BUREAU

Président d'honneur . . . M. PEYRET (Jean), député.

Président. . . . . M. CUSENIER (Narcisse), 226, boulevard Voltaire, Paris.

Vice-Présidents . . . . . MM. DAUL (Charles), BOURGUIGNON, JACQUET (Philippe) (Alsace-Lorraine), BERTRAND-TAQUET (A.), BOURCIER (Eugène), COINTREAU (Louis), DEBRISE (Louis), DIONE (Georges), FOUREY (Paul), FOURNIER-DEMARS (E.), GRASSET (Henri), JACMART (Maurice), LALOU (René), LAMBERT (Ernest), MANDEIX (André), SCHMIDT (Alfred).

Secrétai es. . . . . MM. BRUGEROLLE (Léopold), LEMONNIER, VIOLET (Jacques).

CLASSE 61

1 BARDIN & PERARD, 7, *rue Lacépède, Paris.* — Distillateurs.

2 BARDINET (Les Fils de), *Caudéran, près Bordeaux.* — Rhum Négrita, liqueurs.

3 BASILIC-LIQUOR (Société de Lourdes) M. A. BERTRAND TAQUET, administrateur, 19, *boulevard Montmartre, à Paris.*

4 BONNYAUD Frères « La Fraisette » et C. O. B. 59, *rue de Bagneux, Montrouge.*

5 BOURIN (Ernest Victor), 13, *rue Ledru-Rollin, Tours.* — Quinquina Vouvray, prunelline Gerbault).

6 BOURCIER Frères & Cie, 5, *rue Saint-Merri, Paris.* — Liqueurs et apéritifs.

7 BRUNIER (Étienne) Fils et Cie, 29, *cours Vitton, Lyon.* — Liqueurs.

8 BRUGEROLLE (Léopord), *à Matha (Charente-Inférieure)* — Propriétaire-directeur de la Distillerie de Matha.

9 MARIE BRIZARD & RO-GER, *à Bordeaux.* — Liqueur.

10 BURGEAT (Léonce), distilla-teur *à Saint-Dizier (Haute-Marne)* « La Burgeatine ».

11 CAZALIS & PRATS, *à Cette (Hérault).* — Vermouth Soleil.

12 CHATEL (Edmond & Cie), 28, *rue de Pétrograd, à Paris.* — Rhum et sucres des Colonies.

13 CLACQUESIN (Maison), 207, *boulevard Saint-Germain, à Paris.*

14 COINTREAU Père et Fils, *à Angers (Maine-et-Loire).* — Distillateurs-liquoristes.

15 COMBIER & Cie (Société de l'Elixir Combier), *à Saumur (Maine-et-Loire).* — Distillateurs.

16 CRUCIFIX (Georges), 3, rue *Daunou, Paris.* — Vermouth Crucifix.

17 CUSENIER (Société anonyme de la Grande Distillerie), 226 *boulevard Voltaire, Paris.*

18 DEBRISE (Louis), 107, *rue de la Chapelle, Paris.* — Distillateur, spiritueux, liqueurs, sirops.

19 DESGROUX-CHARNAY, 60, *route d'Orléans, Montrouge (Seine).* — Liqueurs, spiritueux.

20 DIONE (Georges), *à Coubert.* — Distillateur.

21 DORSEMAINE (E.) Fils, *Montfort-l'Amaury (Seine-et-Oise).* — Distillateurs.

22 DUBONNET (Société anonyme, 7, *rue Mornay, Paris.* — Vin tonique au quinquina « Dubonnet ».

23 EUZET (Joseph), *à Cette (Hérault).* — Vins de liqueurs.

24 FOUREY (Paul), *à Nangis (Seine-et-Marne).* — Distillateur.

25 FOURNIER DEMARS, *Saint-Amand (Cher).* — Liqueur Fournier.

26 FREMY Fils, *à Chalonnes-sur-Loire (Maine-et-Loire).* — Liqueur de jus de cerises et de jus d'oranges.

27 GRASSET & Cie, 29, *boulevard Jules-Ferry, Paris.* — Liqueurs.

28 HEMARD (André), 87, *rue de Paris, à Montreuil-sous-bois.* — Distillateur.

29 HURARD (Société du Rhum), 227, *rue Lafayette, Paris.*

30 « KOTO » (M. P. CRISPIN), 5, *boulevard Beaumarchais, Paris,* — « Koto » vin à la coca, vermouth Crispin.

31 LAFON & Cie (J.), 29, 33, *Butte des eaux-de-vie, Halle aux vins Paris.* — « Cressinthe ».

32 LAMBERT (Ernest) & Cie, *place du Marché, 8, à Neuilly-sur-Seine.* — Rhum des Plantations Saint-James.

33 LEGRAS (Lucien) & Cie, 47, *rue des Chantiers, Versailles.* — Distillateurs.

34 LANIQUE (Henry), BOUR-GUIGNON, successeur, *Metz.* — Distillateur.

35 LEJEUNE (Louis Ulysse), 51, *route d'Orléans, Montrouge (Seine).* — Distillateur.

36 LA MADELON (M. Charles POITEVIN), *à Lunel (Hérault)*. — Distillateur.

37 RIEL (Charles) & Cie, 82, *rue Thiébault, Le Havre.* — Rhums et vins étrangers.

38 MOUREAUX (F.) & PORTE (H.) & Cie, 10, *quai d'Alfort, à Alfort (Seine)*. — « Suze, apéritif à la gentiane.

39 MUGNIER (le petit-fils de Frédéric), *Dijon*. — Liqueurs.

40 LA NEGRESSE (Le Grand Rhum français), 27, *quai Bacalan, Bordeaux (Gironde)*.

41 PEUREUX (MM. les Fils de Auguste), distillateurs, *à Fougerolles (Haute-Saône)*.

42 PEYREY Frères, 65, *rue Sébastien-Gryphe, Lyon.* — Distillateurs.

✗ 43 PFISTER & DAUL, 21, *boulevard du Président-Wilson, à Strasbourg (Alsace)*. — Grande distillerie strasbourgeoise.

44 PICON & Cie, 100, *rue Gide, Levallois-Perret.* — Amer Picon.

45 PIPPERMINT (Société le), GABOLDE GET (Louis), directeur, *Revel (Haute-Garonne)*.

46 RICHARD (Ph.), Fils, 1, *quai Charles-Roissard, Chambéry.* — Vermouth de Chambéry.

47 RIQUIEZ (Maurice), 24, *rue de la Mairie, Ivry-sur-Seine.* — Distillateur.

✗ 48 SCHICK (Alphonse), *à Colmar.*

49 SAINT-RAPHAEL (Société), 8, *rue du Parc-Royal, Paris.* — Saint-Raphael quinquina.

✗ 50 STROHL (Ch.), *à Wangen (Alsace)*.

51 TURPIN Frères & RIOUT, *Bordeaux (Gironde).* — Distillateurs.

52 VALETTE (A.), 124, *rue du Bois, à Levallois-Perret (Seine)*.

53 LE VÉGÉTAL (M. Bonhomme Jules), *à Juvisy-sur-Orge.* — Distillateur.

54 VERMOUTH (B. O. B.) (Baron Berton & Ce), 52, *rue de Sèze, Lyon.* — Vermouthiers.

55 VIOLET (Ve), « Byrrh », *à Thuir (Pyrénées-Orientales)*.

56 VOISIN (Urbain), *à Marseillan (Hérault)*. — Apéritifs, quinquinas, vins de liqueurs.

57 COLLECTIVITÉ DU SYNDICAT DU COMMERCE EN GROS DES VINS ET SPIRITUEUX DU DÉPARTEMENT DE LA COTE-D'OR

58 BRIOTTET (Edmond), *Dijon*.

59 QUENOT (Henri), *Dijon*.

60 DESCHAMPS, *Dijon*.

61 PASCAL Frères, *Dijon*.

62 SARRAZIN (Adrien), *Dijon*.

63 COLLECTIVITÉ DU SYNDICAT CENTRAL DES DISTILLATEURS DE FRANCE ET DES COLONIES.

64 ANDREAU, BUFFET & HUBERT, *à Périgueux (Dordogne)*.

65 ARCHAMBAUD, 9, *rue du Bel-Orme, à Bordeaux (Gironde)*.

66 ARQUET & MARCHAT, 154, *rue de Paris, à Vanves (Seine)*.

67 ARNAUD (A.), *à Rochefort-sur-Mer (Charente-Inférieure)*.

68 ALBRECHT & Cie, 33, *rue de Belleville, Paris*.

69 BARDINET (Les Fils de Ed.), *rue de l'Ecole-Normale, Caudéran-Bordeaux (Gironde)*. — Distillateurs.

70 BERTHEZ (A.), *à Narbonne (Aude)*.

71 BARY (Ch.), 86, *route de Fontainebleau, Le Kremlin (Seine)*.

72 BELLAGUE & CHAMBON, *à Donnemarie (Seine-et-Marne)*.

73 BÉRANGER Fils & Cie, *à Saint-Césaire-les-Nîmes (Gard)*. — Distillateurs.

74 BERNIER, *à Saint-Ouen-l'Aumône (Seine-et-Oise)*.

75 BERTHET, *La Tour du Pin (Isère)*.

76 BERTRAND (L. V.), *Constantine (Algérie)*.

77 BESSIÈRE (J.), 101, *boulevard de Port-Royal, Paris*.

78 BEUZEVILLE (Henri), 42, *route d'Orléans, Grand-Montrouge (Seine)*.

79 BLACHÈRE (A.), 14, *rue Molière, Avignon (Vaucluse)*.

80 BONHOMME MALHERBE, *à Juvisy-sur-Orge (Seine-et-Oise)*.

81 BONNAL & Fils, 39, *rue Saint-Remy, Bordeaux (Gironde)*.

82 BOULANGER (F.), 48, *place de l'Eglise, à Pantin (Seine)*.

83 BRESSON (Abel), *à Fougerolles (Haute-Saône)*.

84 BROSSAUD (Alexandre), 14, *Place Viarmes, Nantes (Loire-Inférieure)*.

85 BRUN PEROD & Cie (Claude), *à Voiron (Isère)*.

86 BUSSIÈRE (de la) Maison Edouard Dubonnet & de la Bussière, 63, *rue de Paris, à Montreuil (Seine)*.

87 BARON, BERTON & Cie, 16, *rue du Landy, La Plaine-Saint-Denis*. — Fabricants d'absinthe.

88 BLANCHET (Edouard) Fils, *à Saint-Affrique (Aveyron)*. — Distillateur-liquoriste.

89 BRUGEROLLE (Léopold), *à Matha (Charente-Inférieure)*.

90 BOURCIER Frères & Cie, 5, *rue Saint-Merri, Paris*.

91 BARDIN & PERARD, 7, *rue Lacépède, Paris*.

92 BONNYAUD Frères, 59, *rue de Bagneux, à Montrouge (Seine)*.

93 BERNARD & Cie, 22, *rue Saint-Augustin, Paris*. — Vins et spiritueux.

94 CABANEL, 30, *rue Minervoise, Carcassonne (Aude)*. — Distillateur.

95 CAILLAULT, 11, *cours Saint-Martin, à Bourges (Cher)*.

96 CALLOT, 46, *rue de Bordeaux, à Paris-Bercy*. — Négociant en spiritueux.

97 CAZALIS & PRATS, *à Cette (Hérault)*. — Négociants.

98 CHAPUIS, RICARD, ALLENET & Cie, *à Melle (Deux-Sèvres)*. — Distilleries des Deux-Sèvres.

99 CHARDON, *à Clermont-Ferrand (Puy-de-Dôme)*. — Distillateur.

100 CHARLES Fils aîné, *à Beaumont (Sarthe)*. — Négociant en spiritueux.

101 CHASTENET Frères, *à Bordeaux (Gironde)*. — Distillateur.

102 CHATEAUNEUF, *à Dijon (Côte-d'Or)*.

103 CHARBONNIER successeur, 171, *rue de Billancourt, à Billancourt-Boulogne (Seine)*.

104 CLACQUESIN LEFEVRE, *boulevard Saint-Germain, Paris*.

105 CLERC & CUMIN (Établissements), 17, *rue Juliette-Récamier, Lyon (Rhône)*.

106 COINTREAU & Fils, *à Angers (Maine-et-Loire)*.

107 COMBRET-LANAUGE (E.), *73, rue d'Arès Prolongée, à Bordeaux (Gironde)*.

108 COMPAGNIE FRANCAISE DES LEVURES ALCOOLS & DRECHURES DE GRAINS, *à Amiens-Montière (Somme)*.

109 COMOZ (G.), *à Chambéry (Savoie)*. — Distillateur.

110 CUENIN & RAPENNE, *à Fougerolles (Haute-Saône)*.

111 CUSENIER Fils aîné & Cⁱᵉ, *226, boulevard Voltaire, Paris*.

112 CUSSE (L. A.), *73, cours Victor-Hugo, Bordeaux (Gironde)*.

113 CARLES (Edouard), *à Narbonne (Aude)*.

114 CRASSIER (Ch.), *à Meaux (Seine-et-Marne)*.

115 CHABAL, *13, Butte des Eaux-de-vie, Halle aux Vins, Paris*.

116 CHALMIN & CONTE, *5, rue de l'Assemblée-Nationale, à Versailles (Seine-et-Oise)*.

117 CHATELAINE Frères, *5, rue Lecuyer, à Aubervilliers (Seine)*.

118 DEBRISE (Louis), *107, rue de la Chapelle, Paris*.

119 DECHAVANNE Frères, *123, avenue de Paris, La Plaine Saint-Denis (Seine)*.

120 DELIZY & DOISTAU, *92, rue de Paris, Pantin (Seine)*.

121 DEMARZE (L.), *64, rue Gide, Levallois-Perret (Seine)*.

122 DESGROUX-CHARNAY, *60, route d'Orléans, à Montrouge*.

123 DESOYER (Léon), *à Saint-Germain-en-Laye (Seine-et-Oise)*.

124 DESLANDRE Fils, *faubourg Saint-Antoine, Châlons-sur-Marne (Marne)*.

125 DESPLACE (C.), *37, rue des Passants Lyon (Rhône)*.

126 DIONE, *133, rue du Théâtre, Paris-Grenelle*.

127 DOISTAU, *32, rue de la Rochefoucault, Paris*.

128 DOLIN & Cⁱᵉ, *à Chambéry (Savoie)*.

129 DONIZEAU, *142, rue de Paris, Charenton (Seine)*.

130 DOURLENT, (H.) *4, rue Dorian, Paris*.

131 DUBOIS (Vᶜ), *à Roanne (Loire)*.

132 DUBUFFET, *38, rue Just-Vieil, Le Havre (Seine-Inférieure)*.

133 DUCROS, *à Valence (Drôme)*. — Distillateur.

134 DURRAND DE PICARD & Cᶜ, *4, place Sébastopol, Marseille (Bouches-du-Rhône)*.

135 DUPUIS (Léon), *23, rue Montbazon, à Bordeaux (Gironde)*.

136 DURBAN (A.), *35, rue des Francs-Bourgeois, Paris*.

137 ENGRAND (Emile), *à Angoulême (Charente)*.

138 FABRE SAPIN (G.), *Au Masjambost, Limoges (Haute-Vienne)*.

139 FAVRAUD & Cⁱᵉ (J.), *château de Souillac, Jarnac (Charente)*.

140 FERROTIN & Cⁱᵉ (Vᵉ), *à Grenoble (Isère)*.

141 FOUREY (Paul), *à Nangis (Seine-et-Marne)*.

142 FOURNIER (E.), *à Saint-Amand (Cher)*.

43 FREGNET-CUENOT, *rue des Arènes, à Besançon (Doubs)*.

144 FREMY Fils, *à Chalonnes-sur-Loire (Maine-et-Loire).*

145 FROMY, ROGÉE & Cie, *à Saint-Jean-d'Angély (Charente-Inférieure).*

146 FUCHET Fils aîné, *à Dornecy (Nièvre).*

147 PEUREUX (Les Fils d'Auguste), *à Fougerolles (Haute-Saône).*

148 FAURE (R.), *à Bourgoin (Isère).* — Distillerie de l'Isère.

149 FLAMENT & LOURDIN, 9, *avenue de Bicêtre, le Kremlin-Bicêtre (Seine).*

150 FAUCHE (L.), 9, *rue Jean-Jacques Rousseau, à Libourne (Gironde).*

151 GALLET & Cie, 17, *rue de l'Argonne, Paris.* — Fabricants de sirops et glaces.

152 GARNIER Fils (Ve), *rue du Casino, à Enghien (Seine et Oise).* — Liquoriste.

153 GASIGLIA, 19, *rue Trachet, à Nice (Alpes Maritimes).*

154 GARRES FOURCHE (J. H.), 6 à 16, *rue Saint-Esprit, Bordeaux (Gironde).*

155 GIRARD Fils, (Arthur), *à Savigny-les-Beaune (Côte-d'Or).*

156 GIRARD (J. B.), *Butte de la Gironde, Halle aux Vins, Paris.*

157 GONNON & Cie (Victor), *à Voiron (Isère).*

158 GOULARD (C.) 68, *rue Lecourbe, Paris.*

159 GUILLER (Victor), 123, *rue de Flandre, à Paris.*

160 GUILLON (Théophile), 8, *rue de Launay, Nantes (Loire-Inférieure).*

161 GUILLOT (A.), *à Blanzac (Charente).*

162 GUILLOT & Cie (D.), 11, *rue du Jardin-des-Plantes, Bordeaux (Gironde).*

163 GRASSET & Cie, 29, *quai de Valmy, Paris.*

164 GILLET (Edouard), 201, *rue Lecourbe, Paris.*

165 GRATTAU & Cie (J.), 7, *rue Frédéric-Bastiat, Bayonne (Basses-Pyrénées).*

166 HACHETTE & BERNARD, 47-49, *rue de l'Arbre-Sec, Paris.*

167 HAMOT Frères, 39, *rue Secrétan, Paris.*

168 HARRIAQUE & Fils, *Bayonne (Basses-Pyrénées).*

169 HEMARD & Fils, 87, *rue de Paris, à Montreuil (Seine).*

170 HAVARD & PRIMAULT, 41-43, *rue des Laitières, Vincennes (Seine).*

171 JACOTOT, *à Palaiseau (Seine-et-Oise).*

172 JANETS, 60, *rue de Paris, à Vincennes.*

173 JARRY, BOYER & Cie, 36, *avenue Gambetta, à Angoulême (Charente).*

174 JOANNE (Ed.), 55, *quai de la Tournelle, Paris.*

175 JOUGOUNOUX, 106, *rue de Paris, à Charenton (Seine).*

176 JOURDE (A.), 46, *rue de Marseille, à Bordeaux (Gironde).*

177 JARRIGE (No 1), 82, *rue Didot, Paris.*

178 JACCARD (J. E.), 6, *rue du Mont-Thabor, Paris.*

179 LABET (J. & L.), *à Beaune (Côte d'or).*

180 LACAUX Frères, *à Limoges (Haute-Vienne).*

181 LACHAUME (Ve), 5, *rue de l'Union, à Clichy (Seine).*

182 LAFON & Cie, 12, *rue Mira-beau, à Limoges (Haute-Vienne)*.

183 LAMBERT (Ernest), 8, *place du Marché, à Neuilly (Seine)* — « Rhum Saint-James ».

184 LAPRUN (Charles), 21 *bis, rue Chauveau, Neuilly*.

185 LAUGIER (Gabriel), *à Annecy (Haute-Savoie)*.

186 LASSERRE Fils (A.), *Bordeaux-Bastide (Gironde)*.

187 LAURENT & Fils (J.), 42, *rue Croix-Séguey, Bordeaux*.

188 LAVERRIERE & Fils (J.), *à Annemasse (Haute-Savoie)*.

189 LEBLOND Fils aîné & Cie, 18, *rue Herbière, Rouen (Seine-Inférieure)*.

190 LEBLOND & MARSOLET, 10, *place au Feurre, Amiens (Somme)*.

191 LECURU, 27, *boulevard Victor-Hugo, Clichy (Seine)*.

192 LEGOUEY & DELBERGUE, 77, *rue Réaumur, Paris*.

193 LEGRAND (Georges), 16, *rue Champagne, Halle aux Vins, Paris*.

194 LEGRAS & Cie, 39, *rue des Chantiers, Versailles (Seine-et-Oise)*.

195 LEJEUNE (Louis), 51, *route d'Orléans, Montrouge (Seine)*.

196 LELUC (Léon), 8, *rue Diderot, Issy-les-Moulineaux (Seine)*.

197 LEMAIRE (Edouard), *à Ivry-la-Bataille (Eure)*.

198 LEMERCIER Frères, *à Fougerolles (Haute-Saône)*.

199 LEMERCIER & DAVAL, *à Prédurupt, par Fougerolles (Haute-Saône)*.

200 LICARI, Frères, *rue d'Espagne, à Tunis (Tunisie)*.

201 LIGNER, 40, *rue de l'Orillon, Paris*.

202 LOUBERT (Paul), 23, *rue de Paris, Saint-Denis (Seine)*.

203 LOUVET (Jeune), 44, *quai National, à Puteaux*.

204 LE GALL, 5, *rue d'Alger, Paris*.

205 LAGNIER, 19, *rue Hoche, Cannes (Alpes-Maritimes)*.

206 LAMIRAL Frères, 57-61, *rue du Bois, à Clichy (Seine)*.

207 LEHARLE (G.) & LAURENT (E.), 17, *avenue de la Reine, à Boulogne (Seine)*.

208 MOMBRON & BERNIER, *Le Bourget (Seine)*.

209 MAPATAUD, *à Limoges (Haute-Vienne)*.

210 MARTIN (Marcelin), *à Romilly-sur Seine (Aube)*.

211 MARCHAND (R.), *à Niort (Deux-Sèvres)*.

212 MARIE BRIZARD & ROGER, 132-134, *rue Fondaudège, à Bordeaux (Gironde)*.

213 MARTELL & Cie, *à Cognac (Charente)*.

214 MENETRIER, *à Villeneuve-l'Archevêque (Yonne)*.

215 MEZIN, 114, *rue de la Roquette, Paris*.

216 MIRAULT Frères, *à Moille-sulaz (Haute-Savoie)*.

217 MICHIELS & HAMY, 13, *rue Nationale, à Boulogne-sur-Mer (Pas-de-Calais)*.

218 MORTELECQUE (L.), 13, *rue Elzévir, Paris*.

219 MOUCHOTTE Frères, *rue de l'Epinette, Saint-Mandé (Seine)*.

220 MOURRE & BERLIOUX, 2, *boulevard de la Corderie, Marseille (Bouches-du-Rhône)*.

221 MOUREAUX, PORTE & Cie, 10, *quai d'Alfort, à Alfort (Seine)*.

222 MARTENET (Pierre), *L'Huis Pinot*, à *Corbigny (Nièvre)*.

223 MOLINER MORER, *Rivesaltes (Pyrénées-Orientales)*.

224 MEAN & Cie (A.), 32, *rue du Pont, Choisy-le-Roi (Seine)*.

225 NALTET MENAND & Fils, à *Châlon-sur-Saône (Saône-et-Loire)*.

226 NUYENS Cie, 59, *Petit Chemin d'Eysines-Le-Bouscat, Bordeaux (Gironde)*.

227 PAGES-RIBEYRE, *Le Puy (Haut.-Loire)*.

228 PARIS (Octave), à *Dijon (Côte-d'Or)*.

229 PELLISSON Père & Cie, à *Cognac (Charente)*.

230 PERIGNE, LESAULT & Cie, 75, *avenue Parmentier, Paris*.

231 PERNET (Léon), *Aillevillers (Haute-Saône)*.

232 PERNOD (Jules), *Avignon (Vaucluse)*.

233 PHILIPPE-THIRION, 121, *rue d'Alésia, Paris*.

234 PITTIE & BOUCHY, 43, *bouvard Haussmann, Paris*.

235 PICUT-DEROUET, 49, *rue des Chantiers, Versailles (Seine-et-Oise)*.

236 PIERRE (Emile), 191, *avenue de Neuilly, Neuilly-sur-Seine*.

237 PRUDHOMME & FROGER (V^e), 12, *rue Feutrier, Paris*.

238 PEYRET Frères, 65, *rue Sébastien-Gryppe, Lyon (Rhône)*.

239 PAILLARD Frères & RAVAUT, 5 bis, *Cité de la Chapelle, Paris*.

240 QUENOT (Henri), à *Dijon (Côte-d'Or)*.

241 RAPHEL CARBONEL, *Vallauris (Alpes-Maritimes)*.

242 RATEAU (Frédéric), 11, *avenue des Marronniers, Nogent-sur-Marne (Seine)*.

243 REGNIER (Louis), *Dijon (Côte-d'Or)*.

244 REMY (Léon), 62, *Grande Rue, Créteil (Seine)*.

245 REQUIER, *Périgueux (Dordogne)*.

246 REYNAUD (Étienne), 24, *rue Fortia, Marseille (Bouches-du-Rhône)*.

247 RICHARD Fils (Ph.), à *Chambéry (Savoie)*.

248 RICQLES & Cie (de), 133, *boulevard Victor-Hugo, Saint-Ouen (Seine)*.

249 ROBINEAU (Pierre), 9, *quai de l'Hôpital, Nantes (Loire-Inférieure)*.

250 ROCHER Frères, *La Côte Saint-André (Isère)*.

251 ROURE (F.), 6, *place de Jaud Clermont-Ferrand (Puy-de-Dôme)*.

252 ROUVIÈRE (Le Directeur des Etablissements), 33, *rue de Gray, Dijon (Côte-d'Or)*.

253 ROUYER, GUILLET & Cte, à *Saintes (Charente-Inférieure)*.

254 ROYER-HUTIN, à *Dijon (Côte-d'Or)*.

255 RAYMOND (Cyprien), 18, *rue d. Paris, à Limoges (Haute-Vienne)*.

256 SOCIÉTÉ DUBONNET, 7, *rue Mornoy, Paris*.

257 SAINTOU, à *Dax (Landes)*.

258 SARRAZIN (Adrien), 14, *boulevard Carnot, Dijon (Côte-d'Or)*.

259 SIMON aîné, à *Chalon-sur-Saône (Saône-et-Loire)*.

260 SOCIÉTÉ LA MADONE, 27, *rue de la Rochefoucauld, Paris*.

261 SOLÈRES, 8, *rue des Ecoles, Paris*.

262 SECRESTAT (Les héritiers de J. H.), *Cours du Médoc, Bordeaux (Gironde)*.

263 TAILLAN & Cⁱᵉ, *à Cette (Hérault)*.

264 TERRAND (C.), *à Beaune (Côte-d'Or)*.

265 THIBAULT (R.), 11, *place du Parc, Sèvres (Seine-et-Oise)*.

266 THIBAULT (Ch.), *à Palaiseau (Seine-et-Oise)*.

267 THOMACHOT (Abel), *Prissé-les-Mâcon (Saône-et-Loire)*.

268 TROGNEUX (J.), 93, *rue Faidherbe, Boulogne-sur-Mer, (Pas-de-Calais)*.

269 VALETTE, 124, *rue du Bois, Levallois-Perret (Seine)*.

270 VERNHES, 12-14, *rue Auger, à Pantin (Seine)*.

271 VERT (B.), *Jarnac (Charente)*.

272 VIALADE (Aug.), *Carcassonne (Aude)*.

273 VIALAR, 1, *rue de Paris, Saint-Denis (Seine)*.

274 VIOLET (Lambert), *Thuir (Pyrénées-Orientales)*.

275 VITTEAUT-GENOUVILLE, *Chalon-sur-Saône (Saône-et-Loire)*.

276 VIVARES (Honoré), *à Frontignan (Hérault)*.

277 VOISIN (Urbain), *à Marseillan (Hérault)*.

PAVILLON DES PRODUITS COLONIAUX

1 CHATEL (Edmond) & Cⁱᵉ, *Paris, Le Havre et Bordeaux*. — Importateurs.

2 CRÉDIT FONCIER COLONIAL, *Guadeloupe, Réunion, siège social à Paris*. — Industriel sucre et rhums.

3 USINE DUVAL, *Petit-Canal, Guadeloupe*. — Sucre et Rhum.

4 USINES COURCELLES & GENTILLY, *Guadeloupe*. — Sucre et Rhum.

5 SOCIÉTÉ DES RHUMS PURS, *Martinique, Guadeloupe et Réunion*.

6 LEBOSSE (J.) & Cⁱᵉ. — *Le Havre*. — Importateurs de Rhums des Colonies françaises.

CLASSE 62

Bières.

1 GRANDES BRASSERIES ALSACIENNES, *à Schiltigheim, près Strasbourg (Alsace)*.

2 BRASSERIE DE L'ESPÉRANCE (Ancienne Maison Ph. J. HATT), *Schiltigheim (Alsace)*.

3 BRASSERIE DE KRONENBOURG *à Strasbourg-Kronenbourg (Alsace)*.

4 GRUBER & Cⁱᵉ, *à Strasbourg-Kœnigshoffen (Alsace)*.

5 BRASSERIE LORRAINE *Devant les Ponts, Metz (Lorraine)*.

6 BRASSERIE DE LUTTERBACH (Th. FOCH & Cⁱᵉ), *à Lutterbach (Haut-Rhin)*.

7 BRASSERIE DU PÉCHEUR (J. EHRHARD S. P. A.), *Schiltigheim (Alsace)*.

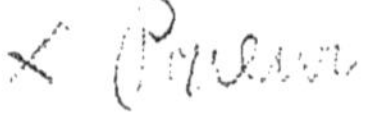

8 ARLEN & Cie (Louis), *à Mont-béliard (Doubs)*.

9 BILLET & Cie *(Georges), Le Havre (Seine-Inférieure)*. — Grande Brasserie de l'Ouest.

10 GRANDES BRASSERIES & MALTERIES DE CHAM-PIGNEULLES, *à Champigneulles (M.-et-M.)*.

11 DIDRY (Paul), 169, *route de la Révolte Saint-Denis (Seine)*. — Brasserie du Nord « Le Progrès ».

12 BRASSERIE DE L'ESPÉRANCE, 9, *rue Denis-Papin, à Ivry-Port (Seine)*.

13 BRASSERIE ET MALTERIE du FORT CARRÉ, *à Saint-Dizier (Haute-Marne)*.

14 GAILLARD (Jean), 11, *place de la Croix-Rouge, à Vienne (Isère)*. — Brasseur.

15 GRUBER & Cie, *à Melun (Seine-et-Marne)*. — Brasseurs.

16 HEIMERDINGER & LURCK, *à Arcueil (Seine)*. — Brasseurs.

17 BRASSERIE DE LA MEUSE, 29, *rue de la Chapelle, Paris*.

18 BRASSERIE DES MOULI-NEAUX (M. Valcroze, directeur), *Issy-les-Moulineaux (Seine)*.

19 BRASSERIE DE SAVIGNY-SUR-ORGE (Nouvelle), *à Savigny-sur-Orge (Seine-et-Oise)*.

20 BRASSERIE DE TANTON-VILLE, *à Tantonville (Meurthe-et-Moselle)*.

21 BRASSERIE DE LA VILLE DE PARIS, 35, *avenue de la Défense, à Puteaux (Seine)*.

22 BRASSERIE DE SOCHAUX, *à Sochaux (Doubs)*.

23 COLLECTIVITÉ CHAMBRE SYNDICALE DES BRASSEURS DE PARIS, 139, *rue des Pyrénées, Paris*.

24 BRASSERIE LA CERVOISE, 26 à 34, *boulevard Auguste-Blanqui, Paris*.

25 BRASSERIE DEMORY, 12, *rue Broca*.

26 BRASSERIE DUMESNIL Frères, 30, *rue Dareau*.

27 BRASSERIE FILLEY (V^e) & Fils, 15, *rue de la Voie-Verte*.

28 BRASSERIE KARCHER & Co 139, *rue des Pyrénées*.

29 BRASSERIE LA LUTÈCE, 72, *rue de la Glacière*.

30 BRASSERIE MORITZ, 189, *rue de Vaugirard*.

31 BRASSERIE LA NOUVELLE GALLIA, 12 à 22, *rue de la Voie-Verte*.

32 BRASSERIE SCHMITZ, 55, *avenue de la Motte-Picquet*.

Cidres.

33 CONARD (Raoul), *La Neuville-du-Bosc (Eure)*. — Distillateur.

34 LEFEBVRE (Hippolyte), 80, *Boulevard Saint-Pierre, à Caen (Calvados)*.

35 LEMONNIER (Emile), *à Beuzeville (Eure)*.

36 MOLINIÉ Frères, *à Saint-Sever (Calvados)*. — Distillateurs.

37 SAFFREY Frères (Établissements), 29, *boulevard Sainte-Anne, à Lisieux (Calvados)*.

38 COLLECTIVITÉ DU COMMERCE EN GROS DES CIDRES ET EAUX-DE-

VIE DE CIDRE, *place du Théâtre-Français, 163, rue Saint-Honoré, Paris.*

39 BLANCHARD, *Paris.*

40 CARPENTIER-DESSAUX, *Bernay (Eure).*

41 DELALONDE, *Vire (Calvados).*

42 MALICORNE, *Saint-Mandé (Seine).*

43 VALLET, *Messac (Ille-et-Vilaine).*

GROUPEMENT F

Décoration fixe des édifices publics et habitations.
Meubles. — Tapis
Céramique. — Éclairage non électrique

Président **:** M. MERCIER (Henri), 100, fg Saint-Antoine, Paris.

Vice-Présidents. M. BRAQUENIÉ (Louis), 16, rue Vivienne, Paris.
M. BOUIX (Lucien), 7, rue du Mail, Paris.
M. CODONI, 62, avenue Parmentier, Paris.

BUREAU RÉGIONAL DU GROUPEMENT F

STRASBOURG

MM. SCHLEIFFER (Fr.), fabricant de billards, à Strasbourg.
EHRHARD-FRIÉSÉ (Maurice), fabricant de meubles, à Strasbourg.

MULHOUSE

MM. ZUBER (Louis), Maison J. ZUBER & Cie (Papiers peints), à Rixheim.
SAAS (F.), Société de constructions en bâtiments à Mulhouse.
GILARDONI à Altkirch (céramique).

METZ

MM. CHARPENTIER-DENY (papiers peints), rue Fournirue, à Metz.
HUMBERT (meubles et tapis), 25, rue des Jardins, Metz.
VIRRION (meubles et tapis), 3, rue de l'Évêché, Metz.
UTZSCHNEIDER & JAUNEZ, (céramiques), à Sarreguemines.

CLASSE 66

Décoration fixe des édifices publics et habitations

BUREAU

Président . . . . . M. NARJOUX (André), 3, rue Littré, Paris.
Vice-Président . . . M. IMBERT (Antoine), 183, rue Ordener, Paris.
Secrétaire-Trésorier. M. LAUZANNE, 26, rue de Turin, Paris.

1 BATAILLARD (Abel), 30 *bis*, *rue Germain-Pilon, Paris.* Ferronnerie d'art.

2 BESNARD (Alfred), 54, *rue des Abbesses, Paris.* — Deux châssis d'architecture.

3 BOUWENS DE BOIJEN (Richard), 8, *rue de Lota, à Paris.* — Dessin à la plume.

4 BRANDON (Raoul), 1, *rue Huysmans, Paris.* — Dessins d'architecture.

5 BRANDON (Daniel), 1, *rue Huysmans, Paris.* — Dessins d'architecture.

6 CHAUVET (Louis-Léonce), 17, *rue Boileau, à Paris.* — Panneaux décoratifs, imitation art ancien.

7 CHONION (Antoine), 44, *rue Boursault, à Paris.* — Meuble bibliothèque et boiseries attenantes.

8 COLIN & BUSIGNY Frères, 143, *boulevard Ney, Paris.* — Lambris et bibliothèque.

9 DUTOCQ (Victor), 45, *avenue de Neuilly, à Neuilly-sur-Seine.* — Dessin de la salle des Fêtes de l'Hôtel-de-Ville de Neuilly-sur-Seine.

10 GARAND (François), 11, *rue du Bouloi, Paris.* — Tableau photographies d'une façade primée.

11 GONOT (Gabriel), 58, *rue de l'Eglise, Paris.* — Photographies d'ouvrages. Réduction d'ouvrage de charpente.

12 GUILLAUME (Henri), 3, *rue Jean-Bart, Paris.* — Photographies.

13 IMBERT (Antoine), 183, *rue Ordener, Paris.* — Boiserie sculptée.

14 JOUANNET (Jean-Léon), 11 *bis, avenue Mac-Mahon, Paris.* — Maquettes et photos de travaux projetés ou exécutés.

15 LAUZANNE (Gustave), 26, *rue de Turin, Paris.* — Dessin d'architecture.

16 LETROSNE (Charles), 21, *rue d'Offémont, Paris.* — Dessin d'architecture régionale.

17 LÉVY (Henri), 14, *rue des Poules, Strasbourg.* — Aquarelles et dessins.

18 MONTARNAL (J. et J.-M. de), 213, *rue de l'Université, Paris.* — Dessin d'architecture.

19 MOREAU-NERET (Adrien), 177, *rue Saint-Honoré, Paris.* — Deux panneaux décoratifs.

20 NARJOUX (André), 3, *rue Littré, Paris.* — Dessin d'architecture.

21 NAVARRE & ROUSSELOT, 18, *Cité Malesherbes, Paris.* — 2 cadres (Photos de décoration fixe d'édifices).

22 PACHY (Edmond), *place de la République, Paris.* — Travaux d'art en granit.

23 PORCHE (Maurice), 4, *boulevard de la Madeleine, Paris.* — Projet d'architecture.

24 REDONT (Edouard), 90, *boulevard Magenta, Paris.* — Plans et Aquarelles.

25 RONTAIX (Auguste), 25, *rue Labat, Paris.* — 1 Tableau photographies.

26 ROUSSELET ET FILS, 160, *boulevard du Montparnasse, Paris.* — Panneau stuc, pierre et marbre.

27 RULHMANN & LAURENT (Établissements), 27, *rue de Lisbonne, Paris.* — Dessins d'ensembles décoratifs.

28 SINELL (Georges), 37, *rue Vital, Paris.* — Dessins (Hôtel de la Chambre des Propriétaires, Paris)

29 SOCIÉTÉ ANONYME DES ÉTABLISSEMENTS SCHWARTZ, MEURER & BERGEOTTE réunis, 42, *rue du Hameau, Paris.* — Fers forgés.

30 SOCIÉTÉ DES ARCHITECTES DIPLOMÉS PAR LE GOUVERNEMENT, 59, *rue de Grenelle, Paris.* — Tableau.

31 STOULLIG (Charles), 72, *rue de Rome, Paris.* — Dessins et Aquarelles.

32 VINANT (G.), Établissements 71, *rue Cambronne, Paris.* — 2 tableaux photographies **d'Art.**

33 VIRET (Emile-Louis), 44, *quai de Jemmapes, Paris.* — Photos de travaux exécutés.

34 ATELIER DUTHOIT (A.), 12, *rue de Varize, Paris.* — Décoration et matériel d'exposition.

35 BACHELET & Cⁱᵉ, 44, *boulevard Saint-Jacques, Paris.* — Décoration et matériel d'exposition.

36 BELLOIR (A.), JALLOT (G.), (successeur), 82, *boulevard Montparnasse, Paris.* — Décoration et matériel d'exposition.

37 BERNIER, 131, *boulevard Diderot, Paris.* — Décoration et matériel d'exposition.

38 CHEVALIÉ (Joseph), Fils, 42, *boulevard Magenta, Paris.* — Décoration et matériel d'exposition.

39 CORTOLEZZIS, 106, *rue Didot, Paris.* — Décoration et matériel d'exposition.

40 DERUDDER (et Fils Jeune), 32, *rue de l'Ermitage, Paris.* — Décoration et matériel d'exposition.

41 DUBRUEL, 15, *rue de Maubeuge, Paris.* — Décoration et matériel d'exposition.

42 DUPRÉ, 93, *rue Dareau, Paris.* — Décoration et matériel d'exposition.

43 GAMBAZZI, *rue de la Huchette, Paris.* — Décoration et matériel d'exposition.

44 GIRARD (C.), 8, *place de la Bourse, Paris.* — Décoration et matériel d'exposition.

45 LUCAS & Cⁱᵉ, 41, *rue de la Roquette, Paris.* — Décoration et matériel d'exposition.

46 PALMEIRO & STEINER, 21, *rue Le Peletier, Paris.* — Décoration et matériel d'exposition.

47 RANNO, 117, *Grande-Rue, Chaville (Seine-et-Oise)*. — Décoration et matériel d'exposition.

48 TORRÈS, 39, *rue du Loup, Bor-*

deaux. —Décoration et matériel d'exposition.

49 TOURNIER, Décoration et matériel d'exposition.

CLASSE 68

Papiers peints

1 DESFOSSÉ-KARTH (Société anonyme des ancie..s Etablissements), 223, *rue du faubourg Saint-Antoine, Paris.* — Pap ers pein.s, toiles imprimées.

2 GRANTIL(J.) (Société anonyme),

Châlons-sur-Marne. — Papiers peints.

3 GRUIN (Mauri e), 76, *rue de Reuilly, Paris.* — Papiers peints.

4 ZUBER (J.) & C^le, *Rixheim (Alsace).* — Panneaux et cartes de papiers peints.

CLASSES 69 A 71, 74 ET 75

Meubles. — Tapis.
Chauffage et éclairage non électrique

BUREAU

Président. . . . . M. GOUFFÉ (Louis), 46, faubourg Saint-Antoine, Paris.

Vice-Président. . . M. CHANÉE (Henri), 25, rue de Cléry, Paris.

Secrétaire-Trésorier. M. MÉRAN (Georges), 155, faubourg Poissonnière, Paris.

BETTENFELD ,86, *avenue Ledru-Rollin, Paris*, 12e. — Garniture de bureau.

2 BOUCHET (Ve Maurice), 137, *faubourg Saint-Antoine, Paris*, 11e. — Coffre.

3 BOUIX (Lucien), 7 *et* 9, *rue du Mail, Paris.* — Tissus d'ameublement.

4 BRAQUENIÉ & C^le, 16, *rue Vivienne, Paris.* — Tapisseries et tapis d'Aubusson.

5 BRUNET (Eugène), 20, *rue de la Perle, Paris*, 3ᵉ. — Guéridon, offet.

6 CABANIS (Charles-Albert), 15, *Passage de la Main-d'Cr, Paris* 11ᵉ. — Console.

7 CHANÉE (Albert), 24, *rue Vivienne, Paris.* — Tissus pour ameublements et tapis.

8 CHANÉE (Henri), 25, *rue de Cléry, Paris.* — Tissus pour ameublements et tapis.

9 CODONI (Gaston), 62, *avenue Parmentier, Paris.* — Console bois sculpté surmontée de la e.

10 ERAT (Antoine), 26, *rue Zéegeru, Strasbourg-Neudorf.* — Armoire pour pendule.

11 FABRIQUE STRASBOURGEOISE DE MEUBLES D'ART (E. Jacquemin), 44, *Vieux Marché aux Vins, Strasbourg.*—Chambre à coucher, salle à manger, salon.

12 GOUFFÉ Jeune, 46-50, *faubourg Saint-Antoine Paris.* 11ᵉ. — Salle à manger.

13 GOUMAIN (François-Albert), 54. *rue de Charonne, Paris,* 11ᵉ. — Vaisselier.

14 HIPP fils (Charles), 13, *rue Bain-aux-Plantes, Strasbourg.* — Meubles.

15 JAUDEL (Alfred), (Société française de baguettes), 54, *rue de Bondy, Paris.* — Tableau.

16 JÉMONT (Vve), 6, *rue Gobert, Paris,* 11ᵉ. — Commode, guéridon.

17 LAURENT, COLLET & VALENCE, 1, *rue de Brissac, Paris.* — Commode Louis XVI. Chambre : armoire, lits jumeaux, tables de nuit, lavabo.

18 LEROLLE, 61, *rue des Saints-Pères, Paris.* — Coffre, chaise.

19 LEVIEIL, 18, *rue Lafayette, Paris,* — Bergère.

20 MAIBAUM, 37, *rue Chanzy, Paris.* — Lustres, torchères, flambeaux.

21 MERCIER frères, 100, *faubourg Saint-Antoine, Paris,* 12ᵉ. — Meubles, sièges, tentures.

22 PIMPANEAU & Cⁱᵉ, 41 *bis, rue Crozatier, Paris,* 12ᵉ. — Canapé.

23 REMLINGER & fils, 26, *rue de Charonne, Paris,* 11ᵉ. — Consoles, glaces.

24 REY (Georges), 44, *rue de Charenton, Paris,* 12ᵉ. — Torchère.

25 SALOMON (A.), 2, *rue de la Roquette, Paris,* 11ᵉ. — Salon.

26 SANYAS & POPOT, 210, *faubourg Saint-Antoine, Paris,* 12ᵉ. — Buffet, panetière, table, chaise.

27 SCHLEIFFER (F.), 31, *rue des Bouchers, Strasbourg.* — Billards.

28 SOCIÉTÉ ANONYME « ASTRA », 13, *rue Couchot, Billancourt (Seine).* — Chambre à coucher, salle à manger.

29 SOCIÉTÉ ANONYME D'INDUSTRIALISATION DU BOIS, 162, *rue de Charenton, Paris,* 12ᵉ. — Bahut-Bibliothèque, bureau.

30 SOCIÉTÉ « LUTERMA » FRANCAIS, 4, *rue du Port, Clichy (Seine).* — Échantillons.

31 SOCIÉTÉ DU GAZ DE PARIS, 6, *rue Condorcet, Paris.* — Plans, graphiques, photographies.

CLASSES 72 ET 73

Céramique, Verres et Cristaux

BUREAU

Président. . . . . . M. DAUTIER, 86, rue de Paris, à Pantin (Seine).
Secrétaire . . . . . M. MAYET, 22, rue de Varenne, Paris.

1 BECK-SCHANDEL (Joseph), 22, *rue de Bischwiller, Soufflenheim (Alsace)*.—Poteries.

2 BURGARD (Joseph), *Soufflenheim (Alsace)*. — Poteries d'usage et poteries décorées.

3 BURGER (Adolphe), *Soufflenheim (Alsace)*. — Poteries d'usage et poteries déco ées.

4 CRISTALLERIE DE PANTIN 86, *rue de Paris, Pantin (Seine), usine à Pantin.* — Services de table, toilette, vases d'art, éclairage.

5 DE VEZ, 14, *rue de la Cristallerie, Pantin (Seine).* — Cristaux d'art gravés.

6 ELCHINGER et Cie, *Soufflenheim (Alsace).* — Puterie culinaire et vaisselle en erre réfractaire d'Alsace. Moule à patisserie.

7 ELCHINGER fils, *Soufflenheim (Alsace)*.— Grès flammés et dé orés. Objets d'ar . Céramique d'architecture.

8 OTT frères, peintres-verriers. 1, *quai des Bateliers, Strasbourg.* — Vitraux d'art. Partie d'un vitrail du xve siècle.

9 RASPILLER (Germain), *Kuppertsmuhle, près Dumeringen (Alsace).* — Vases artistiques, doublés et triplés.

10 SARLANDIE (J.), 13, *avenue Garibaldi, Limoges.* — Bijoux, vases décoratifs et flammés, tableaux, portraits, blasons, émaux pour ameublement.

11 SCHMITTER (Albert), *Oberbetschdorf (Alsace).* — Vases à fleurs en grès artistique.

12 SOCIÉTÉ DES KAOLINS ET PATES CÉRAMIQUES DU LIMOUSIN, 4, *rue Jules Noriac, Limoges.* — Produits céramiques.

13 UTZSCHNEIDER, JAUNEZ & Cie, *Oberbetschdorf (Alsace).* Tuyaux en grès.

GROUPEMENT G

Tissus. — Couture. — Vêtement

Président : M. KEMPF (Paul), 36, rue des Jeûneurs, Paris.

Vice-Présidents. . . . M. DEHESDIN, 91, rue Réaumur, Paris.
M. DRU, 33, avenue Mozart, Paris.
M. VILLEMINOT, 15, rue Bachaumont.
Paris.

Secrétaire-Trésorier. M. CHANÉE (Albert), 24, rue Vivienne,
Paris.

BUREAU RÉGIONAL DU GROUPEMENT G

STRASBOURG

MM. WINCKLER (Paul), directeur de la Filature de Jute à Bischwiller.
KLEIN (Charles), Directeur de la Manufacture de draps, à
Bischwiller.
BLUM (André), nouveautés, confections, Strasbourg.
GENTZBOURGER (Isidore), lingerie, à Strasbourg.

MULHOUSE

MM. THIERRY-MIEG (E.), Maison Dollfus, Mieg et Cie, à Mulhouse.
SCHEURER (Jules), tissus de coton imprimés, à Thann.
SCHLUMBERGER, tissus de coton écrus, à Mulhouse.
ARLENSPACH (Henri), filés de laine, à Mulhouse.
LIX (Edmond), Maison Bertrand et Cie, tissus de laine, à
Mulhouse.

METZ

M. IMMER, fils et tissus, à Moulins-les-Metz.
Madame la Supérieure de l'École ménagère de Lixheim, dentelles.
M. HUBER, accessoires du vêtement, fabrique de peluche, à
Sarreguemines.

CLASSES 80 ET 81

Fils et tissus de coton, lin, chanvre.
Produits de la corderie

BUREAU

Président. . . .   M. GUÉRIN (Louis), 9, rue d'Uzès, Paris.

Vice-Présidents. . . { MM. WINCKLER, (Paul), à Bischwiller.
THIERRY-MIEG (E.), à Mulhouse.
SCHEURER (Jules), à Thann.
SCHLUMBERGER (Paul), à Mulhouse.

SECTION : LIN ET JUTE

SYNDICAT DE LA BATISTE, 8, *rue Montesquieu, Paris.* — Tissus de fil.

1 MM. BERTEVILLE.
2   BRICOUT.
3   CARLIER.
4   DELAMME-LILIÈVRE.
5   DUBOIS & Cie.
6   HOLLANDE.
7   KEMPF frères.
8   LUSSIGNY.
9   MASCRÉ.
10   MÉNARD.
11   SALOMON.
12   SIMONNOT-GODART.

13 BLANCHISSERIE ET TEINTURERIE DE THAON, 7, *rue Meyerbeer, Paris.* — Coupes de tissus divers, blanchis, teints ou imprimés.

14 DENEUX frères, 2, *rue d'Uzès, Paris.* — Toiles, linge de table.

15 GUÉRIN, BESSIÈRE, VANDESMET, NICOLLE & Cie, 9, *rue d'Uzès, Paris.* — Toiles, batiste, linon, linge de table et de toilette, fils de lin, jute et coton.

SECTION : COTONS

CHAMBRE SYNDICALE DU COTON, 36, *rue des Jeûneurs, Paris.* — Tissus et filés de cotons divers.

16 BARBET-MASSIN ET POPELIN.
17 CHAPUIS-WINCKLER frères.

18 DAVID-MAIGRET & DONON
19 GIMPEL & Cie.
20 KAHN LANG & Cie.
21 LES FILS D'E. LANG.
22 PRUD'HOMME & Cie.
23 ROY frères.
24 WALTER SEITZ.

SECTION : LAINES

COLLECTIVITÉ DE LA COU-
VERTURE, 21, *rue des
Bons-Enfants, Paris.* — Ta-
pis et couvertures.

25 BALSAN.
26 COMMUNEAU.
27 GIROUD (J.).
28 GIROUD (Hugues).
29 LAINÉ.
30 MANUFACTURES RÉUNIES
D'ORLÉANS.
31 MASCRÉ (Charles).
32 MASCRÉ (Etienne).
33 PATHAULT-LECLERC.
34 PONROY.

COLLECTIVITÉ D'ELBEUF, 67,
rue Richelieu, Paris. —
Draperies, lainages, etc.

35 BLIN ET BLIN.
36 BOURGEOIS & FILS.
37 BELLEST, CLARANSON &
LEBRET.

38 CANTHELOU ET Cie.
39 FRAENKEL & HERZOG.
40 LECALLIER fils.
41 LECERF & Cie.
42 LEFEBVRE (Robert).
43 NIVERT (E.) & Cie.
44 OLIVIER e DAVID.
45 PRUD'HOMME frères.
46 RICHARD (J.).

ASSOCIATION DES FABRI-
CANTS TISSEURS DE
LAINE DE PARIS, 32, *rue
du Sentier, Paris.* — Tissus
de laine divers.

47 DEGLAS (G.).
48 LEGRAND (A.).
49 LECOMTE-LEQUENNE fils
& C.e.
50 MICHAU (Th.) & Cie.
51 MATHON & DUBRULLE.
52 SEYDOUX & Cie.
53 TISSAGE DE PROISY.

HORS SECTION

54 SCHEURER, LAUTH & Cie,
Thann (Haut-Rhin). — E-
chntillons de tissus imprimés pour ameublement, ro-
bes et chemises.

55 SOCIÉTÉ ALSACIENNE DE
FILATURE ET DE TIS-
SAGE DE JUTE, *Bischwil-
ler (Alsace).* — Fils, toiles
et sacs en jute.

56 SOCIÉTÉ « LA SOIE », 155, *rue
Saint-Denis, Paris.* — Soies
en écheveaux, sur bobines,
cotons, laines. lins.

CLASSE 82

Fils et tissus de laine

BUREAU

Président. . . . . . M. GIBERT, 9, rue faubourg Poissonnière, Paris.

Association des Fabricants-Tisseurs de laine

1 DEGLAS & Cie (Les successeurs de G.), 32, *rue du Sentier, à Paris.* — Tissus de laine, laine et soie pour robes. Tissus de soie et coton pour doublures et parapluies.

2 LECOMTE-LEQUENNE fils & Cie, 25, *boulevard Poissonnière, à Paris.* — Tissus de laine pour vêtements de Dames.

3 LEGRAND (Adrien), et Cie, 38, *rue des Jeûneurs, à Paris.* — Tissus de laine et tissus mélangés laine et autres, matières pour robes de Dames.

4 MATHON (E.) & DUBRULLE fils, *Tourcoing (Nord).* — Tissus pour draperies, lainages et doublures.

5 MICHAU (Th.) & Cie, 9, *rue du Faubourg-Poissonnière, à Paris.* — Tissus de laine et laine et soie. Tissus draperie.

6 SEYDOUX & Cie, 23-25, *rue de Paradis, à Paris.* — Flanelles, lainages unis et fantaisie, draperie .

7 TISSAGES DE PROISY, 1, *rue du Mail, à Paris.* — Échantillons de tissus laine et de tissus de coton unis et fantaisie.

Collectivité des Fabricants de Couvertures et Molletons de laine

8 COMMUNEAU (G.), Président *à Beauvais.* — Couvertures et Molletons de laine.

9 DOLFUS & NOACK, *à Mulhouse.* — Draps, feutres et tissus divers pour usages industriels.

10 SOCIÉTÉ ANONYME DES ÉTABLISSEMENTS BALSAN, 21, *rue des Bons-Enfants à Paris.* — Draps flanelles et couvertures pure laine.

11 SOCIÉTÉ ANONYME « LE CRIN », 9, *rue Palestro, à Paris.* — Tissus crin et coton.

Collectivité d'Elbeuf

12 BLIN & BLIN, *Elbeuf.* — Draperies et nouveautés.

13 BOURGEOIS (Th.) et Fils, *Elbeuf.* — Draperies et nouveautés.

14 CANTHELOU & Cie, *Elbeuf.* — Draperies et nouveautés.

15 FRAENKEL & HERZOG, *Elbeuf.* — Draperies et nouveautés.

16 LECALLIER Fils, *Elbeuf.* — Draperies et nouveautés.

17 LECERF & Cie, *Saint-Aubin-les-Elbeuf.* — Draperies et lainages.

18 LEFEBVRE (Robert), *Elbeuf.* — Draperies et nouveautés.

19 NIVERT (E.) & Cie, *Elbeuf.* — Draperies et nouveautés.

20 OLIVIER (Marcel) & DAVID, *Elbeuf.* — Draperies et nouveautés.

21 PRUDHOMME frères, *Elbeuf.* — Draperies et nouveautés.

22 RICHARD (Jules), *Elbeuf.* — Draperies et nouveautés.

23 SOCIÉTÉ ANONYME DES ANCIENS ÉTABLISSEMENTS BELLEST, CLARANSON & LÉBRET, *Elbeuf.* — Draperies et nouveautés.

24 HARTMANN (Ernest), *Colmar.* — Tissus de laine.

CLASSE 83

Soies et Tissus de Soie

Soierie Lyonnaise : tissus, dentelles, mousselines, crêpes, velours, ornements d'église

Président : M. GÉNIN (Henri), 20, rue des Capucins, Lyon.

1 BARRET & ANRES, 1, *rue du Griffon, Lyon.*

2 BERTRAND (H.), 155, *cours Emile-Zola, Villeurbanne.*

3 BIANCHINI, FERIER, 10, *rue Calliet, Lyon.*

4 CHATILLON, MOULY, ROUSSEL & Cie, 19, *place Tolozan, Lyon.*

5 CHAVENT (H.) & FILS, 5, *rue de la République, Lyon.*

6 COMBIER (G.), & Ce, 27, *place Tolozan, Lyon.*

7 COUDURIER, FRUCTUS & DESCHER, 170, *boulevard de la Croix-Rousse, Lyon.*

8 DESCOURS, GENTHON & Cie, 14, *rue Tronchet, Lyon.*

9 DIGONNET (G.) & Cie, 8, *rue du Griffon, Lyon.*

10 DUFOUR & THOMAS, 14, *rue du Garet, Lyon.*

11 DUTEL (C.), & Ce 28, *rue Valentin-Couturier, Lyon.*

12 FOUGERE frères, 74, *rue Vendôme, Lyon.*

13 GENIN (H.) fils, 20, *rue des Capu ins, Lyon.*

14 GIRAUD (Sté Alex.), 12, *rue du Griffon, Lyon.*

15 GUENEAU (P.) & Ce, 7, *place du Griffon, Lyon.*

16 GUIGOU père et fils, 18, *place Tolozan, Lyon.*

17 JARROSSON (Les Fils de L.) 5, *rue Puits-Gaillot, Lyon.*

18 MANTELIER & Cie, 22, *rue Royale, Lyon.*

19 MICHAL-LADIC ¡ERE, BOIS-SON & Cie, 18, *place Tolozan, Lyon.*

20 MONTESSUY (Les successeurs de G.), 19, *place Tolozan, Lyon.*

21 PELLETIER frères & Cie, 7, *rue de la République, Lyon.*

22 PORTE & CHAVASSIEUX, 16, *rue Romarin, Lyon.*

23 TISSAGES DE VIZILLE, 1, *rue de la République, Lyon.*

24 TRUCHOT & GRASSIS, 20, *rue Tronchet, Lyon.*

25 UNION DES FABRICANTS DE VELOURS, 15, *quai Saint-Clair, Lyon.*

Collectivité de la Chambre syndicale de l'Industrie et du Commerce parisiens des soieries et des rubans

BUREAU

Président. . . . . . M. RAIMON (Marcel), 6, rue de Choiseul, Paris.

Vice-Présidents. . . { MM. DECHAUD (J.-A.), 2, cité Bergère, Paris. DREYFUS (A.), 50, rue Croix-des-Petits-Champs, Paris.

Trésorier. . . . . . M. ACH (Moïse), 53, rue Turbigo, Paris.

Secrétaires. . . . . { MM. ETEINHAUSEN, 21, rue d'Uzès, Paris. LEBRUN (P.), 15, rue de la Banque, Paris

---

26 ACH Frères et Fils, 53, *rue Turbigo, Paris.*

27 BAUER Frères, 32, 34, 36, *rue Turbigo, Paris.*

28 BAUMLIN & Cie, 16, *rue Vivienne, Paris.*

29 BERNHEIM Frères, 105, *rue Réaumur, Paris.*

30 BLUM Frères, 14, *rue du Quatre-Septembre, Paris.*

31 BRACH & Cie, 21, *rue d'Uzès, Paris.*

32 BRADFORD & PERRIER, 73, *rue Sainte-Anne, Paris.*

33 DREYFUS (A.) & Fils, 50, *rue Croix-des-Petits-Champs, Paris.*

34 DUPONT (O.) & Cie, 28, *rue Notre-Dame des Victoires, Paris.*

35 GAILLOT GUINOT, 26, *avenue de l'Opéra, Paris.*

36 HERZOG (B.) & Fils, 137, *boulevard Sébastopol, Paris.*

37 LABBEY & Cie, 16, *rue de la Banque, Paris.*

38 LEBRUN & Fils, 15, *rue de la Banque, Paris.*

39 LEVY (S.) & Cie, 30, *rue Turbigo, Paris.*

40 LEVY Frères, 33, *rue Montmartre, Paris.*

41 MALHER (Georges) & Cie, 124, *rue Réaumur, Paris.*

42 MARION (A.), 95, *rue Montmartre, Paris.*

43 PIERRON, père et fils, 241,
rue Saint-Denis, Paris.

44 RAIMON, 6, *rue de Choiseul,
Paris.*

45 RÉMOND (J.) & Ce, 22, *rue
Vivienne, Paris.*

46 ROUBAUDI Fils, 7, *rue du
Quatre-Septembre, Paris.*

47 VERGNE (Maurice), 23, *rue du
Quatre-Septembre, Paris.*

---

48 ÉTABLISSEMENTS   HER-
ZOG, *Logelbach, près Colmar (Haut-Rhin).* — Tissu-
soieries, tous les genres.

49 « LA SOIE », 155, *rue Saint-
Denis, Paris.* — Soies en
tous genres.

CLASSE 52

Fourrures

BUREAU

Président. . . . . M. CORBY, 17, rue de l'Ancienne Comédie, Paris.

---

1 ADAM (Maison), 8, *rue du Sentier, Paris.* — Fourrures confectionnées.

2 BEAUJEU (C.) Fils, 43, *rue
Sainte-Anne, Paris.* — Pelleteries.

3 BUFFET (Victor), 29, *rue des
Jeûneurs, Paris.* — Pelleteries.

4 CACOU (Jean), 5, *rue de l'Outre,
à Strasbourg.* — Fourrures
confectionnées.

5 COLLE (A.), 120, *rue Réaumur,
Paris.* — Fourrures con-
fectionnées.

6 COMPAGNIE GÉNÉRALE DE
FOURRURES ET PELLE-
TERIES, 32, *faubourg Poissonnière, Paris.* — Pelleteries.

7 CORBY (Th.) & Cie, 17, *rue de
l'Ancienne-Comédie, Paris.*
— Fourrures confectionnées.

8 DOLAT & Cie, 83, *rue Alexandre-Dumas, Paris.* — Pelle-
teries.

9 DRAPIER (Henri), 32, *rue
d'Aboukir, Paris.* — Pelleteries.

10 ÉTABLISSEMENTS CHAPAL
frères & Cie, 9, *rue Kléber,
Montreuil-sous-Bois (Seine).*
— Pelleteries.

11 GRAND (Louis), 11, *rue d'Aboukir, Paris.* — Pelleteries.

12 GRAPIN (Emile), 47, *rue d'A-
boukir, Paris.* — Pelleteries.

13 GRISON, BLANC & Cie, 48,
rue de l'Arbre-Sec, Paris. —
Fourrures confectionnées.

14 HOFFMANN (Paul), *à Musau,
près Strasbourg.* — Pelleteries apprêtées.

15 JUNGMANN & Cie, 110, *rue
Montmartre, Paris.* Four-
rures confectionnées.

16 KÉGEL (Charles), 56, *rue d'A-boukir, Paris.* — Pelleteries.

17 LEROY & SCHMID (Fourrures Max), *place de la Bourse, Paris.* — Fourrures confectionnées.

18 LOUAISIL (Établissements J.), 46, *rue des Jeûneurs, Paris.* — Fourrures confectionnées.

19 NEUBAUER (J.), 249, *rue Saint-Honoré, Paris.* — Fourrures confectionnées.

20 NEUMANN (Fr.), 1, *Fossés des Tanneurs, à Strasbourg.* — Fourrures confectionnées.

21 RÉVILLON Frères (Établissements), 79, *rue de Rivoli, Paris.* — Fourrures confectionnées.

22 ROFFÉ (Th.), 56, *rue des Francs-Bourgeois, Paris.* — Pelleteries.

23 RUZÉ (E.), 23, *boulevard Haussmann, Paris.* — Fourrures confectionnées.

24 ZACHWEY (Roger), 16, *rue Monge, Paris.* — Fourrures confectionnées.

CLASSE 84

Dentelles, Broderies et Passementeries

BUREAU

Président . . . . . M. SCHILLER (René), 24, rue Saint-Marc, Paris.
Secrétaire-Trésorier. M. SASSO (C.), 5, rue d'Uzès, Paris.

1 BAUER (Ernest), 31, *rue Vivienne, Paris.* — Passementerie.

2 BÉRAUD & Cie, 122, *rue Réaumur, Paris.* — Store, coussin venise, broderie ancienne, coussin broderie ancienne.

3 BIAIS Frères & Cie, 74, *rue Bonaparte, Paris.* — Chasubles et accessoires, une étole brodée.

4 BRARD & GREBER, 3, *rue du Dôme, Strasbourg.* — Broderies alsaciennes. Ouvrages de dames. Dessins.

5 CLAISSE-HENNINOT, 43, *rue André, Caudry (Nord).* — Tableau aéro, etc.

6 DIZIAIN (Alexandre), 40, *rue de l'Echiquier, Paris.* — Décors fenêtres, cartonnier, store.

7 DOGNIN & Cie, 37 *bis, rue du Sentier, Paris; Lyon et Calais.* — Tulles, dentelles, broderies.

8 DUMOUTIER (Auguste), 13, *rue Paul-Leong, Paris.* — Passementeries, broderies.

9 FIGUÈS, GUYONNET & Cie, 101, *rue Réaumur, Paris.* — Napperon, vitrage, store, filet de broderie.

10 FRUCHARD (A.), 10-12, *rue Paul-Lelong, Paris*. — P. s- sementeries, galons et bro- deries.

11 KEIM (André), 7, *rue Paul- Lelong, Paris*. — Passemen- teries fantaisies.

12 LEFAURICHON (Mme Jeanne) & Fils, 31, *avenue de l'Opé- ra, Paris*. — Broderies pour robes.

13 LEFRANC (Maurice) & Cie, 22, *rue de la Banque, Paris*. — Broderies, ruches.

14 MANUFACTURES RÉUNIES DE TRESSES ET LACETS, *Saint-Chamond (Loire), et* 89, *boulevard Sébastopol, Pa- ris*. — Tresses, lacets, tissus tricotés.

15 MARTIN (Georges), 80, *rue Ri- chelieu, Paris*. — Dentelles à la main.

16 MEUNIER (André), 103, *rue Réaumur, Paris*. — Tissus or et argent, dorures, perles, soies artificielles.

17 NOEL (Edouard), 21, *rue Vau- girard et* 2, *rue Guynemer,*

Paris. — Dentelles, bro deries, objets confectionnés

18 OHRESSER (Lucien), 91, *rue des Petits-Champs, Paris*. — Volants Argentan, Malines, brodé blanc, etc.

19 PICHAVANT (Les Enfants), *Pont-l'Abbé (Finistère)*. — Un couvre-lit Irlande.

20 ROUBAUDI Fils, 7, *rue du Quatre-Septembre, Paris*. — Broderies et dentelles.

21 SACERDOTE (René), 10, *rue de Louvois, Paris*. — Bro- deries et perles.

22 SASSO & Cie, 5, *rue d'Uzès, Paris*. — Dentelles, tulles, voiles de mariées.

23 SCHILLER (René) & Cie, 24, *rue Saint-Marc, Paris*. — Broderies, passementeries.

24 THIÉBAUT (Charles), 3, *rue du Helder, Paris*. — Dentelles et broderies.

25 WIBAUX (Auguste), 29, *rue du Caire, Paris*. — Franges et passementeries.

CLASSE 85

Couture et Confection

BUREAU

Présidente. . . . . Mme PAQUIN, 3, rue de la Paix, Paris.

Vice-Présidents . . M. BESSAND, 2, rue du Pont-Neuf, Paris.

M. CARETTE, 121, boulev. Haussmann, Paris.

M. COGNACQ, (Gabriel), 19, rue de la Monnaie, Paris.

M. DEFORGE (E.) 65, rue Montmartre, Paris.

M. ENAULT (Léon), 1, place du Palais-Royal, Paris.

M. HALIMBOURG (André), 126, rue Réaumur, Paris.

M. LAZARD (Gaston), 23, rue Croix des Petits-Champs, Paris.

Trésorier. . . . . M. WORTH (Jacques), 7, rue de la Paix, Paris.

Secrétaire. . . . . M. CLÉMENT (Louis), 3, rue de la Paix, Paris.

---

o

Magasins de Nouveautés

1 BESSAND, BIGORNE & Cie (Belle Jardinière), 2, *rue du Pont-Neuf, Paris*. — Vê e-ments confectionnés pour hommes, dames et enfants. Uniformes militaires et diplomatiques, accessoires du Vêtement.

2 CASLOT, DRU, PILLON & Cie au « Bon Marché », (Maison A. Boucicaut), *rue de Sèvres, Paris*. — Robes et Manteaux.

3 GALERIES LAFAYETTE (Société anonyme des), 40, *boulevard Haussmann, Paris*. — Robes et Chapeaux.

4 GRANDS MAGASINS DU LOUVRE, *rue de Rivoli, Paris*. — Robes et Manteaux.

5 GRANDS MAGASINS DU PRINTEMPS (Laguiぃnie et Cie), 64, *boulevard Haussmann, Paris*. — Robes et chapeaux.

6 GRANDS MAGASINS DE LA SAMARITAINE, 19, *rue de la Monnaie, Paris*.— Robes, Manteaux.

Collectivité de la Confection pour Dames

7 ACH (Lucien), 14, *rue d'Uzès, Paris.* — Manteaux, robes, costumes.

8 COQUENHEM (Lucien) & RAMBACH (Marcel), 74, *rue de la Folie-Regnault, Paris.* — Manteaux, costumes tailleur, robes, jupe, jupons.

9 DEFORGE (E.) & Cie, 65, *rue Montmartre, Paris.* — Costumes tailleur, robes, peignoirs, blouses, jupes, jupons.

10 GILLARD (Ad.), 15, *rue du Sentier, Paris.* — Robes, peignoirs, blouses, jupes, jupons.

11 HULMAN (Victor et Robert), 111, *rue Montmartre, Paris.* — Costumes tailleur, robes,

12 LARCHER (Georges), 78, *rue Montmartre, Paris.* — Costumes tailleur, robes.

13 LUCAS Frères & DUSSEL, 43, *rue du Sentier, Paris.* — Spécialité pour Fillettes.

14 TOURAILLE (H.), MEILLAS-SOUX & Cie, 37, *rue Etienne-Marcel, Paris.* — Costumes tailleur, manteaux, robes, peignoirs, jupes, jupons.

15 WEILL (Edgard), 56, *rue d'Aboukir, Paris.* — Manteaux, costumes.

16 WILLIBERT (Établissements), 2, *rue de Vanves, Paris.* — Imperméables femmes, enfants, fillettes.

Collectivité de la Confection pour Hommes

17 COZETTE & Fils, 24, *rue de Metz, à Tours.* — Confection pour hommes.

18 DURY (Ad.) & Fils, 3, *place des Victoires, Paris.* — Confection pour hommes et enfants.

19 HALIMBOURG- AKAR RÉUNIS (Établissements), 126, *rue Réaumur, Paris.* — Confection pour hommes.

20 HIRT (Alexandre), 176, *rue Saint-Martin, Paris.* — Confection pour hommes et enfants.

21 KAHN (Maurice) & Cie, 64, *rue Tiquetonne, Paris.* — Confection pour enfants.

22 MARTIN (Joseph), 10 *à* 18, *impasse Compoint, Paris.* — Confection pour hommes et enfants.

23 ROFFÉ (Th.), 56, *rue des Francs-Bourgeois, Paris.* — Confection pour hommes.

24 SALOMON (Alexis), 38, *rue Croix-des-Petits-Champs, Paris.* — Confection pour hommes.

25 SEGRÉ & LAZARD, 23, *rue Croix-des-Petits-Champs, Paris.* — Confection pour hommes.

26 TENCÉ, DESMARY, 10, *quai du Louvre, Paris.* — Confection pour hommes.

Collectivité de la Couture Parisienne

27 AGNÈS (Maison), (Mme Havet, directrice), 7, *rue Auber, Paris.* — Robes.

28 BEER (G.), Limited, 7, *place Vendôme, Paris.* — Robes.

29 CALLOT Sœurs, 11, *avenue Matignon, Paris.* — Robes.

30 DETROIS (H.), 43, *rue du Bac, Paris.* — Robes

31 DOUCET (Jacques), 21, *rue de la Paix, Paris*. — Robes et accessoires.

32 LANVIN (Jeanne), 22, *faubourg, Saint-Honoré, Paris*. — Robes.

33 MARTIAL, ARMAND & C**ie**, 10, *Place Vendôme, Paris*. — **Robes.**

34 PAQUIN (Société), 3, *rue de la Paix, Paris*. — Robes.

35 POLLET (Marcel), Maison TI-BURCE), 134, *boulevard Haussmann, Paris*. — Robes.

36 PREMET (Société), 8, *place Vendôme, Paris*. — Robes.

37 REDFERN, 242, *rue de Rivoli, Paris*. — Robes.

38 TOLLMANN (Jean), 35, *rue Miromesnil, Paris*. — Robes.

39 WORTH, 7, *rue de la Paix, Paris*. — Robes.

Tailleurs pour Hommes

40 CARETTE & C**ie**, 121, *boulevard Haussmann, Paris*. — Vêtements.

41 KRIEGCK (Nicolas), 23, *rue Royale, Paris*. — Vêtements.

CLASSE 86

Industries de la Mode et du Vêtement

BUREAU

Président. . . . . . M. MERMILLIOD, 52, rue Montmartre, Paris.
Vice-Président . . M. HUBER, à Sarreguemines.
Secrétaire général. . M. BOS, 234, faubourg Saint-Martin, Paris.
Trésorier général. . M. LAURAIN, 86, rue N.-D.-de-Nazareth, Paris.

SECTION A

Chapellerie et Modes. — Fournitures pour Modes.
Fleurs artificielles. — Plumes. — Cheveux. — Coiffures.
Paillettes. — Perles. — Eventails.
Sacs de Dames autres que maroquinerie

Président. . . . . . M. DUVELLEROY, 11, boulevard de la Madeleine, Paris.
Secrétaire. . . . . . M. PICARD (Henri), 3, rue Poissonnière, Paris.

1 AVERSENG (Charles), 77, *rue de Richelieu, Paris.* — Perles et Paillettes en gélatine.

2 BAILLY (E.), 21, *rue de Choiseul, Paris.* — Chapellerie pour dames.

3 BEAUCHAMP (J.), 13, *rue Bouchardon, Paris.* — Perles et paillettes en gélatines.

4 BENOISTON (A.) & Cⁱᵉ, 164-166, *rue du Temple, Paris.* — Fabrique de chapeaux, fleurs et plumes, fournitures pour modes.

5 BOUTON, 51, *rue du Temple, Paris.* — Fournitures pour chapellerie.

6 BROSSARD (Georges), 49, *faubourg Saint-Martin, Paris.* — Plumes d'autruches teintes en noir (Noir de Paris).

7 CHOISY (Auguste), 14, *rue des Jeûneurs, Paris.* — Perles et Paillettes en gélatine.

8 CHOUARD (Célestin), 27, *rue du Caire, Paris.* — Perles et Paillettes en gélatine.

9 COANET, 131, *boulevard Sébastopol, Paris* (Société anonyme des A. E. C.) — Chapeaux de paille.

10 COLLECTIVITÉ DE L'ASSOCIATION PARISIENNE DES FABRICANTS DE CHAPEAUX POUR DAMES ET FILLETTES, 23, *rue Michel-le-Comte, Paris.*

11 CRESPIN (Georges), (Ancienne maison PINAUD ET AMOUR), 41, *avenue de l'Opéra, Paris.* — Chapeaux d'hommes.

12 DANIEL (J.-B.), 73, *rue Sainte-Anne, Paris*. — Chapellerie pour dames.

13 DANNHAUSER (E.), 140, *rue Saint-Maur, Paris*. — Perles et Paillettes en gélatine.

14 DELANOUE, 20, *rue de la Banque, Paris*. — Fleurs et fruits.

15 DELION & CARON (A.), 24, *boulevard des Capucines, Paris*. — Chapeaux d'hommes.

16 DENIS (N.) (les Fils de), 29, *rue Fontaine-au-Roi, Paris*. — Perles et paillettes en gélatine.

17 DUVELLEROY (Georges), 11, *boulevard de la Madeleine, Paris*. — Eventails et sacs de dames.

18 GUILLOT, 27, *rue N.-D.-de-Nazareth, Paris*. — Chapeaux mode.

19 KAHN (A.) & LÉVY (André), 118, *rue Réaumur, Paris*. — Chapeaux mode.

20 KLEIN (A.), 36, *boulevard Sébastopol, Paris*. — Chapeaux mode.

21 KORFAN-BRUN (Léon), 10, *rue des Jeûneurs, Paris*. — Perles et paillettes en gélatine.

22 LALANDE (Mlle), 33, *rue des Jeûneurs, Paris*. — Chapeaux mode.

23 LALLIER (Maurice), 63, *rue Sainte-Anne, Paris*. — Perles et paillettes en gélatine.

24 LANG (R.), 110, *rue de Richelieu, Paris*. — Boas, amazones.

25 LANGENHAGEN (Octave de) *Saar-Union (Alsace)*. — Chapeaux de paille.

26 LECOCQ (A.), 14, *chemin des Postes, à Pavillons-sous-Bois*. Perles et paillettes en gélatine.

27 LELION, LESTRADE ET DRESDE, 1, *rue Louis-le-Grand, Paris*. — Autruches et fantaisies, aigrettes, crosses, marabout.

28 LEROY (Georges), 35-37, *rue Chapon, Paris*. — Perles fausses.

29 LUROT & Cie, 66, *rue des Petits-Champs, Paris*. — Autruches et fantaisies aigrettes, crosses, marabout.

30 MAGNENANT, 14, *rue des Rosiers, Paris*. — Coiffures d'uniforme.

31 MERMILLIOD (Eugène), 52, *rue Montmartre, Paris*. — Chapeaux pour dames, haute nouveauté.

32 MORIN (Ed.), 21, *rue d'Antin, Paris*. — Plumes et fleurs.

33 PICARD (H. et G.), 3, *rue Poissonnière, Paris*. — Boas, collets et fantaisies, en plumes.

34 PINAY jeune (les Fils de), 2, *faubourg Poissonnière, Paris*. — Chapeaux de p il et des cloches pour la fabrication des chapeaux de paille.

35 POUSSOLLE (H.), 2, *passage Saint-Sébastien, Paris*. — Perle et paillette en gélatine.

36 SALAMAN (J.) & Cie, (A. GUYOT), 14, *rue Sainte-Apoline, Paris*. — Plumes d'autruches brutes.

37 THIRAULT (J.), 35, *faubourg Saint-Martin, Paris*. — Pèlerine marabout et collier autruche.

38 TIRARD Frères, *Nogent-le-Rotrou (Eure-et-Loir)*. — Chapeaux de feutre.

39 TREZEL, 48, *rue du Temple, Paris*. — Coiffures d'uniforme.

40 VIOL & CHENAIS, 93, *rue Réaumur, Paris*. — Boas et étoles, plumes d'autruche.

SECTION B

**Chemiserie, Lingerie et
Flanelle manufacturée pour hommes, dames et enfants. — Cravates.
Tissus élastiques. — Bretelles et ceintures. — Cannes et parapluies**

Président. . . . . M. LHEUREUX, 23, rue du Mail, Paris.
Secrétaire-Trésorier. M. LINZELER, 3, rue des Deux-Boules, Paris.

---

41 ADAM-PROBST (Ch.), 45, *faubourg Stanislas, Nancy.* — Manufacture de chemises en tous genres.

42 BAS (Claudius), 75, *rue de l'Abondance, Lyon.* — Chemises fantaisie.

43 BEAUMONT Frères, 118, *rue Réaumur, Paris.* — Lingerie en gros pour hommes et enfants, chemises, caleçons, pyjamas.

44 BERTHELOT (Vᵉ E.), 35, *rue des Jeûneurs, Paris.* — Chemises, caleçons, gilets et camisoles flanelle, pyjamas.

45 BIRON (C.) & DELPEUT (G.), 65, *rue Meslay, Paris.* — Fabrique de cannes, parapluies, sticks, cravaches.

46 BOS (G.) & PUEL (L.), 234, *faubourg Saint-Martin, Paris, usine à Romilly-sur-Seine (Aube).* — Tricots et tissus élastiques pour corsets et ceintures.

47 CASLOT, DRU, PILLON & Cᵉ, « Au Bon Marché », Maison A. Boucicaut, *rue de Sèvres, Paris.* — Nouveautés.

48 CHALVIN Frères, *Tullins (Isère).* — Chemises pour hommes.

49 CHANTALOU (Maurice), 94, *rue Saint-Denis, Paris.* — Bretelles, ceintures, jarretelles, supports-chaussettes, tissus élastiques. Fabrique aux Lilas (Seine).

50 CHERECHEWSKY (Léopold), 5, *rue Saint-Joseph, Paris.* — Blouses, robes, peignoirs, jupes et jupons.

51 DEHESDIN & FILS, 91, *rue Réaumur, Paris.* — Lingerie en gros.

52 FEIGE (Ch.), 38, *rue des Jeûneurs, Paris.* — Chemises, caleçons et pyjamas pour hommes et enfants.

53 GENTZBOURGER (Établissements), 1, *quai Kléber, Strasbourg.* — Lingerie, blouses.

54 GÉRARD (Louis), 186 *bis*-188, *rue d'Alésia, Paris.* — Bretelles Gérard « La Coulissante ».

55 GRANDS MAGASINS DU LOUVRE, *rue de Rivoli, Paris.* — Lingerie.

56 GRANDS MAGASINS DU PRINTEMPS, Laguionie & Cⁱᵉ, 64, *boulevard Haussmann, Paris.* — Lingerie et accessoires du vêtement féminin.

57 GRANDS MAGASINS DE LA SAMARITAINE, *rue de Rivoli, rue du Pont-Neuf, rue de la Monnaie, Paris.* — Lingerie.

58 GRAVEREAUX (R.), 17, *rue des Jeûneurs, Paris.* — Cols et manchettes, chemises.

59 HACHETTE & Cie, 79, *boulevard Saint-Germain, Paris.* — Publications de modes « Les Élégances Parisiennes » Publication française des industries de la couture et de la mode.

60 HAUERT (J.), à la Ville de Nancy, 1, *rue du Dôme, Strasbourg.* — Robes, lingerie, confections.

61 HAYEM (J.) & Cie, « Maison du Phénix », 38, *rue du Sentier, Paris.* — Lingerie d'hommes et de dames, cravates, faux cols, etc.

62 HIRSCH & Cie, 4, *faubourg Poissonnière, Paris.* — Blouses et robes lingerie.

63 HOLLENDERSKI (P.), 25, *faubourg Poissonnière, Paris.* — Faux cols, manchettes, plastrons, cols de sport.

65 LAFLECHE Frères & Cie, 69, *rue Réaumur, Paris.* — Tissus élastiques, bretelles, jarretelles, ceintures.

66 LAZARUS-MEUNIER, PRAEGER (A.) & CONFAIS (F.), 40-42, *rue Louis-Blanc, Paris.* — Manufacture de lingerie en gros pour hommes, *Paris, Argentan, Elbeuf.*

67 LHEUREUX, 23, *rue du Mail, Paris.* — Lingerie pour hommes, dames et enfants.

68 ROUSSEAU (Établissements A.), 16, *rue Bertin-Poirée, Paris.* — Manufacture de chemises.

69 SCHULMANN (Léon), 8, *rue du Sentier, Paris.* — Lingerie, blouses, peignoirs.

70 SEILIGMANN & Cie, *Vaucouleurs (Meuse).* — Manufacture de chemises et lingerie pour hommes, manufacture de lingerie pour dames et enfants.

71 SOCIÉTÉ DU CAOUTCHOUC MANUFACTURÉ (Anciens établissements Mouilbau, Fayaud, Chevreau, Laurain et Cie), 86-90, *rue N.-D.-de Nazareth, Paris.* — Tissus élastiques, bretelles, jarretelles, fixe-chaussettes, vêtements et tous articles en caoutchouc manufacturé.

72 THUASNE & Cie, 71, *faubourg Saint-Martin, Paris.* — Tissus élastiques pour jarretelles, jarretières, support-chaussettes, etc.

73 VIMONT & LINZELER, 3, *rue des Deux-Boules, Paris.* — Sous-vêtements en flanelle.

74 WORMS (Alexandre), 136, *rue Saint-Denis, Paris.* — Corsages, peignoirs, tabliers, jupes, jupons.

SECTION C

**Bonneterie en tous genres. — Corsets en gros et sur mesure.
Fourniture pour corsets. — Ganterie en peau et en tissu.
Bustes. — Mannequins. — Étalages**

Président. . . . . . . M. EVRARD, 20, rue Bachaumont, Paris.

Secrétaires-Trésoriers. { MM. COURTOIS, 14, rue Bertin-Poirée, Paris.
YVER BARREIROS, 4, rue des Capu-
cines, Paris.

---

75 BARREIROS (Mme Berthe) (les
corsets de), 4, *rue des Capucines, Paris.* — Corsets sur
mesure (Maison à Londres,
45, New bond Street).

76 BAZIN & Cie, *Troyes.* — Bas et
chaussettes, en fil, laine,
coton (dames et enfants).

77 BOILEAU (Théodore), 67, *rue
de Rivoli, Paris.* — Bonneterie fine (bas et chaussettes).

78 BOISSON & CARRET Frères,
Troyes. — Bas et chaus-
settes, marque « Semelles
d'or ».

79 BONBON (Louis), 2, *rue Bé-
gaud, Troyes.* — Bonneterie
classique. Dessous féminins,
cos u es p ur en ant , sous-
vêtements.

80 BRELET & Cie, *Troyes.* — Gilets et pantalons, bas, chaussettes, camisoles, etc.

81 CLAVERIE (Établissements),
234, *faubourg Saint-Martin,
Paris.* — Corsets et ceintures po r dames.

82 CORNUEL (Ve Emile), 89, *rue
Réaumur, Paris.* — Bonne-
neterie de luxe (Bas, com-
binaisons, paletots, etc., en
soie).

83 COURTOIS (A.), 14, *rue Bertin-
Poirée, Paris.* — Manufac-
tu e d bonneterie fantai-
sie tricotée.

84 DESGREZ   (Établissements),
Troyes. — Sous-vêtements
tissus, jersey en coton, fil,
laine, soie.

85 DESPRÉAUX   (Jeune) (Les
Fils de), 21, *rue Turbigo,
Paris.* — Tissus et fournitures générales pour corsets
et ceintures.

86 DORÉ e Fils, *Fontaine-les-
Grès (Aube).* — Bas et chaus-
sette .(Spécialité pour enfants).

87 DUPRÉ (A.), *Romilly-sur-Seine
(Aube).* — Bas, chaussettes,
tricots en tous genres.

88 ENNETIÉRES (J.-B. d'), (Alb.
M ry), 42, *rue Réaumur,
Paris.* — Tissus pour corsets.

89 EVRARD (Georges), 20, *rue
Bachaumont, Paris.* — Ganterie en tissus haute nouveauté, en s ie, fil. laine et
tric t.

90 GASTINEAU (Charles-Fernand)
6, *faubourg Saint-Honoré,
Paris.* — Bonneterie de luxe
(bas, maillots de soie).

91 GELDREICH (Mme Hortense), 8, *rue de La Boétie, Paris.* — Corsets de luxe.

92 GILLIER (André) , *Troyes.* — Bas, chaussettes, tricots en tous genres, fondée en 1825.

93 HERBIN Frères, *Troyes.* — Chemises tricot. Articles de bain et gilets de sport.

94 LENA (Jean), 160, *rue Ober-kampf, Paris.* — Meubles métalliques, et accessoires d'étalages.

95 LESAGE (Léon), *Romilly-sur-Seine (Aube).* — Bas et chaussettes dminués e.1 laine et en coton.

96 LIBRON & Cie, 54, *avenue de Clichy, Paris.* — Corsets en gros.

97 MAROT (Teinturerie Clément), *Troyes.* — Noir « Diamant ». Mercerisage et laminage. Couleurs grand teint.

98 MAUCHAUFFÉE (Établisse-ments), *Troyes.* — Sous-vêtements haute fantaisie.

99 MEDINGER (C.), *Troyes.* — Tricots circulaires peluchés, petit-piqué, bas, chaussettes.

100 PHILIPPE, VIALLAR & Cie, 21, *rue Etienne-Marcel, Pa-ris.* — Bonneterie fantaisie (dames et enfants).

101 RAGUET (P.) Fils & VIGNES (R.), *Troyes.* — Manufac-ture de bonneterie, fila-ture, blanchisserie, **teintu-**rerie.

102 RAVENEL (Albert), 347, *rue Saint-Martin, Paris.* — Éta-lages, bustes, vitrines.

103 ROIZARD Fils, *Troyes.*—Sous-vêtements tissus jersey en coton, fil, laine, soie.

104 SINELLE, COLLOT & DE-GHEY, *Aix-en-Othe (Aube).* — Bas à côtes, articles trico-tés, paletots, golfs, chandails.

105 SOCIÉTÉ GÉNÉRALE DE BONNETERIE, *Troyes.* — Bas et chaussettes, sous-vê-tements, métiers à bonne-terie.

106 STOCKMANN (Établisse-ments DUBOC & Cie), 150, *rue Legendre, Paris.* — Bustes et mannequins.

107 VALTON (Les Fils de) & Cie, *Usine Saint-Joseph, à Troyes.* — Articles propor-tionnés, sous-vêtements, forme rationnelle, B. S. G. D. G.

108 VILLEMINOT (L.), RON-DEAU & Ce, 15, *rue Ba-chaumont, Paris.* — Bonne-terie fantaisie, tissus jersey et tricots en laine et n soie.

109 VITOUX Gendre & Fils, *Troyes.* — Bonneterie pro-portionnée et Scott. Bas mousseline, chaussettes.

SECTION D

**Chaussures et fournitures pour chaussures. — Boutons.
Boucles. — Agrafes**

Président. . . . . . M. MAUREY, 25, rue Olivier Métra, Paris.
Secrétaire-Trésorier M. KEIM, 7, rue Paul-Lelong, Paris.

---

110 BARON (Georges), 4, *rue de Cléry, Paris*. — Boutons.

111 BAUDET & DONON, 17, *faubourg du Temple, Paris*. — Fournitures et accessoires pour chaussures.

112 BAZIN, 5, *rue Michal, Paris*. — Chaussures.

113 CELLE, GUINAND & MILLET, 99, *rue Ney, Lyon*. — Chaussures.

114 COLLECTIVITÉ DES FABRICANTS DE CHAUSSURES DE NANCY, *Nancy*. — Chaussures.

115 CORDIER (H.) & Fils, 37, *rue Meslay, Paris*. — Chaussures.

116 DAUDE & C¹ᵉ, 79, *rue du Temple, Paris*. — Œillets et boutons.

17 GAISENBAND, 39, *rue Faidherbe, Paris*. — Chaussures.

118 GAUTIER, 49, *boulevard Saint-Michel, Paris*. — Journal « Le Franc-Parleur ».

119 HEYRAUD (Alfred), *Limoges*. — Chaussures.

120 KEIM, 7, *rue Paul-Lelong, Paris*. — Boutons.

121 MANUFACTURE ALSACIENNE, CHAUSSURES, BANDAGES, 5, *rue Lauterbourg, Strasbourg*. — Chaussures.

122 MAUREY (Paul) fils, 25, *rue Olivier-Métra, Paris*. — Chaussures.

123 MÉRY (Albert), 42, *rue Réaumur, Paris*. — Rubans et lacets.

124 PARENT & C¹ᵉ, 103, *rue Réaumur, Paris*. — Boutons.

125 PERROUIN Frères, 12, *rue Appert, Nantes*. — Chaussures.

126 SAMET (Max), 122 *quai de Jemmapes, Paris*. — Chaussures.

127 SAY (Adrien), 5, *rue de la Pitié, Nîmes*. — Chaussures.

128 VINCENT (Ch.), 36, *rue Debelleyme, Paris*. — Journaux des Industries du cuir.

129 BORZER (E. et C.), 31, *rue du Dôme, Strasbourg*. — Chaussures sur mesure.

GROUPEMENT H

Industries chimiques

Président : M. AMIC (Jean), sénateur, 18, rue Pierre-Curie, Paris.

Vice-Présidents : M. DARRASSE (Léon). 13, rue Pavée, Paris.
M. POULLAIN (Henri), 99, rue de Flandre, Paris.
M. ROCHEROLLES, 38, rue d'Hauteville, Paris.

Secrétaires : M. BÉLIÈRES (Dr L.), 19, rue Drouot, Paris.
M. LEPAGE (René), 29, rue Pierre-Charron, Paris.

BUREAU RÉGIONAL DU GROUPEMENT H

STRASB URG

MM. HOFSTETTER (Henri), droguiste, à Strasbourg.
SCHMIDT (Jean), directeur de la Nouvelle manufacture de papiers à Strasbourg.
WEIL (Aron), (peaux), à Strasbourg.
HERRENSCHMIDT, fabricant de cuirs, à Strasbourg.
WEYL, président de la Fédération des Fabricants de chaussures et de galoches de Strasbourg.

MULHOUSE

M. STAHL (J.), fabrique de produits chimiques, à Mulhouse.

METZ

MM. PHILIPP, directeur des Cristalleries de Saint-Louis, à Munzthal-Saint-Louis.
USINES SOLVAY DE DIEUZE (le Directeur des).
LEGRIS (Maurice), manufacture de chaussures, 7, rue des Récollets, à Metz.
MANUFACTURE LORRAINE DE CUIRS (le Directeur de la), à Saint-Julien, près Metz.

CLASSE 87

Arts chimiques et Pharmacie

BUREAU

Président. . . . . M. CAZENEUVE, sénateur, 17, rue Duroc, Paris.

Vice-Présidents . . M. DUCHEMIN, 27, quai de la Tournelle, Paris.
M. FAMEL, 20, rue des Orteaux, Paris.

Trésorier. . . . . M. BÉLIÈRES (A.), 19, rue Drouot, Paris.

Secrétaire. . . . . M. BERTAUT-BLANCARD (André), 66, rue de la Rochefoucauld, Paris.

Secrétaire-adjoint. . M. ASTIER (Pierre), 45, rue du Docteur-Blanche, Paris.

---

1 ASTIER (Pierre), 45-47, *rue du Docteur-Blanche, à Paris.* — Divers produits pharmaceutiques, objets de librairie et de publicité.

2 BAILLY (Amour), 15, *rue de Rome, à Paris.* — Produits pharmaceutiques : Gaïacol et ses produits dérivés, acide phosphorique et phosphates. — Spécialités pharmaceutiques : Pulmosérum Bailly contre les affections des voies respiratoires.

3 BAUBE (Emile), 19, *rue Sainte-Croix - de -la - Bretonnerie, à Paris.* — Huiles essentielles diverses pharmaceutiques. Parfums synthétiques.

4 BERTAUT-BLANCARD, frères, 64, *rue de la Rochefoucauld, à Paris.* — Pilules de Blancard, Sirop de Blancard.

5 BUCHET (Charles) & Cⁱᵉ, pharmacie centrale de Fracne, 21, *rue des Nonnains-d'Hyères, à Paris.* — Produits chimiques et pharmaceutiques.

6 BUISSON, 15, *avenue de Tourville, Paris.* — Produits pharmaceutiques.

7 CAMUS, DUCHEMIN & Cⁱᵉ, 19, *rue d'Astorg, à Paris* — Acétates de méthyle, d'éthyle et d'amyle, de potasse, de soude, de chaux, d'alumine, de cuivre, de plomb, de nickel, de zinc, etc.

8 CHATELAIN (J.), CABROL & Cⁱᵉ (Les Établissements), 2, *rue de Valenciennes, à Paris.* — Filudine, fandorine, sinubérase, pagéol, gyraldose, vamianine, jubolitoires, jubolitain, tan, poral, poralin, fogyl, rhino-fogyl, romanyl, dialirol, noctyl, linycol, succinc, corivore, plaster. Spécialités pharmaceutiques.

9 COIRRE (Jean), 5, *boulevard Montparnasse, à Paris.* — Produits pharmaceutiques

spéciaux. Solution Coirre, levure Coirre, ferment organique Zévor, granules trois cachets, crayon Gyrol.

10 COMAR & Cie, 20, *rue des Fossés-Saint-Jacques, à Paris.* — Produits pharmaceutiques.

11 COMPAGNIE DES PRODUITS CHIMIQUES D'ALAIS ET DE LA CAMARGUE, 126, *rue La Boétie, Paris.* — Produits chimiques.

12 COQUET (René), 3, *boulevard de Courcelles, à Paris.* — Produits pharmaceutiques.

13 DARRASSE frères, 13, *rue Pavée, à Paris.* — Produits chimiques et pharmaceutiques divers. Valérobromine Legrand à base de bromovalérianates de soude, bromovalérianates.

14 DEGLOS (Gabriel), 13, *rue de Vaugirard, à Paris.* — Produits pharmaceutiques.

15 DESCHAMPS (Frend), *Vieux-Jean-d'Heurs, par Robert Espagne (Meuse).* — Produits chimiques.

16 DROGUERIE CENTRALE DE L'EST (Directeur Henri Hofstetter), *Strasbourg.* — Articles de droguerie, parfumerie, accessoires de pharmacie, produits pharmaceutiques.

17 FAMEL (Pierre), 20, 22, *rue des Orteaux, à Paris.* — Sirop Famel et ses constituants.

18 FEIGNOUX (Mme V^e), 2, *avenue du Bel Air, à Paris.* — Cachets chapireau, cachets azymes.

19 FERRÉ (H.), BLOTTIÈRE & Cie, 6, *rue Dombasle, à Paris.* — Produits pharmaceutiques.

20 FOUCHER (Henri), Pharmacie normale d'Alésia, 172, *rue d'Alésia, à Paris.* — Le sénophile, spécialité pharmaceutique.

21 FUMOUZE & Cie (Dr Victor Fumouze, Dr Paul Fumouze, Marcel Fumouze), 78, *faubourg Saint-Denis, Paris.* — Produits hygiéniques et pharmaceutiques spécialisés. Carnine Lefrancq, vésicatoires cubespeyres, Sirop Delabarre, etc.

22 GALBRUN & FILS, 18, *rue Oberkampf, Paris.* — Produits pharmaceutiques.

23 GÉRAUDEL (Albert), 36, *rue Rivay, à Levallois-Perret (Seine).* — Pastilles Géraudel, Jécol cachets composés, laxatif orgeat.

24 GIRARD (Antoine), 48, *rue d'Alésia, à Paris.* — Vin Girard, sirop Girard, parfumerie, dentrifrice, etc.

25 GREMY, 14, *rue de Clichy, Paris.* — Produits pharmaceutiques.

26 GUIMET (J.-B.), *à Fleurieu-sur-Saône (Rhône).* — Outremers en poudre, bleus, verts, rouges et violets pour l'industrie. Teintures de ménage, boules de couleurs, etc.

27 HAEHL (Victor) & Cie, *Strasbourg-Robertsau.* — Paquets de bougies, cierges.

28 LABORATOIRE DE BIOLOGIE APPLIQUÉE (Carrion & Cie), Borrien & Cie, successeurs, 54, *faubourg Saint-Honoré, à Paris.* — Produits organiques et biologiques.

29 LABORATOIRE DE PHARMACOLOGIE GÉNÉRALE (D^r Ph. Chapelle) (M. A. Croissant, Directeur commercial), 8, *rue Vivienne, à Paris.* — Spécialités pharmaceutiques.

30 LABORATOIRES M. ROBIN, 13, *rue de Poissy à Paris.* — Spécialités pharmaceutiques.

31 LABORATOIRE ROBERT & CARRIÈRE (M. J. Robert), 37, *rue de Bourgogne, à Paris.* — Produits stérilisés, produits pharmaceutiques spéciaux.

32 LEFRANC & Cie, 18, *rue de Valois, à Paris.* — Couleurs fines et vernis.

33 LEROY (V^c Ch. & Cie), 10, *rue Collange, à Levallois-Perret (Seine).* — Cirage onctueux Th. Marcerou, crème Marcerou et pâte à la cire Th. Marcerou pour chaussures, encaustique, brillant pour métaux, noir animal.

34 LEVASSEUR (Gustave), 22, *boulevard des Filles-du-Calvaire, Paris.* — Vernis à l'alcool et ses dérivés. Application de ce vernis sur divers objets.

35 LUNOT (Établissements le Faineuf), 18, *faubourg du Temple, à Paris.* — Nettoyage, cirage.

36 MIDY frères, 9, *rue du Commandant-Rivière, à Paris.* — Produits pharmaceutiques.

37 MINES DE BOUXWILLER, *à Bouxwiller (Bas-Rhin).* — Produits chimiques.

38 NALINE (A.), 12, *rue du Chemin-Vert, à Villeneuve-la-Garenne (Seine).* — Histogénol, hectine, hectaregyre, kinectine, galyl.

39 NAUTON Frères et DE MARSAC, 15, *rue des Rosiers, à Saint-Ouen (Seine).* — Couleurs et vernis.

40 NOGUÈS (Ch. Jules), 64, *boulevard du Port-Royal, Paris.* — Grains de Vals, laxatifs et dépuratifs toniques et reconstituants.

41 PLANTIER (D^r), Pambiline, *Annonay (Ardèche).* — Produits pharmaceutiques.

42 PHARMACIE NORMALE (J.-A. Bélières), 19, *rue Drouot, Paris.* — Produits pharmaceutiques spéciaux. Laurenol, fer nuxaté, huile antirrhoïde, Liseronine, Saltrates Rodell, etc., pharmacies des familles (53 modèles).

43 RAFFINERIES INTERNATIONALES DE SOUFRE, *à Marseille.*

44 RAFFINERIES DE SOUFRE RÉUNIES (Marcel Roubaud, Administrateur-délégué), 1, *place de la Bourse, à Marseille.* — Fleur de soufre sublimé, soufre trituré, soufre en canons, mèches soufrées, soufre cuprique, etc.

45 REGNAULT (Henri), 38 *bis, avenue de la République, Paris.* — White spirit, térébenthine, benzines, cires animales d'abeille, etc., noir de pétrole américain, résines, etc., etc.

46 ROGIER (Henry), 19, *avenue de Villiers, Paris.* — Produits pharmaceutiques.

47 ROUTTAND (Les Fils de H.), 133, *route de Flandre, à Aubervilliers (Seine).* — Vernis gras, vernis à l'alcool, vernis à l'acétate d'amyle, peinture laquée émail H. Routtand.

48 SESTIER (Laboratoire Lumière), 9, *cours de la Liberté, Lyon.* — Produits pharmaceutiques.

49 SOCIÉTÉ ANONYME ANDRÉ Fils, 8, *rue de la Tour-des-Dames, Paris.* — Produits chimiques.

50 SOCIÉTÉ ANONYME BORAX FRANÇAIS, 41, *rue des Francs-Bourgeois, Paris.* — Borax en cristaux et en

poudre, acide borique, en cristaux, 1/2 paillettes et paillettes, bi-borax oriental.

51 SOCIÉTÉ ANONYME DE MATIÈRES COLORANTES & PRODUITS CHIMIQUES DE SAINT-DENIS, 105, *rue Lafayette, à Paris*. — Matières colorantes et produits chimiques.

52 SOCIÉTÉ ANONYME « LA PATE FLAMANDE », 46, *rue du Bac, à Asnières (Seine)*. — Produits d'entretien dénommés : pâte flamande, pâte et brillant liquide Oméga, cirage crème à la cire Mirador. Polish for Ever, encaustique flamande, savon Bobosse.

53 SOCIÉTÉ ANONYME DES PRODUITS DU LION NOIR (Établissements Fernand GEORGE), 91, *Grande rue, Montrouge (Seine)*. — Cirages et crèmes pour chaussures, produits d'entretien.

54 SOCIÉTÉ CHIMIQUE DES USINES DU RHONE. (Anciennement Gillard, Monnet et Cartier), 89, *rue de Miromesnil, Paris*. — Produits industriels pharmaceutiques et photographiques, parfums synthétiques.

55 SOCIÉTÉ COMMERCIALE LAMBERT RIVIÈRE, 16, *rue de Miromesnil, Paris*. — Produits chimiques et engrais.

56 SOCIÉTÉ D'ÉCLAIRAGE, CHAUFFAGE ET FORCE MOTRICE, 32, *rue de Calais à Paris*. — Produits chimiques dérivés du goudron d'huile : huile à naphtaline, huile à anthracène, huile pour chauffage, huile pour moteurs, etc.

57 SOCIÉTÉ DES ÉTABLISSEMENTS L. RAMBAUD, *quai du Canal Saint-Denis, à Aubervilliers (Seine)*. — Couleurs et vernis.

58 SOCIÉTÉ DU GAZ DE PARIS, 6, *rue Condorcet, Paris*. — Sous-produits de la fabrication du gaz et de la distillation du groudon.

59 SOCIÉTÉ GÉNÉRALE DES CIRES FRANÇAISES (P. Troubat, directeur), *à Montluçon (Allier)*. — Cires jaunes et blanches, cirages, encaustiques, bougies.

60 SOCIÉTÉ DE LA MAILLE-RAYE, 17, *boulevard Haussmann, Paris*. — Huiles de vaseline et graisses industrielles diverses.

61 SOCIÉTÉ DES PRODUITS CHIMIQUES COIGNET, 114, *boulevard Magenta, Paris*. — Produits chimiques, phosphores, chlorures de phosphore, phosphates de soude, etc.

62 SOCIÉTÉ POUR L'IMPORTATION ET LA VENTE DES SOUFRES AMÉRICAINS (P. CHABERT, administrateur-délégué), 8, *rue de la Tour-des-Dames, Paris*. — Soufre brut.

63 SOCIÉTÉ « LA SAPONITE » (Justin Laurens, administrateur-directeur), 9, *rue de l'Embarcadère, Charenton, (Seine)*. — Lessive de soude, silicate de soude.

64 SOCIÉTÉ DES USINES DU PORTILLON, *Saint-Cyr-sur-Loire (Indre-et-Loire)*. — Produits chimiques.

65 SOCIÉTÉ « VITE ET BIEN » (Marcel Augé, administrateur-directeur), 21, *rue d'Arcueil, à Montrouge, (Seine)*. — Cirages et produits d'entretien.

CLASSE 89

Cuirs et Peaux

BUREAU

Président. . . . . . M. LEPAGE (René), 29, rue Pierre-Charron à Paris.

Vice-Présidents . . M. HERRENSCHMIDT (Fernand), à . Strasbourg.

M. DEGERMANN (Jules), à Barr (Alsace).

1 ABSIRE-SEVREY Fils, 38 *bis*, *faubourg Martinville, à Rouen.* — Cuirs lissés, industriels, pour sellerie.

2 BERNARD (E.) Établissement, 135, *rue Broca, à Paris.* — Chevreaux glacés, veaux, box-calf, quartiers de cheval.

3 CERF (Louis), 8, *rue Française, Paris.* — Peausserie et gros cuir.

4 CHAGUÉ Père et Fils, *Masevaux (Haute - Alsace).* — Courroies, lanières, peaux, veaux, manchons, taquets.

5 COMBE & Fils & Cie (Anciens Établissements), 156, *faubourg Saint-Denis, Paris.* — Peaux pour chaussures et produits d'entretien pour chaussures.

6 COMPAGNIE FRANÇAISE DES EXTRAITS TINCTORIAUX ET TANNANTS, *Le Havre.* — Extraits.

7 CUIR (Journal le) (Thuau et Vaillant), 54, *rue de Bondy, Paris.* — Publications professionnelles.

8 DEGERMANN (Gustave), *à Barr (Alsace).* — Veaux.

9 DIEHL (Henry), *à Barr (Alsace).* — Box-calf.

10 DIETZ (Adolphe), *à Barr (Alsace).* — Veaux chromes noirs. Box-calf.

11 DIETZ (Charles), *Colmar (Haut-Rhin).* — Cuirs lissés, croupons, rouleaux de courroies.

12 DIETZ (Edouard), *à Barr (Alsace).* — Box-calfs noirs et couleurs.

13 DIETZ, BAUMHAUER & Cie, *à Barr (Alsace).* — Box-calf noir (veau tanné au chrome).

14 DREYFUS Frères, *Strasbourg,* — Cuirs tannés.

15 DREYFUS (J.) et Fils, *Strasbourg (Alsace).* — Cuir pour semelles.

16 ÉCOLE FRANÇAISE DE TANNERIE, 67, *rue Pasteur, Lyon.* — Éléments pédagogiques de tannerie et ennemis du cuir.

17 ENAULT & Cie, 23, *rue d'Angoulême, Paris.* — Cuirs tannés.

18 GUILLAUMET (Établissements) *à Fontaine (Isère)*. — Chevreaux glacés noirs et couleurs. Veaux, box-calf, noirs et couleurs. Moutons glacés pour dessus chaussures.

19 GRAS (Emile) (Établissements), *Romans (Drôme)*. — Cuirs tannés et corroyés.

20 GRAWITZ (Auguste) et Fils, *57, rue Sylvabelle, Marseille*. — Peaux moutons en croûte, chèvres, box-calf, laines.

21 HAAS (Emile), *à Barr (Alsace)*. — Box-calf, cheval au chrome façon chevreau.

22 « HALLE AUX CUIRS », (La) journal, *36, rue Debelleyme, Paris*. — Publications professionnelles.

23 HAURAT Frères, *à Bayonne (Basses-Pyrénées)*. — Peau de veau tannée au chrome (box-calf) et cuir végétal à semelle.

24 HERRENSCHMIDT (Ch.) et Fils, *7, rue des Écluses-Saint-Martin, Paris*. — Cuirs pour articles de voyage, carrosserie, sellerie.

25 HERRENSCHMIDT & Cⁱᵉ, *Strasbourg, Wacken*. — Cuirs et objets en cuir.

26 HERVÉ *Chateaurenault (Indre-et-Loire)*, — Cuirs lissés.

27 LAGRANGE (Lucien), *Stains (Seine)*. — Peaux pour maroquinerie, Peaux de chamois, moellon de chamoiserie.

28 LANDRON (H.) Fils. *Meung-sur-Loire (Loiret)*. — Cuirs lissés.

29 LEPAGE (René), *Segré*. — Peaux chevaux pour chaussures, culées, peaux pour maroquinerie et articles de voyage. Peaux de chien.

30 MANUFACTURES FRANÇAISES RÉUNIES DE CUIRS, PEAUSSERIES, COURROIES ET CAOUTCHOUC, *62, boulevard Magenta, Paris*. — Cuirs à semelle. Box-calfs. Cuirs pour empeignes, pour bourrellerie, pour articles de voyage.

31 MARCHAND (Charles), *18, boulevard Saint-Jacques, Paris*. — Box-calf pleins et sciés, bandes cheval, chevreaux, peaux veloutées.

32 MERLANT (Francis), *8 et 9, quai Magellan, Nantes*. — Croupons en huile, vaches à bourrellerie.

33 MEYZONNIER Fils, *Annonay (Ardèche)*. — Veaux et vachettes, croûtes cirées et vernies, chevreau glacé; poulain glacé, poulain verni pour galoches.

34 ORPHELINAT DES CUIRS ET PEAUX DE FRANCE, *64, rue de Bondy, Paris*. — Œuvre philanthropique de l'Industrie du Cuir.

35 OTTENHEIM & Fils, *73 bis, rue Duplessis, Versailles*. — Cuirs chromés pour bourrellerie, semelles, automobiles.

36 PEAUSSERIE MODERNE (la) *à Grenoble (Isère)*. — Veloutis Mock (métis velours), veloutis calf (veau velours).

37 POULLAIN-BEURIER, *99, rue de Flandre, Paris*. — Cuirs tannés et corroyés.

38 SIMON (Charles) & Fils, *à Barr (Alsace)*. — Cuir à dessus pour chaussures box-calf.

39 SOCIÉTÉ DE SAINT-CRÉPIN, *Dettwiller (Bas-Rhin)*. Liquides destinés à l'apprêt des cuirs.

40 SUEUR Fils (Anciens Établissements), *6, rue des Vinai-*

griers, à Paris. — Cuirs vernis.

41 SYNDICAT GÉNÉRAL DES CUIRS ET PEAUX DE FRANCE, 64, *rue de Bondy, Paris.* — Groupement professionnel de l'industrie française du cuir.

42 TAINTURIER, *quai de Brazza, Bordeaux.* — Cuirs pour fouets de chasse, courroies, cuirs industriels, cuirs au chrome pour bourrellerie et chaussures.

43 TANNERIES ALSACIENNES S. A., *Ribeauvillé (Haut-Rhin).* — Cuirs à semelles, à empeignes, cuirs techniques, courroies, taquets.

44 TANNERIE DE LA GIRONDE, *Gradignan.* — Cuirs industriels chromés et tannés. Fouets de chasse, bœuf et buffle, courroies chromes et tannées, bourrellerie, cuirs pour chaussures.

45 TENNESON (Joseph), *Châteaurenault (Indre-et-Loire).* — Cuirs lissés pour semelles.

46 WEIL (Alphonse) et Frères, 2 *bis, avenue des Gobelins, Paris.* — Box-calf et cheval box et glacé.

47 WENDLING, *Strasbourg et Benfeld.* — Bandes vaches lissées, courroies de transmission.

CLASSE 90

Parfumerie

BUREAU

Président. . . . . M. KLOTZ (Henri), 18, place Vendôme, Paris.

1 ARYS (Société Anonyme des parfums d'), 107, *boulevard de la Mission-Marchand, Courbevoie (Seine).* — Parfumerie.

2 BOURJOIS (A.) & Cie (E. Wertheimer & Cie, successeurs), 60 et 62, *rue d'Hauteville, Paris.* — Parfumerie, fards et savons de toilette.

3 COTTAN (Bazot, Porte et Cie, successeurs), 40, *rue de Châteaudun, Paris.* — Parfumerie.

4 DELIA (Mlle de Guirard), 16, *rue Sainte-Cécile, Paris.* — Eaux de Cologne spéciales, extraits, poudres.

5 DUPONT (Justin), (Établissements), 1, *rue du Truet, Argenteuil (Seine-et-Oise).* — Parfums synthétiques.

6 GABILLA (Mme Henriette) 6, *rue Edouard-VII et 8, place Edouard-VII, Paris.* — Extraits, poudres, lotions et eaux de toilette, savons brillantines, Sachets, fards

eau de Cologne, eau de lavande, crèmes.

7 GUELDY (Sergent et Cie), 82, *rue d'Hauteville, Paris.* — Parfumerie. Poudres de riz.

8 GUERLAIN (Société Guerlain), 68, *avenue des Champs-Elysées, Paris.* — Parfumerie.

9 HOUBIGANT (Javal et Bienaimé), 19, *rue du Faubourg Saint-Honoré, Paris.* — Parfumerie.

10 HYGIENOF (Société anonyme) 13, *rue de Londres, Paris.* — Parfumerie, lessives, savons, huiles, graisses minérales.

11 MICHAUD (Savonnerie), 89, *avenue de la République, Aubervilliers (Seine).* — Savons de toilette.

12 PIERRE (Dentifrice du Dr), 8, *place de l'Opéra, Paris.* — Dentifrices, (eau, pâtes, poudres, et savons).

13 PINAUD (H. & G. Klotz & Cie) 18, *place Vendôme, Paris.* — Parfumerie et savonnerie fines.

14 PIVER (L. T.) & Cie, 10, *boulevard de Strasbourg, Paris.* — Parfumerie et savonnerie.

15 PLASSARD (L.), 17, *rue du Quatre-Septembre, Paris.* — Parfumerie et savonnerie.

16 RICQLÈS (De) & Cie, 133, 135, *boulevard Victor-Hugo, Saint-Ouen (Seine).* — Alcool de menthe.

17 RIGAUD (Parfumerie), 8, *rue Vivienne, Paris.* — Parfurie et savonnerie.

18 ROGER ET GALLET (Pellelerin, Rocherolles & Cie), 38, *rue d'Hauteville, Paris.* — Parfumerie et savons de toilette.

19 ROURE-BERTRAND Fils, *Grasses (Alpes-Maritimes).* — Matières premières pour parfumerie, produits aux fleurs, huiles essentielles.

20 SIMON. (J.) & Cie, 59, *rue du faubourg Saint-Martin, Paris.* — Crème Simon, poudre de riz Simon, savon Simon. Produits pour la beauté du teint.

CLASSE 91

Tabacs et Industries annexes

BUREAU

Président. . . . . M. WEIL (Daniel), 38, quai Jemmapes, Paris.
Vice-Présidents . . M. ABADIE (Michel), 130, avenue Malakoff, Paris.
M. BASTOS (Alfred), à Oran.
Secrétaire-Trésorier M. HATTERER (E.), 109, rue de Reuilly, Paris

---

Collectivité de la Chambre syndicale des Tabacs et des Industries qui s'y rattachent

1 ÉTABLISSEMENTS WEIL (D.), 38, *quai Jemmapes, Paris.* — Machines ou reproductions de machines à cigareıtes.

2 HATTERER (E.), 109, *rue de Reuilly, Paris.* — Papier à cigarettes.

3 MARECHAL RUCHON & C° Ltd, 15, *rue des Balkans, Paris.* — Pipes.

4 MELIA frères, *Alger.* — Tabacs·

5 SOCIÉTÉ ANONYME DES PAPIERS ABADIE, 130, *avenue Malakoff, Paris.* — Papier à cigarettes.

6 SOCIÉTÉ BASTOS (J.), *Oran.* — Tabacs.

7 SOCIÉTÉ ANONYME DES ANCIENS ÉTABLISSEMENTS BRAUNSTEIN Frères, 83, *baulevard Exelmans, Paris.* — Papier à cigarettes.

8 SOCIÉTÉ JOB, *Toulouse.* — Papier à Cigarettes.

---

9 MANUFACTURE-ALSACIENNE DES TABACS, *Strasbourg-Neudorf.* — Tabacs, cigarettes, cigares.

GROUPEMENT I

Bijouterie. — Joaillerie. — Orfèvrerie. — Horlogerie
Coutellerie

Président : M. TEMPLIER (Paul), 3, place des Victoires,
Paris.

BUREAU RÉGIONAL DU GROUPEMENT I

STRASBOURG

MM. HOLL (Charles), bijoutier, à Strasbourg.
UNGERER (Alfred), fabricant d'horloges à Strasbourg.

METZ

FABRIQUE D'USTENSILES DE MÉNAGE, à Metz-Sablon.
USINES ADT, à Forbach.
M. DELAITRE, 13, rue Fabert, à Metz (Orfèvrerie).

CLASSE 93

Coutellerie.

BUREAU

Président. . . . . . M. GONON (Antoine), 31, rue Pastourelle, Paris.

1 BEBERT Frères, 143, *rue Saint-Denis, Paris.* — Coutellerie, articles manucure.

2 ESPINASSE (R.) & Cie, 184, *rue Saint-Martin, Paris.* — Grosse coutellerie et outils de peintres.

3 GEORGET (Félix), *Nogent-en-Bassigny (Haute-Marne).* — Couteaux cuisine et bouchers.

4 GUILLEMIN RENAUT (Emile), *Nogent-en-Bassigny, (Haute-Marne).* — Canifs, couteaux, ciseaux.

5 JUNOT (C.), *Nogent-en-Bassigny (Haute-Marne).* — Ciseaux lingères et coiffeurs.

6 LANGUEDOCQ (J.), 13, *rue de Monsigny, Paris.* — Coutellerie-orfèvrerie.

7 ROTTIER (L.), 40, *rue des Blancs-Manteaux, Paris.* — Coutellerie-outillage.

8 SOCIÉTÉ GÉNÉRALE DE COUTELLERIE ET ORFÈVRERIE, 31, *rue Pastourelle, Paris.* — Coutellerie générale. Rasoir « Apollo ».

9 VILLADÈRE (G.), *Olliergues (Puy-de-Dôme).* — Tondeuses et sécateurs.

CLASSES 94 ET 95

Orfèvrerie. — Bijouterie. — Joaillerie.

BUREAU

Président. . . . . . M. LEFEBVRE (Charles), 108, rue de Rivoli, Paris.

Secrétaire-Trésorier M. LANGEROCK, 113, boulevard Sébastopol, Paris.

1 AVERSENQ, 4, *rue de la Poste, Toulouse.* — Bijouterie or, médailles, souvenirs d'Alsace.

2 AUGER (Georges et Emile), 54, *rue Etienne-Marcel, Paris.* — Joaillerie, Orfèvrerie.

3 BOUTON & Fils, 23, *rue Grenette, Lyon.* — Bijouterie, Joaillerie, médailles.

4 BRAUN (Eugène), 9, *rue du Dôme, Strasbourg.* — Orfèvrerie religieuse, calices, ciboires, ostensoirs et autres bronzes du culte. Bronzes d'art et d'ameublement.

6 CHRISTOFLE & Cie, 56, *rue de Bondy, Paris.* — Orfèvrerie, argent et métal argenté.

7 DUPRÉ BARDARY & Cᵒ, *Saint-Amand-Montrond (Cher).* — Bijouterie or et platine, chaînes.

8 FOUQUET (Georges), 6, *rue Royale, Paris.* — Joaillerie.

9 GÉROCK, 11, *rue Réaumur, Paris.* — Bijouterie.

10 GROSS, POILEVÉ & Cᵒ, 79, *rue du Temple, Paris.* — Bijouterie, chaînes.

11 HÉNIN & Cᵒ, 77, *rue des Archives, Paris.* — Orfèvrerie argent.

12 LANGEROCK (Em.), 113, *boulevard Sébastopol, Paris.* — Joaillerie.

13 LEROY, 35-37, *rue Chapon, Paris.* — Perles fausses.

14 LEFEBVRE Fils aîné (Société des Établissements) 106-108,

rue de Rivoli, Paris. — Joaillerie, médailles, petite orfèvrerie métal.

15 LORILLON, 4, *rue Portefoin, Paris.* — Dés à coudre or et argent.

16 MULLER (Charles), 6, *Grande Rue de l'Eglise, Strasbourg.* — Bijouterie.

17 MURAT, 62, *rue des Archives, Paris.* — Bijouterie, Petites pièces argent.

18 PIEL, 31, *rue Meslay, Paris.* — Bijouterie fantaisie.

19 SANDOZ (G.-Roger), 10, *rue Royale, Paris.* — Bijouterie, Joaillerie, objets d'art.

20 SOCIÉTÉ SAVARD & Fils, 22, *rue Saint-Gilles, Paris.* — Bijoux « Fix ».

21 SOCIÉTÉ GÉNÉRALE DE COUTELLERIE, 31, *rue Pastourelle, Paris.* — Orfèvrerie, métal argenté.

22 TEMPLIER (Paul), 3, *place des Victoires, Paris.* — Joaillerie.

23 VAUBOURZEIX, 19, *rue de la Paix, Paris.* — Bijouterie, Joaillerie.

24 VUILLERET Frères, 20, *boulevard Saint-Denis, Paris.* — Bijouterie, joaillerie.

CLASSE 96

Horlogerie

BUREAU

Président. . . . . . M. BLOT-GARNIER (Paul), 9, rue Beudant, Paris.

Secrétaire-Trésorier M. LÉVY (Paul), 30, boulevard de Strasbourg, Paris.

---

1 BERNARD, 16, *rue Sainte-Cécile, à Paris.* — Pendulettes diverses.

2 BRÉGUET, 2, *rue Edouard-VII à Paris.* — Montres et pendules de voyage.

3 JAEGER, 33, *rue du Louvre, à Paris.* — Montres et compteurs divers.

4 JAPY Frères et Cⁱᵉ, *à Beaucourt (Haut-Rhin).* — Montres, pendules de voyage et d'appartement.

5 LIPMANN Frères, 66, *boulevard Sébastopol, à Paris.* — Montres diverses.

6 UNGERER (J. & A.), (successeurs de Schwilgué), 16, *rue rue de Labroque, Strasbourg.* — Horloges d'édifice.

7 SYNDICAT DE LA FABRIQUE DE BESANÇON, *à Besançon (Doubs).* — Montres finies et à divers états de fabrication.

8 ANTOINE (Mᵐᵉ).

9 BLOCH-GEISMAR (L.) & Cⁱᵉ.

10 BLOCH (Jacques).

11 BAILLY.

12 CHAUVELOT.

13 FERNIER.

14 GUILLOD.

15 GRISOT (Les Fils de Noël).

16 KIRSCH.

17 KUMMER.

18 LÉVY (Paul).

19 LÉVY (Frères).

20 LIPMANN (Frères).

21 LEROY & Cⁱᵉ.

22 SOCIÉTÉ GÉNÉRALE DES MONTEURS DE BOITES D'OR.

23 STEULET.

24 TRIBAUDEAU.

25 SYNDICAT DE L'HORLOGERIE DE MONTBÉLIARD, *à Montbéliard (Doubs).* — Diverses pièces d'horlogerie.

26 BONAME-BEAUDROIT, *à Seloncourt.*

27 JAPY Frères et Cⁱᵉ, *à Beaucourt.*

28 PAICHEUR & Cⁱᵉ, *à Seloncourt.*

29 SAUNIER, *à Montbéliard.*

GROUPEMENT J

Papeterie. — Articles de voyage. — Caoutchouc.
Bimbeloterie. — Bronze. — Brosserie. — Maroquinerie

Président : M. AMSON (Gaston), 68, rue de la Folie-
Méricourt, Paris.

Vice-Président : M. LEBLANC-BARBEDIENNE, 30, boulevard
Poissonnière, Paris.

BUREAU RÉGIONAL DU GROUPEMENT J

METZ

MM. LURIG, rue Pierre-Hardie, à Metz (Articles de voyage).
ETIENNE, 13-15, rue Serpenoise, à Metz (Bronzes).

CLASSES 92, 99 ET 100

Papeterie. — Articles de voyage. — Caoutchouc. Bimbeloterie

BUREAU

Président. . . . . M. VUITTON (Georges), 70, avenue des Champs-Élysées, Paris.

Vice-Présidents. . M. DARRAS (Ch.), 59, rue des Petits-Champs, Paris.

M. LE RENARD, rue Déterville, Alfortville (Seine).

Secrétaire-Trésorier M. VUITTON (Gaston), 70, avenue des Champs-Élysées, Paris.

CLASSE 92

1 CHAPPELIER (L.) & GRAND (A.), 78, *rue de Wattignies, Paris*. — Papiers et toiles gommées en rouleaux et en bandes.

2 ÉTABLISSEMENTS HERBIN (J.), 19, *rue Michel-le-Comte, Paris*. — Encres à écrire, cires à cacheter, papiers carbone, pâtes et rouleaux pour polycopie.

3 FORTIN & Cie, 59, *rue des Petits-Champs, Paris*. — Registres, carnets, impressions diverses, cartonnages, maroquinerie et fournitures de bureau.

4 GRIMM (Edouard), Fabrique strasbourgeoise de cartonnages, 41, *Fossé-des-Treize, Strasbourg*. — Cartonnages en tous genres, coffrets et sacs pour bonbons, chocolat, parfumerie, boîtes, étuis pour bijouterie et couverts, boîtes d'emballage pour toute industrie.

5 NOUVELLE MANUFACTURE DE PAPIERS, *route de la Wanzenau, Strasbourg-Robertsau*. — Papiers blancs et imprimés, de notre fabrication, papiers blancs, pour tous arts graphiques.

6 TOCHON, LEPAGE & Cie, 3, *rue des Deux-Boules, Paris*. — Papiers à dessin, bristols pour aquarelle, architecture et encadrement, papiers quadrillés, système Guiguet, toiles, papiers, cartons et panneaux préparés pour la peinture à l'huile et le pastel. Bristol, carte en feuille et découpée pour l'impression et la photographie. Cartes de visite.

CLASSE 99

1 BERJONNEAU, JACQUEAU & Cie, *Caudebec-les-Elbeuf (Seine-Inférieure)*. — Tissus pour cardes, tissus caoutchoutés pour vêtements, drap hôpital, tissus maroquinés pour carrosserie, tissus pour imprimerie.

2 BOURSON (Emile), 22, *rue de Paradis, Paris*. — Sacs de voyage vides ou garnis.

3 CASASSA (H.), 24, *rue Jacquart, à Pantin (Seine)*. — Appareils pour scaphandriers, articles en caoutchouc.

4 ÉTABLISSEMENTS BOGNIER & BURNET, 21 *et* 23, *rue des Filles-du-Calvaire, Paris*. — Caoutchouc manufacturé.

5 ÉTABLISSEMENTS HUTCHINSON, 124, *avenue des Champs-Elysées*, 2, *rue de Balzac, Paris*. — Pneumatiques, bandes pleines, caoutchouc pour l'industrie. Vêtements et tissus caoutchoutés, chaussures caoutchouc.

6 ÉTABLISSEMENTS OLIER (A.), *Clermont-Ferrand (Puy-de-Dôme)*. — Presses à vulcaniser les pneus vélos, presses à vulcaniser en cloches en dessous. Ensemble roulant pour véhicules automobiles. Distributeur hydraulique.

7 GOYARD (Edmond), 233, *rue Saint-Honoré, Paris*. — Articles de voyage.

8 LE RENARD (Victor-Louis), 90, *rue Déterville, Alfortville (Seine)*. — Caoutchouc manufacturé pour usines, clapets, tuyaux, feuilles, modèles, amiante caoutchouté, etc., tous articles industriels.

9 PLISSON (Alfred) (Établissements Delamotte), 68, *rue Jean-Jacques-Rousseau, Paris*. — Instruments de chirurgie en gomme et caoutchouc.

10 PRUD'HOMME & Cie, 16, *rue Popincourt, Paris*. — Talons et semelles en caoutchouc, articles en caoutchouc pour fumeurs, ballons en caoutchouc, bonnets de bains en caoutchouc, etc.

11 SOCIÉTÉ FRANÇAISE DES PNEUMATIQUES DUNLOP, 4, *rue du Colonel-Moll, Paris*. — Pneumatiques autos, vélos, motos, bandages pleins.

12 SOCIÉTÉ INDUSTRIELLE DES TÉLÉPHONES, 25, *rue du Quatre-Septembre, Paris*. — Échantillons et pièces de caoutchouc industriel, chaussures en caoutchouc, pneumatiques, vêtements imperméables, etc.

13 SYNDICAT PROFESSIONNEL DU CAOUTCHOUC, 18, *rue Duphot, Paris*. — Un tableau mural.

14 VUITTON (Louis), (Vuitton et Fils), 70, *Champs-Elysées*; 149, *New-Bond St., London*. — Articles de voyage, maroquinerie, sacs de toilette.

CLASSE 100

1 LES INVENTIONS NOUVEL-
LES, 14, *rue Martel, Paris.*
— Jeux et jouets.

2 NATHAN (Fernand), 16, *rue
des Fossés-Saint-Jacques, Paris.* — Jeux éducatifs à la
marque F. N., mosaïques,
piquages, modelages, etc.

3 SOCIÉTÉ ANONYME DES
ÉTABLISSEMENTS GAR-
NIER, 58, *rue de la Gla-
cière, Paris.* — Voitures
d'enfants et jouets.

4 SOLDATS MUTILÉS DE LA
GUERRE, *Ile de Puteaux,
(Seine).* — Jouets de France.

CLASSE 97

Bronze. — Fonte et Ferronnerie d'art.

BUREAU

Président. . . . . . M. CONTENOT (Georges), 12, rue Oberkampf,
Paris.

Vice-Président . . M. HAAS, 5, rue de Thorigny, Paris.

Secrétaire . . . . M. LOUCHET fils, 8, rue Boudreau, Paris.

Trésorier. . . . . . M. FABRE, 4, rue des Filles-du-Calvaire, Paris.

1 BARBEDIENNE, 30, *boulevard Poissonnière, Paris.* —
Bronzes et objets d'art.

2 BECHARD (Justin), 133, *rue
de Turenne, Paris.* — Bronzes d'éclairage à l'électricité.

3 BLANC (Charles), 42, *boulevard Richard-Lenoir, Paris.*
— Bronzes d'éclairage à
l'électricité.

4 BOLER (Achille), 237, *rue
Saint-Honoré, Paris.* — Bronzes d'éclairage à l'électricité.

5 BOULANGER (Charles) & Cie,
54, *rue de Sévigné, Paris.* —
Bronzes d'éclairage à l'électricité.

6 BOURGEOIS (Georges), 108,
rue Vieille-du-Temple, Paris.
— Bronzes d'Art.

7 BRICARD (G. & R.), 39, *rue
de Richelieu, Paris.* — Serrurerie décorative.

8 CATTIN (Lucien), 11, *rue des
Filles-du-Calvaire, Paris.* —
Bronzes d'art et ivoire.

9 CHARLES (Ernest), 103, *rue
Vieille-du-Temple, Paris.* —
Bronzes d'art.

10 CHRISTOFLE & Cie, 56, *rue
de Bondy, Paris.* — Bronzes
d'ameublement.

11 CONTENOT & LELIEVRE,
12, *rue Oberkampf, Paris.* —
Bronzes d'art.

12 DAMON & Cᵢᵉ, 17, *rue Saint-Gilles, Paris*. — Bronzes d'éclairage à l'électricité.

13 DOUILLET (Emile), 46, *boulevard de la Bastille, Paris*. — Bronzes d'éclairage à l'électricité.

14 FABRE (Gabriel), 4, *rue des Filles-du-Calvaire, Paris*. — Pendule et candélabres.

15 HAAS & Cᵒ, 5, *rue de Thorigny, Paris*. — Bronzes d'éclairage à l'électricité.

16 JEHAN (Henri), 5, *rue Oberkampf, Paris*. — Bronzes d'éclairage à l'électricité.

17 LAPOINTE (A.), 100, *rue Amelot, Paris*. — Bronzes d'art.

18 HOUR, LAVIGNE & Cᵒ, 7, *rue Saint-Anastase, Paris*. — Pendules et candélabres.

19 LOUCHET (Robert), 8, *rue Boudreau et 3, rue Auber, Paris*. — Bronzes et objets d'art.

20 PALMADE & Cᵒ, 24, *boulevard Richard-Lenoir, Paris*. — Garniture de foyer, bronzes d'éclairage.

21 PINEDO (Maison), 137, *rue Vieille-du-Temple, Paris*. — Bronzes d'art.

22 SIOT-DECAUVILLE, 24, *boulevard des Capucines, Paris*. — Bronzes d'art.

23 THIBAULT (Maurice), 64, *rue de Turenne, Paris*. — Bronzes d'éclairage à l'électricité.

24 BRAUN (Eugène), 9, *rue du Dôme, Strasbourg*, — Bronzes d'art et bronze d'éclairage (voir classes 94-95).

CLASSE 98

Brosserie. — Maroquinerie

BUREAU

Président. . . . . . M. PROFFIT (Emile), 31, avenue de la République, Paris.
Vice-Président . . M. MARINGE (Abel), 17, rue du Temple, Paris,
Secrétaire-Trésorier M. FIFE (G.), 22, rue Chapon, Paris.

1 AMSON (G.) & Fils, 68, *rue de la Folie-Méricourt, Paris*. — Maroquinerie.

2 CHAPEL (E.), & FIFE, 22, *rue Chapon, Paris*. — Maroquinerie.

3 DUPONT (E.) & Cᵢᵉ, 44, *rue Turbigo, Paris*. — Brosserie.

4 LELOIR & Cᵢᵉ, 14, *rue de Commines, Paris*. — Brosserie.

5 MARINGE (A.), 17, *rue du Temple, Paris*. — Brosserie.

6 PROFFIT (E.), 31, *avenue de la République, Paris*. — Maroquinerie.

7 VAQUIN, 25, *rue Dicquemare, Le Havre*. — Fournitures pour brosserie.

GROUPEMENT K

Économie sociale

Présidents d'honneur . MM. Léon BOURGEOIS. Alexandre MILLE-
RAND. Jules SIEGFRIED.

Membres d'honneur. . MM. LOUIS DREYFUS, ancien député; le
baron Albert de DIETRICH, président du
Comité National de la Marseillaise ; Gaston
MENIER, sénateur ; RAVAL, vice-prési-
dent délégué de la Banque Nationale de
Crédit et de la Banque de Mulhouse ; Lazàre
WEILLER, député.

Président . . . . . . M. Victor LOURTIES, sénateur.

Vice-Président délégué. M. Léopold MABILLEAU.

Vice-Présidents. . . . MM. Paul DOUMER ; Paul DELOMBRE ;
Paul STRAUSS ; HEBRARD DE VILLE-
NEUVE ; GEORGES-RISLER ; R.-S. CAR-
MICHAEL ; Madame AVRIL DE SAINTE-
CROIX ; MM. Fernand FAURE ; MATI-
GNON ; Edmond BRIAT ; Léon ROBE-
LIN.

Secrétaire général. . . M. Eugène MONTET.

Secrétaire général-adjt. M. René-Georges AUBRUN.

Secrétaires . . . . . . MM. Victor LOURTIES neveu ; Louis TAR-
DY ; Maurice MANIER ; Ed. TOLLARD.

Trésorier . . . . . . M. Édouard FONTANE.

Trésoriers-Adjoints . . MM. Émile LEVEN ; LEYRIS.

Délégué du Comité à Strasbourg : M. Léon DOUARCHE, adjoint
au secrétaire-général d'Alsace-Lorraine.

Délégué du Comité pour l'organisation des Conférences : M. ZIL-
HARDT, président du Cercle des Étudiants de Strasbourg.

CLASSE 1

Enseignement

Délégué du Ministre de l'Instruction publique : M. V.-H. FRIEDEL,
Archiviste-Bibliothécaire du Musée Pédagogique.

---

1 MINISTÈRE DE L'INSTRUC-TION PUBLIQUE & DES BEAUX-ARTS. — Enseignement primaire. Musée pédagogique, livres et tableaux servant à l'enseignement moral, civique et social.

2 UNIVERSITÉ DE GRENOBLE. — Institut français de Florence et ses annexes : Milan et Naples.

I

CLASSE 102 A

Participation aux bénéfices

---

1 BERGERON, , 7, *rue de Braque, Paris.* — Manufacture de sacs et cartonnages de fantaisie pour confiseurs.

2 BON MARCHÉ (le), *rue du Bac, Paris.*

3 BRUGNIOT, LAURENT & Cie (Maison Leclaire), 25, *rue Bleue, Paris.* — Entreprise générale de peinture.

4 CAISSE D'ÉPARGNE DE COULOMMIERS (S.-&-M.).

5 COMPAGNIE D'ASSURANCES GÉNÉRALES CONTRE L'INCENDIE ET LES EXPLOSIONS, 87, *rue Richelieu, Paris.*

6 COMPAGNIE UNIVERSELLE DU CANAL MARITIME DE SUEZ, 1, *rue d'Astorg, Paris.*

7 IMPRIMERIE CHAIX, 20, *rue Bergère, Paris.*

8 LAROCHE-JOUBERT & Cie, *Angoulême (Charente).* — Papeterie coopérative d'Angoulême.

9 SERVAN, *Bordeaux (Gironde).* — Joaillier orfèvre.

10 SOCIÉTÉ POUR L'ÉTUDE PRATIQUE DE LA PARTICIPATION DU PERSONNEL DANS LES BÉNÉFICES, 20, *rue Bergère, Paris.*

11 THUILLIER fils & LASSAL-
LE, 10, *rue Fontaine, Paris.*
— Couverture et plomberie.

12 TULEU & GIRARD, (successeurs de MM. Deberny et Cie),

58, *rue d'Hauteville, Paris.*
— Fonderie de caractères.

13 L'UNION, 9, *Place Vendôme,
Paris.* — Compagnie d'assurances contre l'Incendie.

CLASSE 102 B

Chambres syndicales. — Syndicats professionnels
Offices publics de placement

---

1 MINISTÈRE DU TRAVAIL &
DE LA PRÉVOYANCE SO-
CIALE, 80, *rue de Varenne,
Paris.*

2 OFFICES PUBLICS DE PLA-
CEMENT GRATUIT.

3 CHAMBRE SYNDICALE DE
LA BIJOUTERIE, DE LA
JOAILLERIE, DE L'OR-
FÈVRERIE DE PARIS. —
58, *rue du Louvre, Paris.*

4 CHAMBRE SYNDICALE DE
L'INDUSTRIE DU PÉ-
TROLE, 46, *rue de Pro-
vence, Paris.*

5 CONFÉDÉRATION DES
GROUPES COMMER-
CIAUX & INDUSTRIELS
DE FRANCE, *Bourse du
Commerce, Paris.*

6 FÉDÉRATION FRANÇAISE
DES TRAVAILLEURS DU
LIVRE, 62, *rue Saint-An-
toine, Paris.*

7 FÉDÉRATION DES INDUS-
TRIELS ET COMMER-
ÇANTS FRANCAIS, 74,
*boulevard Haussmann, Pa-
ris.*

8 FÉDÉRATION NATIONALE
DU BATIMENT & DES
TRAVAUX PUBLICS, 3,
rue de Lutèce, Paris.

9 FÉDÉRATION DES SYNDI-
CATS PROFESSIONNELS
FÉMININS, 4, *rue de Sèze,
Paris.*

10 GROUPE DES CHAMBRES
SYNDICALES DU BATI-
MENT ET DES INDUS-
TRIES DIVERSES, 3, *rue
de Lutèce, Paris.*

11 SYNDICAT DES EMPLOYÉS
DU COMMERCE ET DE
L'INDUSTRIE, 5, *rue Ca-
det, Paris.*

12 SYNDICAT GÉNÉRAL DU
COMMERCE ET DE L'IN-
DUSTRIE (Union des Cham-
bres syndicales de France),
163, *rue Saint-Honoré, Paris.*

13 UNION SYNDICALE NATIO-
NALE DES VOYAGEURS
DE COMMERCE ET DE
L'INDUSTRIE FRAN-
ÇAISE, 8, *rue des Petites-
Écuries, Paris.*

CLASSE 103

Associations ouvrières de production

1 CHAMBRE CONSULTATIVE DES ASSOCIATIONS OUVRIÈRES DE PRODUCTION, 44, *rue du Renard, Paris.*

2 BANQUE COOPÉRATIVE DES ASSOCIATIONS OUVRIÈRES DE PRODUCTION, 44, *rue du Renard, Paris.*

3 ORPHELINAT DE LA COOPÉRATION DE PRODUCTION, 44, *rue du Renard. Paris.*

4 AMEUBLEMENT (L') & LE BATIMENT, 19, *rue de Brest, Morlaix (Finistère).*

5 CHARPENTIERSFRANÇAIS, (Les) 28-30, *rue des Peupliers, Paris.*

6 CHARPENTIERS DE PARIS, (Les) 24, *rue Labrouste, Paris.*

7 CHARPENTIERS RÉUNIS, (Les) 177, *rue de Tolbiac, Paris.*

8 CHARPENTIERS TOULOUSAINS, (Les) *avenue du Parc à Fourrage, Toulouse (Hte-Garonne).*

9 CHOCOLATERIE OUVRIÈRE (La), 18, *rue des Sept-Arpents, Pré-Saint-Gervais (Seine).*

10 ATELIER MODERNE (L'), 16, *rue des Ecoles, Paris.* — Confections.

11 CONFECTION COOPÉRATIVE (La), 15, *rue Buffon, Paris.*

12 UNION & TRAVAIL, 40-42, *passage Châtelet, Paris.* — Confections.

13 UNION DES COUVREURS, 39, *rue Ange-de-Guernissac, Morlaix (Finistère).*

14 FERBLANTIERS RÉUNIS (Les), 15, *rue des Trois-Bornes, Paris.*

15 ASSOCIATION DES OUVRIERS EN INSTRUMENTS DE PRÉCISION, 8 à 14, *rue Charles-Fourier, Paris.*

16 SOCIÉTÉ DES OUVRIERS EN LIMES, 37, *rue des Gravilliers, Paris.*

17 UNION DES MARÉCHAUX & FORGERONS, 109, *rue de l'Abbé-Groult, Paris.*

18 COOMÉTAL (La), 33, *rue Pierre-Curie, Nanterre (Seine).* — Mécanique générale.

19 INDUSTRIE MÉCANIQUE (L'), 44, *rue Brillat-Savarin, Paris.*

20 SOCIÉTÉ DES OUVRIERS MENUISIERS DE LIMOGES, 2, *rue Cruveilhier, Limoges (Haute-Vienne).*

21 PROGRÈS (Le), 170, *avenue de Bordeaux, Poitiers (Vienne).* — Menuiserie, charpente.

22 RENAISSANCE (La), 23, *rue Mercœur, Paris.* — Miroiterie.

23 PLOMBIERS-FONTAINIERS (Les), 84, *avenue Philippe-Auguste, Paris.*

24 SOCIÉTÉ DES PLOMBIERS, COUVREURS-ZINGUEURS, 12, *rue Ar-*

mand-Barbès, Limoges (Hte-Vienne).

25 TRAVAIL-PEINTURE (Le), *27, rue des Fabricants, Roubaix (Nord).*

26 SELLERIE LYONNAISE (La) *36, rue des Remparts-d'Ainay Lyon (Rhône).*

27 UNION DES OUVRIERS SERRURIERS, *29, rue Stendhal, Paris.*

28 ASSOCIATION CORPORATI-VE DES TAPISSIERS, 60, *rue de Maistre, Paris.*

29 ÉPARGNE (L'), 28, *rue Jenny-Lépreux, Bordeaux (Gironde).* — Travaux publics.

30 SOCIÉTÉ GÉNÉRALE DE VANNERIE, 32, *rue Ramponneau, Paris.*

31 VERRERIE DE VERNES, *Rive-de-Gier (Loire).*

32 VERRERIE DE VILLEURBANNE, *avenue Paul-Kruger, Villeurbanne (Rhône).*

CLASSE 104

Sociétés coopératives de consommation

---

1 FÉDÉRATION NATIONALE DES COOPÉRATIVES DE CONSOMMATION, 13, *rue de l'Entrepôt, Paris.*

2 MAGASIN DE GROS DES COOPÉRATIVES DE FRANCE, 29, *boulevard Bourdon, Paris.*

3 UNION DES COOPÉRATIVES, 13, *rue de l'Entrepôt, Paris.*

CLASSE 105

Grande et petite culture. — Associations agricoles.

---

1 MINISTÈRE DE L'AGRICULTURE ET DU RAVITAILLEMENT, 78, *rue de Varenne, Paris.* — Service du crédit, de la coopération et de la mutualité agricoles.

2 ASSOCIATION CENTRALE DES LAITERIES COOPÉRATIVES DES CHARENTES ET DU POITOU, *Surgères (Charente-Inférieure).*

3 CAISSE NATIONALE DE RÉASSURANCE DES MUTUELLES AGRICOLES, 18, *rue de Grenelle, Paris.*

4 CAISSE RÉGIONALE DE CRÉDIT AGRICOLE MU-TUEL DE LA GIRONDE, 27, *rue Esprit-des-lois, Bordeaux (Gironde)*.

5 CAISSE RÉGIONALE DE CRÉDIT AGRICOLE MU-TUEL DE L'ILE DE FRANCE, 5, *rue Las-Cases, Paris*.

6 CAISSE RÉGIONALE DE CRÉDIT AGRICOLE MU-TUEL DU LOIRET, 23, *rue Pothier, Orléans (Loiret)*.

7 CAISSE RÉGIONALE DE CRÉDIT AGRICOLE MU-TUEL DU MIDI, 2, *rue Edouard-Adam, Montpellier (Hérault)*.

8 CAISSE RÉGIONALE DE CRÉDIT AGRICOLE MU-TUEL DE LA VENDÉE, 2 *bis, place d'Armes, La Roche-sur-Yon (Vendée)*.

9 CAISSE SYNDICALE D'AS-SURANCE MUTUELLE DES AGRICULTEURS DE FRANCE CONTRE LES ACCIDENTS DU TRA-VAIL AGRICOLE, 56, *rue de Londres, Paris*.

10 FÉDÉRATION NATIONALE DE LA MUTUALITÉ ET DE LA COOPÉRATION AGRICOLES, 18, *rue de Grenelle, Paris*.

11 LAITERIE COOPÉRATIVE DE SURGÈRES, *Surgères (Charente-Inférieure)*.

12 MUTUELLE AGRICOLE IN-CENDIE DE L'EST, *place de la Gare, Chaumont (Hte-Marne)*.

13 SOCIÉTÉ NATIONALE DE PROTECTION DE LA MAIN-D'ŒUVRE, 55, *rue de Bellechasse, Paris*.

14 SYNDICAT CENTRAL DES AGRICULTEURS DE FRANCE, 42, *rue du Louvre, Paris*.

15 UNION CENTRALE DES SYNDICATS DES AGRI-CULTEURS DE FRANCE, 8, *rue d'Athènes, Paris*.

CLASSE 106

Assurance contre les accidents du travail

---

1 MUSÉE DE PRÉVENTION DES ACCIDENTS DU TRA-VAIL & D'HYGIÈNE IN-DUSTRIELLE DU CON-SERVATOIRE DES ARTS & MÉTIERS, 292, *rue Saint-Martin, Paris*.

2 ASSURANCE MUTUELLE DES ABATTOIRS ET DU MARCHÉ AUX BES-TIAUX, DE LA VILLE DE PARIS, 28, *avenue du Pont-de-Flandre, Paris*.

3 CAISSE SYNDICALE D'AS-SURANCE MUTUELLE DES AGRICULTEURS DE FRANCE CONTRE LES ACCIDENTS DU TRA-VAIL AGRICOLE, 56, *rue de Londres. Paris*.

4 CAISSE SYNDICALE D'AS-SURANCE MUTUELLE DES FORGES DE FRAN-CE CONTRE LES ACCI-DENTS DU TRAVAIL, 7, *rue de Madrid, Paris*.

5 CAISSE SYNDICALE D'AS-
SURANCE MUTUELLE
DES INDUSTRIES TEX-
TILES DE FRANCE CON-
TRE LES ACCIDENTS DU
TRAVAIL, 11, *rue de Liége,
Paris.*

6 COMPAGNIE ANONYME
D'ASSURANCES CONTRE
LES RISQUES D'ACCI-
DENTS « LA PRÉSERVA-
TRICE », 18, *rue de Londres,
Paris.*

7 COMPAGNIE ANONYME
D'ASSURANCES CONTRE
LES ACCIDENTS DE TOU-
TE NATURE « L'URBAI-
NE ET LA SEINE », 39, *rue
Le Peletier, Paris.*

8 COMPAGNIE D'ASSURAN-
CES CONTRE LES ACCI-
DENTS « LA PRÉVOYAN-
CE », 23, *1ue de Londres,
Paris.*

9 RÉUNION DES ASSUREURS
CONTRE LES ACCIDENTS
DU TRAVAIL, 18, *rue de
Londres, Paris.*

10 SOCIÉTÉ D'ASSURANCE
MUTUELLE CONTRE
LES ACCIDENTS DU
TRAVAIL « L'ALIMEN-
TATION », 24, *rue de Riche-
lieu, Paris.*

11 SOCIÉTÉ D'ASSURANCE
MUTUELLE CONTRE LES
ACCIDENTS DU TRA-
VAIL « LA MUTUALITÉ
INDUSTRIELLE » ET SO-
CIÉTÉ D'ASSURANCES
MUTUELLES CONTRE
TOUS LES RISQUES
« CAISSE D'ASSURAN-
CES MUTUELLES », 6, *rue
d'Athènes, Paris.*

12 SOCIÉTÉ COOPÉRATIVE &
FÉDÉRATIVE D'ASSU-
RANCES CONTRE LES
ACCIDENTS « LA PAR-
TICIPATION », 92, *rue de
Richelieu, Paris.*

13 SOCIÉTÉ MUTUELLE DE
LA CHAMBRE SYNDI-
CALE DES ENTREPRE-
NEURS DE MAÇONNE-
RIE, 9, *avenue Victoria, Pa-
ris.*

14 SYNDICAT DES COMPA-
GNIES FRANÇAISES A
PRIMES FIXES CONTRE
LES ACCIDENTS, 18, *rue
de Londres, Paris.*

15 SYNDICAT GÉNÉRAL DE
GARANTIE DU GROUPE
DES CHAMBRES SYNDI-
CALES DU BATIMENT &
DES TRAVAUX PUBLICS
CONTRE LES ACCI-
DENTS DU TRAVAIL, 9,
avenue Victoria, Paris.

16 SYNDICAT DE GARANTIE
DE LA BOULANGERIE,
49, *rue Berger, Paris.*

17 TRAVAILLEURS FRANÇAIS
(Les), . *Chartres (Eure-et-
Loir).* — Société mutuelle
d'assurance contre les accidents.

CLASSE 107

Habitations à bon marché

1 COMITÉ DE PATRONAGE
DES HABITATIONS A
BON MARCHÉ ET DE LA
PRÉVOYANCE SOCIALE
DU DÉPARTEMENT DE
LA SEINE, *annexe de l'Hô-
tel de Ville,* 2, *rue Lobau,
Paris.*

2 FONDATION ROTHSCHILD POUR L'AMÉLIORATION DES CONDITIONS DE L'EXISTENCE MATÉRIELLE DES TRAVAILLEURS, 21, *rue Laffitte, Paris.*

3 FOYER VILLENEUVOIS (le), *Villeneuve-Saint-Georges, (S.-&-O.).* — Société anonyme coopérative de construction de maisons à bon marché.

4 HABITATION MODERNE (l') 254, *rue Croix-Nivert, Paris.*

5 HESSE (Lucien), 12, *avenue Georges-V, Paris.* — Architecte.

6 MAISON DES DAMES DES POSTES, TÉLÉGRAPHES ET TÉLÉPHONES, 41, *rue de Lille, Paris.*

7 PARIS-JARDIN, *Draveil (S.-&-O.).*

8 RENAISSANCE DES CITÉS, 41, *rue Cambon, Paris.* — Œuvre d'entr'aide sociale.

9 SAINT Frères, 34, *rue du Louvre, Paris.* — Manufacturiers.

10 SOCIÉTÉ FRANÇAISE DES HABITATIONS A BON MARCHÉ, 37, *rue de Valois, Paris.*

11 SOCIÉTÉ DE LOGEMENTS ÉCONOMIQUES POUR FAMILLES NOMBREUSES, 17, *rue de Valois, Paris.*

12 UNION DES SOCIÉTÉS DE CRÉDIT IMMOBILIER DE FRANCE ET D'ALGÉRIE, 9, *rue Coq-Héron, Paris.*

CLASSE 108 A

Sociétés de secours mutuels

1 MINISTÈRE DU TRAVAIL ET DE LA PRÉVOYANCE SOCIALE, *rue de Grenelle, Paris.* — Direction de la Mutualité.

2 FÉDÉRATION NATIONALE DE LA MUTUALITÉ FRANÇAISE, 5, *rue Las-Cases, Paris.*

3 LIGUE NATIONALE DE LA PRÉVOYANCE ET DE LA MUTUALITÉ, *Mairie du 6ᵉ arrondissement, Paris.*

4 FÉDÉRATION DE LA MUTUALITÉ COLONIALE & DES PAYS DE PROTECTORAT, 14, *rue Oudinot, Paris.*

5 FÉDÉRATION MUTUALISTE DE LA SEINE, 175, *rue de la Convention, Paris.*

6 FÉDÉRATION NATIONALE DES SAPEURS-POMPIERS FRANÇAIS, 22, *rue de Dunkerque, Paris.*

7 UNION DÉPARTEMENTALE DES SOCIÉTÉS DE SECOURS MUTUELS DE L'HÉRAULT, *Montpellier (Hérault).*

8 UNION MUTUALISTE BEAUJOLAISE, *Villefranche (Rhône).*

9 UNION NATIONALE DES MUTUALITÉS SCOLAIRES, 3, *rue Récamier, Paris.*

10 UNION MUTUELLE NATIONALE POUR L'ASSURANCE EN CAS DE DÉCÈS, 5, *rue Las-Cases, Paris.*

11 ORPHELINAT DES MUTUALISTES FRANCAIS, 1, *Place des Deux-Ecus, Paris.*

12 SOCIÉTÉ DE SECOURS MUTUELS ET MAISONS DE RETRAITE DES ARTISTES LYRIQUES, 3, *rue de l'Echiquier, Paris.*

13 SOCIÉTÉ DE SECOURS MUTUELS DU PERSONNEL DE LA BELLE JARDINIÈRE, 42, *quai des Orfèvres, Paris.*

14 CAISSE DE CHOMAGE DES BIJOUTIERS, JOAILLIERS ET ORFÈVRES, 44, rue Sainte-Anne, Paris.

15 CAISSE DE RETRAITE « LA FRATERNELLE » DE LA BIJOUTERIE, JOAILLERIE ET ORFÈVRERIE, 58, *rue du Louvre, Paris.*

16 SOCIÉTÉ DE SECOURS MUTUELS DES OUVRIERS ORFÈVRES DITS CUILLÉRISTES, 43, *rue d'Angoulême, Paris.*

17 SOCIÉTÉ DE SECOURS MUTUELS DITE « SOCIÉTÉ BENVENUTO CELLINI », 58, *rue du Louvre, Paris.*

18 SOCIÉTÉ DE SECOURS MUTUELS DES OUVRIERS JOAILLIERS-BIJOUTIERS, 58, *rue du Louvre, Paris.*

19 BOULE DE NEIGE (La), 19, *boulevard de Strasbourg, Paris.* — Société de retraites.

20 SOCIÉTÉ PHILANTHROPIQUE DES COMMIS ET EMPLOYÉS DE LA VILLE DE MARSEILLE, 28, *Allée des Capucines, Marseille (Bouches-du-Rhône).*

21 SOCIÉTÉ DE SECOURS MUTUELS ET DE PRÉVOYANCE DES OUVRIERS ET EMPLOYÉS DE LA Cie D'ORLÉANS, 41, *boulevard de la Gare, Paris.*

22 ASSOCIATION AMICALE DE SECOURS DES EMPLOYÉS DU COMPTOIR NATIONAL D'ESCOMPTE DE PARIS, 14, *rue Bergère, Paris.*

23 CAISSE DE RETRAITE ET DE PRÉVOYANCE DU COMPTOIR NATIONAL D'ESCOMPTE DE PARIS, 14, *rue Bergère, Paris.*

24 SOCIÉTÉ DE SECOURS MUTUELS ET DE RETRAITES DES CUISINIERS DE PARIS, 45, *rue Saint-Roch, Paris.*

25 SOCIÉTÉ DE SECOURS MUTUELS DE RETRAITE ET DE DOTATION « LES DAMES ISRAÉLITES DE PARIS », 20, *rue de Tournon, Paris.*

26 SOCIÉTÉ DE SECOURS MUTUELS DU PERSONNEL DE L'ANNUAIRE DIDOT-BOTTIN, 19, *rue de l'Université, Paris.*

27 DOTATION DE LA JEUNESSE DE FRANCE, 25, *boulevard de Strasbourg, Paris.*

28 ASSOCIATION AMICALE DES EMPLOYÉS DE BANQUE ET DE BOURSE, 5, *rue de Provence, Paris.*

29 SOCIÉTÉ DE SECOURS MUTUELS DES EMPLOYÉS EN LIBRAIRIE DE PARIS, 117, *boulevard Saint-Germain, Paris.*

30 ÉMULATION CHRÉTIENNE DE ROUEN, 19, *rue Maladrerie, Rouen (Seine-Inférieure).*

31 LA FRANCE PRÉVOYANTE, 160, *rue du Temple, Paris.* — Caisse de Retraites.

32 SOCIÉTÉ DE SECOURS MU-
TUELS DES GARCONS
DE CAISSE ET DE RE-
CETTE DE LA VILLE DE
PARIS, 18, *rue Grange-Ba-
telière, Paris.*

33 SOCIÉTÉ DE SECOURS MU-
TUELS, CAISSE DE RE-
TRAITE, LE GRAIN DE
BLÉ, 29, *rue des Francs-
Bourgeois, Paris.*

34 SOCIÉTÉ DE SECOURS MU-
TUELS DES OUVRIERS
ET EMPLOYÉS DE LA
MAISON LECLAIRE, 25,
rue Bleue, Paris.

35 SOCIÉTÉ DE SECOURS MU-
TUELS : LES MÉDAIL-
LÉS MILITAIRES, 7, *rue
de Jouy, Paris.*

36 MUTUALITÉ COMMERCIA-
LE. — SOCIÉTÉ DE PRÉ-
VOYANCE POUR LES EM-
PLOYÉS DU COMMERCE
ET DE L'INDUSTRIE, 46,
rue de Turbigo. Paris.

37 LA MUTUALITÉ HOTE-
LIÈRE. — SOCIÉTÉ DE
SECOURS MUTUELS DES
EMPLOYÉS D'HOTELS &
DE RESTAURANTS, 7,
rue de Louvois, Paris.

38 MUTUALITÉ MATERNELLE
DE VIENNE ET DE
L'ISÈRE, *à Vienne (Isère).*

39 SOCIÉTÉ AMICALE ET DE
PRÉVOYANCE DE LA
PRÉFECTURE DE PO-
LICE, 3, *rue de Bourgogne,
Paris.*

40 LA PRÉVOYANCE COMMER-
CIALE, SOCIÉTÉ DE SE-
COURS MUTUELS ET DE
RETRAITES, 9, *rue du
Caire, Paris.*

41 SOCIÉTÉ DE SECOURS MU-
TUELS DES EMPLOYÉS
DE LA SOIERIE LYON-
NAISE, 2, *Impasse Saint-
Polycarpe, Lyon (Rhône).*

42 SOCIÉTÉ PHILANTHROPI-
QUE L'UNION DU COM-
MERCE, 7, *rue du Bourg-
l'Abbé, Paris.*

43 VÉTÉRANS DES ARMÉES
DE TERRE ET DE MER
(Les), SOCIÉTÉ NATIO-
NALE DE RETRAITES,
60, *rue J.-J.-Rousseau, Pa-
ris.*

44 SOCIÉTÉ DE PROTECTION
MUTUELLE DES VOYA-
GEURS DE COMMERCE,
13, *boulevard de Strasbourg,
Paris.*

45 ASSOCIATION DES VOYA-
GEURS DU COMMERCE
ET DE L'INDUSTRIE, 64,
boulevard Sébastopol, Paris.

CLASSE 108 A *bis*

Mutualité indépendante

---

1 COLONISATION FRANÇAISE
(La), 3, *rue de Turbigo, Paris.*

2 ORPHELINAT DES PRÉ-
-VOYANTS DE L'AVE-
NIR ET DE LA COLONI-

SATION FRANÇAISE, 26.
boulevard Sébastopol, Paris.

3 PRÉVOYANTS DE L'AVE-
NIR (les), 26, *boulevard
Sébastopol, Paris.*

CLASSE 108 B

Assurances sur la vie et contre l'incendie

1 CAISSE NATIONALE DES RETRAITES POUR LA VIEILLESSE, 56, *rue de Lille, Paris.*

2 COMITÉ DES COMPAGNIES FRANÇAISES D'ASSURANCES SUR LA VIE 9, *place Vendôme, Paris.* — Exposition collective.

3 COMPAGNIES ET SOCIÉTÉS FRANÇAISES D'ASSURANCES CONTRE L'INCENDIE, 44, *rue des Mathurins, Paris.* — Exposition collective.

4 FÉDÉRATION SYNDICALE DES SOCIÉTÉS DE CAPITALISATION.

5 SYNDICAT DES COMPAGNIES FRANÇAISES D'ASSURANCES CONTRE LA GRÊLE, 57, *rue Taitbout, Paris.* — Exposition collective.

6 SYNDICAT DES COMPAGNIES FRANÇAISES D'ASSURANCES CONTRE LES RISQUES DE TRANSPORTS DE TOUTE NATURE, 41, *rue Vivienne, Paris.*

7 SYNDICAT DES COMPAGNIES FRANÇAISES D'ASSURANCES A PRIMES FIXES CONTRE LE VOL, 41, *rue Vivienne, Paris.*

8 SYNDICAT DES COMPAGNIES FRANÇAISES DE RÉASSURANCE, 7, *rue Moncey, Paris.* — Exposition collective.

9 SOCIÉTÉ MUTUELLE D'ASSURANCE DES CHAMBRES SYNDICALES DU BATIMENT ET DES TRAVAUX PUBLICS, 9, *avenue Victoria, Paris.*

10 INSTITUT DES ACTUAIRES FRANÇAIS, 4, *avenue Carnot, Paris.*

11 ASSOCIATION FRANÇAISE DE CAUTIONNEMENT MUTUEL, 19, *avenue de l'Opéra, Paris.*

12 COMPAGNIE D'ASSURANCES « LA PAIX », 22, *rue de Mogador, Paris.*

13 COMPAGNIE D'ASSURANCES « LE PATRIMOINE », 32, *rue de Mogador, Paris.*

14 FONDS LÉON SAY, 18, *rue de Dunkerque, Paris.*

15 LA SEMAINE, 97, *rue de Richelieu, Paris.* — Journal d'assurances.

16 LA GARANTIE FÉDÉRALE. — SOCIÉTÉ D'ASSURANCE CONTRE LA MORTALITÉ DU BÉTAIL ET DES CHEVAUX, 3, *rue Turbigo, Paris.*

CLASSE 108 C

Épargne

1 MINISTÈRE DU COMMERCE, DE L'INDUSTRIE, DES POSTES ET TÉLÉGRAPHES. — CAISSE NATIONALE D'ÉPARGNE. — *Rue Saint-Romain, Paris.*

2 CONFÉRENCE GÉNÉRALE DES CAISSES D'ÉPARGNE DE FRANCE, 9, *rue Coq-Héron, Paris.*

3 BUREAU CENTRAL DES CAISSES D'ÉPARGNE DE FRANCE ET JOURNAL DES CAISSES D'ÉPARGNE, 61, *boulevard Pasteur, Paris.*

4 CAISSE D'ÉPARGNE ET DE PRÉVOYANCE DE NAN-TES, 8, *rue de Bréa, Nantes, (Loire-Inférieure).*

5 CAISSE D'ÉPARGNE ET DE PRÉVOYANCE D'ORLÉANS, 3, *rue d'Escures, Orléans (Loiret).*

6 CAISSE D'ÉPARGNE ET DE PRÉVOYANCE DE PARIS, 9, *rue Coq-Héron, Paris.*

7 CAISSE D'ÉPARGNE ET DE PRÉVOYANCE DU RHONE, 12, *rue de la Bourse, Lyon (Rhône).*

8 CRÉDIT MUNICIPAL DE PARIS, 55, *rue des Francs-Bourgeois, Paris.*

CLASSE 108 D

Institutions patronales

1 BLANCHISSERIE ET TEINTURERIE DE THAON-LES-VOSGES, 7, *rue Meyerbeer, Paris.*

2 LE BON MARCHÉ, *rue du Bac, Paris.*

3 SOCIÉTÉ ANONYME DE LA FILATURE D'OISSEL, *à Oissel-sur-Seine (Seine-Inférieure).*

4 COMPAGNIE DES FORGES ET ACIÉRIES DE LA MARINE ET D'HOMÉCOURT, 12, *rue de la Rochefoucauld, Paris.*

5 LOUVRE (Société des Grands Magasins du), *rue de Rivoli, Paris.*

6 PARFUMERIE PINAUD (H. G.) KLOTZ, successeur, 18, *place Vendôme, Paris.*

7 SOCIÉTÉ DES RAFFINERIE ET SUCRERIE SAY, 123, *boulevard de la Gare, Paris.*

8 SAINT frères, 34, *rue du Louvre, Paris.* — Manufacturiers.

9 SOCIÉTÉ ANONYME DES MANUFACTURES DES GLACES ET PRODUITS

CHIMIQUES DE SAINT-GOBAIN, CHAUNY ET CIREY, 1, *place des Saussaies, Paris.*

10 COMPAGNIE D'ASSURANCES GÉNÉRALES CONTRE L'INCENDIE, LES ACCIDENTS ET LE VOL, 8, *rue de Richelieu, Paris.*

11 COMPAGNIE D'ASSURANCES GÉNÉRALES SUR LA VIE, 35, *rue de Richelieu, Paris.*

12 COMPAGNIE D'ASSURANCES CONTRE l'INCENDIE « LA NATIONALE », 17, *rue Laffitte, Paris.*

13 COMPAGNIE D'ASSURAN - CES SUR LA VIE « LA NATIONALE », 2, *rue Pillet-Will, Paris.*

14 COMPAGNIE D'ASSURANCES SUR LA VIE « LE PHÉNIX », 33, *rue Lafayette, Paris.*

15 COMPAGNIE D'ASSURANCES CONTRE LES ACCI-

DENTS « LA PRÉSERVATRICE », 18, *rue de Londres, Paris.*

16 COMPAGNIE D'ASSURANCES CONTRE LES ACCIDENTS « LA PRÉVOYANCE », 23, *rue de Londres, Paris.*

17 COMPAGNIE D'ASSURANCES CONTRE LE VOL » LA RÉUNION FRANÇAISE », 41, *rue Vivienne, Paris.*

18 COMPAGNIE D'ASSURANCES CONTRE L'INCENDIE « LE SOLEIL », 44, *rue de Châteaudun, Paris.*

19 COMPAGNIE D'ASSURANCES CONTRE L'INCENDIE ET LE VOL « L'UNION », 9, *place Vendôme, Paris.*

20 LA MUTUELLE GÉNÉRALE FRANÇAISE, 19-21, *rue Chanzy, Le Mans (Sarthe).*

21 LA SAMARITAINE, 75, *rue de Rivoli, Paris.*

CLASSE 109

Institutions pour le développement intellectuel, moral et social

---

1 ALSACIENNES - LORRAINES DE FRANCE ET DES COLONIES (FÉDÉRATION DES SOCIÉTÉS) 91, *boulevard Malesherbes, Paris.*

2 ALSACE-LORRAINE (SOCIÉTÉ D'ÉTUDES ÉCONOMIQUES ET ADMINISTRATIVES RELATIVES A L') 226, *boulevard Saint-Germain, Paris.*

3 ALSACIENS-LORRAINS (SOCIÉTÉ DE RÉINTÉGRATION DES) 2, *boulevard de Strasbourg, Paris.*

4 ALSACIENNES-LORRAINES (UNION DES PRÉSIDENTS DES SOCIÉTÉS) 37, *rue de Valois, Paris.*

5 ALLIANCE DES UNIONS CHRÉTIENNES DE JEU-

NES GENS DE FRANCE, 46, *rue de Provence, Paris.*

6 ASSOCIATION AMICALE DES ANCIENS ÉLÈVES DE L'ÉCOLE MUNICIPALE TURGOT, 69, *rue de Turbigo, Paris.*

7 ASSOCIATION AMICALE DES ÉLÈVES DE L'ÉCOLE NATIONALE SUPÉRIEURE DES MINES, 39, *rue Godot-de-Mauroy, Paris.*

8 ASSOCIATION NATIONALE FRANÇAISE POUR LA PROTECTION LÉGALE DES TRAVAILLEURS, 5, *rue Las-Cases, Paris.*

9 ASSOCIATION PHILOTECHNIQUE DE PARIS, 47, *rue Saint-André-des-Arts, Paris.*

10 ASSOCIATION POUR LA LUTTE CONTRE LE CHOMAGE, 34, *rue de Babylone, Paris.*

11 ASSOCIATION STÉNOGRAPHIQUE UNITAIRE, 52, *rue de Chabrol, Paris.*

12 COLLÈGE LIBRE DES SCIENCES SOCIALES, 28, *rue Serpente, Paris.*

13 LA CONFÉRENCE AU VILLAGE CONTRE LA PROPAGANDE ENNEMIE EN FRANCE, 9, *avenue de l'Opéra, Paris.*

14 CONSEIL NATIONAL DES FEMMES FRANÇAISES, 1, *avenue Malakoff, Paris.*

15 DUROYAUME, 11, *rue d'Athènes, Paris.* — Avocat à la Cour d'appel de Paris, membre du Conseil de l'Ordre. Rapport sur la protection de la propriété industrielle, commerciale, artistique et littéraire dans les Expositions internationales.

16 ÉCOLE DES HAUTES ÉTUDES SOCIALES, 16, *rue de la Sorbonne, Paris.*

17 FÉDÉRATION DES SOCIÉTÉS DE PATRONAGE DES ÉCOLES COMMUNALES DE BORDEAUX ET DU SUD-OUEST DE LA FRANCE, 82, *cours d'Aquitaine, Bordeaux (Gironde).*

18 LIBRAIRIE ARISTIDE QUILLET, 278, *boulevard Saint-Germain, Paris.*

19 LIGUE FRANÇAISE DE L'ENSEIGNEMENT, 3, *rue Récamier, Paris.*

20 MINISTÈRE DU TRAVAIL ET DE LA PRÉVOYANCE SOCIALE (Direction de la statistique générale de la France), 97, *quai d'Orsay, Paris.*

21 MISSION LAIQUE FRANÇAISE, 8, *rue Bugeaud, Paris.*

22 MUSÉE SOCIAL, 5, *rue Las-Cases, Paris.*

23 SOCIÉTÉ CENTRALE DES ARCHITECTES, 8, *rue Danton, Paris.*

24 SOCIÉTÉ DE COMPTABILITÉ DE FRANCE POUR LA PROPAGATION DE L'ENSEIGNEMENT COMMERCIAL, LA DIFFUSION ET LE PERFECTIONNEMENT DE LA SCIENCE COMPTABLE, 92, *rue de Richelieu, Paris.*

25 SOCIÉTÉ D'ÉCHANGE INTERNATIONAL DES ENFANTS ET DES JEUNES GENS POUR L'ÉTUDE DES LANGUES ÉTRANGÈRES, 17, *rue Philippe-de-Girard, Paris.*

26 SOCIÉTÉ D'ÉTUDES LÉGISLATIVES, 14, *rue Soufflot, Paris.*

27 SOCIÉTÉ FRANÇAISE DE L'ART A L'ÉCOLE, 26, *quai de Béthune, Paris.*

28 SOCIÉTÉ FRANÇAISE DE TEMPÉRANCE DE LA CROIX BLEUE, 53 bis, *rue Saint-Lazare, Paris.*

29 SOCIÉTÉ D'ENCOURAGEMENT DE LA BIJOUTERIE, DE LA JOAILLERIE, DE L'ORFÈVRERIE, 58, *rue du Louvre, Paris.*

30 SOCIÉTÉ NATIONALE D'ENCOURAGEMENT AU BIEN, 94, *rue de la Victoire, Paris.*

31 UNION DES ASSOCIATIONS PHILOTECHNIQUES DE FRANCE, 47, *rue Saint-André-des-Arts, Paris.*

32 UNION DES GRANDES ASSOCIATIONS FRANÇAISES CONTRE LA PROPAGANDE ENNEMIE, 3, *rue Récamier, Paris.*

33 UNION PROVINCIALE DES ARTS DÉCORATIFS, 1, *rue d'Hauteville, Paris.*

34 UNIVERSITÉ DES ANNALES, 51, *rue Saint-Georges, Paris.*

35 ŒUVRE DES MAISONS CLAIRES (Filiales de l'Université des Annales), 51, *rue Saint-Georges, Paris.*

36 WOLFF (Maurice), Professeur de pédagogie à l'Hôtel de Ville de Paris, 11, *rue Troyon, Paris.*

37 SOCIÉTÉ LITTÉRAIRE CLASSIQUE « LES CORNÉLIENS », 41, *rue des Martyrs, Paris.*

CLASSE 110

Institutions pour le développement économique

1 ASSOCIATION NATIONALE D'EXPANSION ÉCONOMIQUE, 23, *avenue de Messine, Paris.*

2 BUREAU D'ORGANISATION ÉCONOMIQUE, 124, *rue de Provence, Paris.*

3 COMITÉ DE L'AFRIQUE FRANÇAISE, 21, *rue Cassette, Paris.*

4 COMITÉ DE L'ASIE FRANÇAISE, 19, *rue Cassette, Paris.*

5 COMITÉ NATIONAL DES CONSEILLERS DU COMMERCE EXTÉRIEUR DE LA FRANCE, 15, *rue Auber, Paris.*

6 CRÉDIT FRANÇAIS, 52, *rue de Châteaudun, Paris.*

7 SOCIÉTÉ D'ENCOURAGEMENT POUR L'INDUSTRIE NATIONALE, 44, *rue de Rennes, Paris.*

8 UNION DES FABRICANTS POUR LA PROTECTION INTERNATIONALE DE LA PROPRIÉTÉ INDUSTRIELLE, 4, *avenue du Coq, Paris.*

9 UNION NATIONALE INTERSYNDICALE DES MARQUES COLLECTIVES, 4, *place de la Bourse, Paris.*

CLASSE 111

Hygiène et Bienfaisance

1 INSTITUT PASTEUR, *rue Dutot, Paris.*

2 ALLIANCE D'HYGIÈNE SOCIALE, 5, *rue Las-Cases, Paris.*

3 ASSOCIATION CONTRE LA TUBERCULOSE ET L'ALCOOLISME, 26, *rue Vavin, Paris.*

4 COMITÉ NATIONAL D'ASSISTANCE AUX ANCIENS MILITAIRES TUBERCULEUX, 5, *rue Las-Cases, Paris.*

5 LIGUE NATIONALE CONTRE L'ALCOOLISME, 147, *boulevard Saint-Germain, Paris.*

6 UNION DES FRANÇAISES CONTRE L'ALCOOL, 15, *rue de Bellechasse, Paris.*

7 CHAUMIER (Dr), *à Tours (Indre-et-Loire).* — Directeur de l'Institut vaccinal de Tours.

8 DE CLERMONT (Raoul), 10, *rue de l'Université, Paris.* — Ingénieur-agronome. Avocat à la Cour.

CLASSE 112 A

Rééducation des mutilés de la guerre

1 MINISTÈRE DU TRAVAIL ET DE LA PRÉVOYANCE SOCIALE. — OFFICE NATIONAL DES MUTILÉS ET RÉFORMÉS DE LA GUERRE, 6, *avenue Constant-Coquelin, Paris.*

CLASSE 112 B

Assistance publique et bienfaisance privée

1 ALSACE-LORRAINE (Association générale d'), 38, *rue du Château-d'Eau, Paris.*

2 ALSACE-LORRAINE (Comité d'assistance en), 23, *rue d'Artois, Paris.*

3 ALSACE-LORRAINE (Union Amicale d'), 28, *rue Serpente, Paris.*

4 ALSACIENS ET LORRAINS (Société de protection des), 9, *rue de Provence, Paris.*

5 ASILE SAINT-LÉONARD, *Couzon au Mont-d'Or (Rhône).*

6 ASSISTANCE (Société internationale pour .'Étude des questions d'), 49, *rue de Miromesnil, Paris.*

7 ASSOCIATION VALENTIN HAUY (pour le bien des Aveugles), 7-9, *rue Duroc, Paris.*

8 AVEUGLES (Institution nationale des jeunes), 56, *boulevard des Invalides, Paris.*

9 BUREAU DE BIENFAISANCE DE BORDEAUX, 63, *rue du Loup, Bordeaux (Gironde).*

10 COMITÉ DE BIENFAISANCE ISRAÉLITE DE PARIS, 60, *rue Rodier, Paris.*

11 CRÈCHES PARISIENNES (Œuvre nouvelle des), 21, *rue de l'Etoile, Paris.*

12 ENFANTS TRADUITS EN JUSTICE DE PARIS (Comité de défense des), 122, *faubourg-Saint-Honoré, Paris.*

13 ENFANCE (Œuvre du souvenir pour la protection de l'), 32, *place Saint-Georges, Paris.*

14 ENFANCE ET ADOLESCENCE (Patronage de l'), 379, *rue de Vaugirard, Paris.*

15 ENFANCE (Union française pour le sauvetage de l'), 108, *rue de Richelieu, Paris.*

16 ENGAGÉS VOLONTAIRES (Société de Protection des), 11 *bis, rue de Milan, Paris.*

17 FICHIER CENTRAL D'ASSISTANCE ET l'AIDE SOCIALE, 14, *rue de Richelieu, Paris.*

18 HOPITAL DISPENSAIRE W. K. VANDERBILT, 18, *rue Léonard-de-Vinci, Paris.*

19 HOSPITALITÉ DE NUIT (Œuvre de l'), 59, *rue de Tocqueville, Paris.*

20 HOTEL BIRON (Œuvre de l'), 72, *rue de Babylone, Paris.* — « La Maison des Enfants ». Garderie, ouvroir, cantine, préapprentissage, bibliothèque, Amicale, Foyer de l'apprentie.—Fondation Isabelle-René Viviani.

21 JEUNE FILLE (Association catholique des œuvres de protection de la), 70, *rue Denfert-Rochereau, Paris.*

22 JEUNE FILLE (Association israélite pour la protection **de la**), 1, *rue de la Muette, Paris.*

23 JEUNE FILLE (Comité national des Amies de la), 2, *rue Singer, Paris.*

24 LOUICHE DESFONTAINES, 31, *rue Washington, Paris.*

25 LAIT MATERNEL (Œuvre Henry Coullet du), 38, *rue du Montparnasse, Paris.*

26 MAISON DE RETRAITE DE LA BIJOUTERIE, DE LA JOAILLERIE ET DE L'ORFÈVRERIE, 58, *rue du Louvre, Paris.*

27 MORTALITÉ INFANTILE (Ligue contre la), 49, *rue de Miromesnil, Paris.*

28 ŒUVRE DES BONS ENFANTS 21, *rue des Bons-Enfants, Paris.*

29 ŒUVRE DES GARES, 32, *place Saint-Georges, Paris.*

30 ŒUVRE LIBÉRATRICE, 1, *avenue Malakoff, Paris.*

31 ŒUVRE DES LIBÉRÉES DE SAINT-LAZARE, 14, *place Dauphine, Paris.*

32 OFFICE CENTRAL DE LA CHARITÉ BORDELAISE, 14, *rue Michel, Bordeaux (Gironde).*

33 OFFICE CENTRAL DES ŒUVRES DE BIENFAISANCE, 175, *boulevard Saint-Germain, Paris.*

34 ORPHELINAT DE LA BIJOUTERIE, 58, *rue du Louvre, Paris.*

35 ORPHELINAT DES CUIRS ET PEAUX DE FRANCE 26, *rue Vavin, Paris.*

36 ORPHELINAT DE L'ENSEIGNEMENT PRIMAIRE, 28, *rue Serpente, Paris.*

37 ORPHELINAT DE LA SEINE (Société de l'), 28, *rue Saint-Lazare, Paris.*

38 PATRONAGE DES DÉTENUES, DES LIBÉRÉES & DES PUPILLES DE L'ADMINISTRATION PÉNITENTIAIRE, 21, *rue Michel-Bizot, Paris.*

39 POUPONNIÈRE (La), 4, *rue Boissière, Paris.*

40 PRISONS (Société générale des) 14, *place Dauphine, Paris.*

41 PRISONNIERS PROTESTANTS (Société de patronage des), 36, *rue Fessart, Paris.*

42 SOCIÉTÉ PHILANTHROPIQUE, 15, *rue de Bellechasse, Paris.*

43 TRAITE DES BLANCHES (Association pour la répression de la), 4, *place du Palais-Bourbon, Paris.*

44 UNION D'ASSISTANCE PAR LE TRAVAIL DU 16e ARRONDISSEMENT, 71, *avenue Henri-Martin, Paris.*

45 UNION AMICALE DES ENFANTS DE LA SEINE, 16, *rue de la Victoire, Paris.*

46 UNION DES SEPTENTRIONAUX, 7, *rue Crozatier, Paris.*

47 UNION DES SOCIÉTÉS DE PATRONAGE DE FRANCE, 14, *place Dauphine, Paris.*

II

SECTION ALSACIENNE ET LORRAINE

COMITÉ DIRECTEUR ALSACIEN ET LORRAIN POUR LES GROUPES D'ÉCONOMIE SOCIALE ET D'ENSEIGNEMENT TECHNIQUE

**Délégué du Commissaire Général : M. L. DOUARCHE
adjoint au Secrétaire général d'Alsace-Lorraine
Secrétaire permanent du Conseil Supérieur d'Alsace-Lorraine**

Président . . .	Mgr. MULLER-SIMONIS, Président de la Fédération d'Assistance Publique d'Alsace et de Lorraine.
Vice-Présidents.	MM. H. HOFSTETTER, Président de l'Union des Caisses de malades d'Alsace et de Lorraine. KIERRMANN adjoint au maire de Strasbourg.
Trésorier. . . .	M. GRUBER, Directeur de la Caisse d'Épargne.
Secrétaires. . .	MM. BOURSON, publiciste. GUERAD, Directeur du Parlement d'Alsace et de Lorraine.

CLASSE 101

Apprentissage. — Enseignement Technique
Écoles Ménagères

BUREAU

Président . . . . .   M. SCHLEIFFER, président de la Chambre des Métiers d'Alsace-Lorraine.

Membres . . . . .
- MM. ROUX, directeur de l'Enseignement technique.
- KIERRMANN, Président de la Chambre des Métiers de Basse-Alsace.
- PETER, Président de l'Union des Entrepreneurs d'Alsace et de Lorraine.
- L'abbé SCHIES, président de l'Association des jeunes ouvriers.

---

1 CHAMBRE DES MÉTIERS D'ALSACE-LORRAINE.

2 ENSEIGNEMENT TECHNIQUE, INDUSTRIEL ET COMMERCIAL, D'ALSACE-LORRAINE.

3 ÉCOLE TECHNIQUE, *Strasbourg.*

4 ÉCOLE DE PERFECTIONNEMENT INDUSTRIEL, *Strasbourg.*

5 ÉCOLE DE PERFECTIONNEMENT DES INDUSTRIES DU BATIMENT, *Strasbourg.*

6 ÉCOLE DE PERFECTIONNEMENT COMMERCIAL, *Strasbourg.*

7 ÉCOLE TECHNIQUE DES APPRENTIS, *Metz.*

8 ÉCOLE TECHNIQUE DES APPRENTIS, *Mulhouse.*

9 ÉCOLE INDUSTRIELLE ET MÉNAGÈRE, *Strasbourg.*

10 ÉCOLE INDUSTRIELLE ET MÉNAGÈRE, *Mulhouse.*

11 ÉCOLE DE TRAVAUX MANUELS DE LA VILLE, *Strasbourg.*

12 ÉCOLE ISRAÉLITE D'ARTS ET MÉTIERS, *Strasbourg.*

13 ÉCOLE D'ART INDUSTRIEL POUR JEUNES FILLES, *Mulhouse.*

14 ÉCOLES MÉNAGÈRES DE M. L'ABBÉ SCHIES, *Strasbourg.*

CLASSE 102 'B

Syndicats professionnels, patronaux et ouvriers
Office du Travail (Placement, chômage)

BUREAU

Président. . . . .   M. BRION; Président de la Fédération des Entrepreneurs d'Alsace et Lorraine.

MM. IMBS, Président du Syndicat des ouvriers.

BILGER, secrétaire général des Syndicats
Membres. . . . .   indépendants.

FRIEDERICH, directeur de l'Office du
Travail régional.

1 FÉDÉRATION DES ENTRE-
PRENEURS D'ALSACE &
DE LORRAINE, *à Stras-
bourg.*

2 SYNDICAT DES OUVRIERS
DU BATIMENT, *à Stras-
bourg.*

CLASSE 104

Coopératives de consommation, de production, et de crédit

BUREAU

Président. . . . . . M. RIEHL, président de la Coopérative de Consommation de Strasbourg.

Membres. . . . . .
Docteur ROTH, président de la Banque Populaire d'Alsace-Lorraine.
M. SCHAHL, président du Syndicat des Agriculteurs.

1 COOPÉRATIVE DE CONSOMMATION DE STRASBOURG.

2 COOPÉRATIVE DE CONSOMMATION DE ILLKIRCH-GRAFFENSTADEN.

3 COOPÉRATIVE DE CONSOMMATION DE COLMAR.

4 COOPÉRATIVE DE CONSOMMATION DE MULHOUSE.

CLASSE 105

Associations agricoles et crédit

BUREAU

Président. . . . . . M. LAUGEL, administrateur séquestre de l'organisation des caisses Raiffeisen.

Membre . . . . . M. GERARDOT (Alphonse), Secrétaire général de la Fédération des Syndicats et Associations agricoles d'Alsace et Lorraine.

1 FÉDÉRATION DES CAISSES RURALES D'ALSACE ET DE LORRAINE.

2 FÉDÉRATION DES SYNDICATS ET ASSOCIATIONS AGRICOLES D'ALSACE & LORRAINE.

CLASSE 107

Habitations populaires

BUREAU

Président. . . . . . M. GOERS, président fondateur de la Société des Habitations populaires.

Membres. . . . . . { MM. SALOMON, (Henri), architecte.
WAGNER, architecte.

1 BUREAU DE BIENFAISANCE, *Strasbourg.*

2 « LOGEMENTS POPULAIRES », société à R. L., *Strasbourg.*

3 CAISSE D'ÉPARGNE, *Strasbourg.*

4 GEMEINNUTZIGE BAUGE-NOSSENSCHAFT, *Strasbourg.*

5 SOCIÉTÉ MULHOUSIENNE DES CITÉS OUVRIÈRES, *Mulhouse.*

6 « UNION HOME », LOGEMENTS POPULAIRES, *Strasbourg.*

CLASSE 108 B

Assurances sociales

BUREAU

Président. . . . . . M. HOFSTETTER (Henri), président de l'Union des Caisses de Malades d'Alsace et Lorraine.

Membres. . . . . MM. DEBRIX, président du Comité technique de l'Office d'Assurances sociales.
GUYOT, directeur de l'Office Général des Assurances sociales.
GERMAIN, directeur de l'Institut d'Assurances sociales.

I. — 1. OFFICE GÉNÉRAL DES ASSURANCES SOCIALES D'ALSACE ET DE LORRAINE

II. — ASSURANCE CONTRE LES MALADIES

2 UNION DES CAISSES LO-CALES DE MALADES D'ALSACE ET DE LOR-RAINE.

3 CAISSE LOCALE GÉNÉRALE DE MALADES DE STRAS-BOURG-VILLE.

4 CLINIQUE DENTAIRE DE LA CAISSE LOCALE GÉ-NÉRALE DE MALADES DE STRASBOURG-VILLE.

5 CAISSE LOCALE GÉNÉRALE DE MALADES DE MUL-HOUSE-VILLE.

6 CAISSES PATRONALES.

III. — ASSURANCE CONTRE LES ACCIDENTS

7 CORPORATION AGRICOLE D'ALSACE ET DE LOR-RAINE.

8 CORPORATION TEXTILE D'ALSACE ET DE LOR-RAINE.

9 CORPORATION DE L'IN-DUSTRIE DU BATIMENT D'ALSACE ET DE LOR-RAINE.

10 CLINIQUE DES ASSURAN-CES SOCIALES.

IV. — ASSURANCE DES INVALIDES ET DES SURVIVANTS

11 INSTITUT D'ASSURANCE SOCIALE D'ALSACE ET DE LORRAINE.

V. — ASSURANCE EN FAVEUR DES EMPLOYÉS PRIVÉS POUR L'ALSACE ET LA LORRAINE

CLASSE 108 C

Caisses d'Épargne

BUREAU

Président. . . . . . M. GRUBER, secrétaire général de la Conférence des Caisses d'Épargne d'Alsace et de Lorraine.

---

1 CONFÉRENCE DES CAISSES D'ÉPARGNE D'ALSACE ET DE LORRAINE.

2 CAISSE D'ÉPARGNE DE STRASBOURG.

3 CAISSE D'ÉPARGNE DE COLMAR.

4 CAISSE D'ÉPARGNE DE MULHOUSE.

5 CAISSE D'ÉPARGNE DE METZ.

6 CAISSE D'ÉPARGNE DE SARREGUEMINES.

CLASSE 109

Institutions pour le développement intellectuel, moral et physique

BUREAU

Président. . . .   M. le Pasteur HERTZOG, président de l'Œuvre de Patronage des Enfants Pauvres.

Membres . . .   MM. l'abbé HAUSS, secrétaire général des Associations d'hommes et de jeunes gens d'Alsace et Lorraine.
WEBER, trésorier de la Société Évangélique.
PICARD, directeur de l'École industrielle israélite.

1 BUREAU DE BIENFAISANCE DE STRASBOURG.

2 BUREAU DE BIENFAISANCE DE METZ.

3 BUREAU DE BIENFAISANCE DE HAGUENAU.

4 BUREAU DE BIENFAISANCE DE SCHLESTADT.

5 FÉDÉRATION D'ASSISTANCE PUBLIQUE ET DE BIENFAISANCE PRIVÉE POUR L'ALSACE ET LA LORRAINE.

6 FÉDÉRATION DIOCÉSAINE DE CHARITÉ, *Strasbourg.*

7 FÉDÉRATION DIOCÉSAINE DES ŒUVRES DE CHARITÉ, *Metz.*

8 SŒURS DE SAINT-VINCENT DE PAUL, *Strasbourg.*

9 SŒURS DE NIEDERBRONN, *Oberbronn.*

10 SŒURS DE LA CROIX, *Strasbourg-Neudorf.*

11 SŒURS DE SAINT-MARC, *Geberschwihr.*

12 ÉTABLISSEMENT POUR AVEUGLES, *Still.*

13 ÉTABLISSEMENT POUR SOURDS-MUETS, *Strasbourg-Neudorf.*

14 ÉTABLISSEMENT POUR IDIOTS, *Cernay.*

15 SŒURS DE LA DOCTRINE CHRÉTIENNE, *Château-Salins.*

16 SŒURS DE SAINTE CHRÉTIENNE, *Metz.*

17 SŒURS DE SAINT-CHARLES, *Metz.*

18 SŒURS DE LA DIVINE PROVIDENCE, *Saint-Jean-de-Bassel.*

19 MAISON POUR LE RELÈVEMENT MORAL (Garçons), *Zelsheim.*

20 ÉTABLISSEMENT POUR LE RELÈVEMENT MORAL (Filles), *Strasbourg-Neudorf.*

21 CRÈCHE DE LA MAISON DES DIACONESSES, *Strasbourg.*

22 FONDATION BLESSIG, *Strasbourg.*

23 SOCIÉTÉ ÉVANGÉLIQUE DE LA MISSION INTÉRIEURE *Strasbourg* (mission urbaine, restaurants de la Croix-Bleue).

24 SOCIÉTÉ ÉVANGÉLIQUE DE PATRONAGES D'ENFANTS PAUVRES.

25 MAISON DES DIACONESSES DE STRASBOURG, *rue Sainte-Elisabeth.*

26 MAISON DES DIACONESSES DE STRASBOURG, *Bethesda*.

27 MAISON DES DIACONESSES DU VENENBERG, *près Ingwiller.*

28 MAISON DES DIACONESSES « SAREPTA », *à Dorlisheim.*

29 ÉTABLISSEMENT DE REFUGE, *Strasbourg-Kronenbourg.*

30 ÉTABLISSEMENT DES SOURDS-MUETS, *Strasbourg-Neudorf.*

31 ÉTABLISSEMENT DES AVEUGLES, *Illzach.*

32 ÉTABLISSEMENT POUR IDIOTS, *Oberhoffen.*

33 LA MATERNITÉ, *Colmar.*

34 MAISON DE SANTÉ ISRAÉLITE, *Strasbourg.*

35 ORPHELINAT ISRAÉLITE DE FILLES, *Strasbourg.*

36 ORPHELINAT ISRAÉLITE DE GARÇONS, *Haguenau.*

37 HOSPICE « ELIZE » POUR VIEILLARDS, *Strasbourg.*

38 COMITÉ DE BIENFAISANCE ISRAÉLITE, *Strasbourg.*

39 COMITÉ DE BIENFAISANCE ISRAÉLITE, *Metz.*

40 COMITÉ DE BIENFAISANCE ISRAÉLITE, *Colmar.*

41 COMITÉ DE BIENFAISANCE ISRAÉLITE, *Mulhouse.*

42 SOCIÉTÉ ISRAÉLITE DE MATERNITÉ, *Strasbourg.*

43 LA MATERNITÉ, *Strasbourg.*

44 UNION FAMILIALE ALSACIENNE, 2, *boulevard Paul Déroulède,* Strasbourg.

CLASSE III

Hygiène publique et privée

BUREAU

Président. . . . M. HOLTZMANN, directeur des Services d'hygiène d'Alsace et de Lorraine.

Membres. . . .
Le Docteur BELIN (Charles), directeur du Service d'Hygiène de la Ville de Strasbourg.
Le Docteur BURGUBURU, conseiller technique médical à la Direction du Travail pour l'Alsace et la Lorraine.
Le Docteur KIEN (Georges), médecin inspecteur des Écoles.

---

1 DIRECTION DE L'HYGIÈNE D'ALSACE ET DE LORRAINE.

2 SERVICE D'HYGIÈNE DE LA VILLE DE STRASBOURG. — Assainissement des vieux quartiers. Statistique sanitaire. Bains publics.

CLASSE 112

Assistance publique et bienfaisance privée

BUREAU

Président. . . . Mgr. MULLER SIMONIS, président de la Fédération d'Assistance publique d'Alsace et Lorraine.

Membres . . . MM. le chanoine OBERLÉ, secrétaire général de la Fédération diocésaine des œuvres de charité et de bienfaisance privée d'Alsace et de Lorraine.

TISSOT, directeur de l'Assistance publique pour l'Alsace et la Lorraine.

WEIDMANN, secrétaire général du Bureau de Bienfaisance.

1 FOYERS DE L'ENFANCE, *Strasbourg.*

2 COLONIES DE VACANCES.

3 ASILES DE SERVANTES, *Strasbourg, Colmar.*

4 DISCIPLINAIRE POUR JEUNES FILLES.

5 BON PASTEUR CATHOLIQUE.

6 REFUGE POUR JEUNES FILLES, *Neuhof.*

7 SOCIÉTÉS DE PROTECTION POUR LA JEUNE FILLE, *Strasbourg.*

8 HOME POUR JEUNES FILLES PROS. *Strasbourg.*

9 UNION CHRÉTIENNE DE JEUNES GENS, *Strasbourg.*

10 RESTAURANTS ET HOTEL DE LA CROIX BLEUE, *Strasbourg.*

11 LIBRAIRIE PROTESTANTE, *Strasbourg.* — Diffusion de bonne littérature.

12 BIBLIOTHÈQUE POPULAIRE (interconfessionnelle), *Strasbourg.*

13 SOCIÉTÉS DE GYMNASTIQUE, *Strasbourg.*

14 OFFICE DE LA STATISTIQUE D'ALSACE ET DE LORRAINE.

GROUPEMENT L

Sports

CLASSES 126, 127 ET 128

Tourisme. — Sport. — Hôtellerie. — Industries de Sport et d'Éducation physique

---

BUREAU

Président. . . . . . M. MÉRILLON (Daniel), 7, rue de l'Alboni, Paris.
Vice-Présidents. . . M. AUSCHER (Léon), 131, avenue Malakoff. Paris.
M. CHABERT (Pierre), 78, rue d'Anjou, Paris.
Secrétaire-Trésorier M. CIRET (Félix), 140, rue de Rivoli, Paris.

Industries de Sport

1 BLOCH (Gaston), 50, *rue Etienne-Marcel, Paris.* — Vêtements en caoutchouc.

2 CIRET (Félix), & C$^\text{ie}$, 140, *rue de Rivoli, Paris.* — Vêtements de Sports en tissus caoutchoutés et en peau.

3 COUSTOU (Georges), 107, *rue Réaumur, Paris.* — Vêtements de Sports.

4 CROIZAT-MERMET, 81, *boulevard Voltaire, Paris.* — Guêtres et bandes molletières.

5 EVER CLEAN LINEN C$^\text{o}$ (R. Loutil), 8, *rue Laffitte, Paris.* — Linge naturel imperméable et lavable.

6 SOCIÉTÉ FRANÇAISE DES MUNITIONS DE CHASSE, DE TIR ET DE GUERRE, 30, *rue Notre-Dame des-Victoires, Paris.*

7 VOLLANT (Armand), 23, *rue Meslay, Paris.* — Guêtres et molletières.

Sociétés diverses

8 CHAMBRE DE L'HOTELLE-RIE FRANÇAISE, 65, *avenue de la Grande-Armée, Paris*. — Tableau.

9 FÉDÉRATION FRANÇAISE DE BOXE, 24, *boulevard Poissonnière, Paris*. — Tableaux.

10 FRANCE HOTELIÈRE (La), 17, *rue de Surène, Paris*. — Organe officiel des Syndicats hôteliers de France, d'Algérie et de Tunisie.

11 OFFICE NATIONAL DU TOURISME, 65, *avenue de la Grande-Armée, Paris*. — Tableau, carte.

12 SAINT-HUBERT CLUB DE FRANCE, 21, *rue de Clichy, Paris*. — Tableau.

13 SOCIÉTÉ ANONYME « LA TRINITAD », 8, *rue de la Tour-des-Dames, Paris*. — Entreprise d'asphaltage de routes de tourisme.

14 SYNDICAT D'INITIATIVE D'ALGÉRIE, *à Alger*. — Photographies.

15 SYNDICAT D'INITIATIVE DES ALPES FRANÇAISES *à Grenoble*. — Photographies.

16 SYNDICAT D'INITIATIVE ANJOU, MAINE, TOURAINE ET BASSE-LOIRE *à Nantes*. — Photographies.

17 SYNDICAT D'INITIATIVE DES ARDENNES, CHAMPAGNE, ARGONNE, *à Charleville*. — Photographies.

18 SYNDICAT D'INITIATIVE AUVERGNE, MASSIF CENTRAL, *à Clermont-Ferrand*. — Photographies.

19 SYNDICAT D'INITIATIVE, BOURGOGNE, MORVAN, *à Dijon*. — Photographies.

20 SYNDICAT D'INITIATIVE BRETAGNE, *à Rennes*. — Photographies.

21 SYNDICAT D'INITIATIVE COTE D'AZUR & CORSE, *à Nice*. — Photographies.

22 SYNDICAT D'INITIATIVE FRANCHE-COMTÉ ET MONTS JURA, *à Besançon*. — Photographies.

23 SYNDICAT D'INITIATIVE DE L'INDO-CHINE, *à Paris*. — Photographies.

24 SYNDICAT D'INITIATIVE LIMOUSIN, PÉRIGORD, QUERCY, *à Limoges*. — Photographies.

25 SYNDICAT D'INITIATIVE DU MAROC, *à Paris*. — Photographies.

26 SYNDICAT D'INITIATIVE DU NORD, *à Dunkerque*. — Photographies.

27 SYNDICAT D'INITIATIVE DE LA NORMANDIE, *à Deauville*. — Photographies.

28 SYNDICAT D'INITIATIVE DE PARIS & RÉGION PARISIENNE, *à Paris*. — Photographies.

29 SYNDICAT D'INITIATIVE POITOU, SAINTONGE ET ANGOUMOIS, *à La Rochelle*. — Photographies.

30 SYNDICAT D'INITIATIVE DE LA PROVENCE, *à Marseille*. — Photographies.

31 SYNDICAT D'INITIATIVE DES PYRÉNÉES, GUYENNE ET GASCOGNE, *à Pau*. — Photographies.

32 SYNDICAT D'INITIATIVE DES PYRÉNÉES ET LANGUEDOC, *à Carcassonne*. — Photographies.

33 SYNDICAT D'INITIATIVE SOLOGNE ET BERRY, *à Paris*. — Photographies.

34 SYNDICAT D'INITIATIVE DE LA TUNISIE, *à Tunis*. — Photographies.

35 SYNDICAT D'INITIATIVE DE LA VALLÉE DU RHONE, *à Lyon*. — Photographies.

36 SYNDICAT D'INITIATIVE DES VOSGES, *à Nancy*. — Photographies.

37 TOURINGCLUB DE FRANCE 65, *avenue de la Grande-Armée, Paris*. — Tableau, carte.

38 UNION DES SOCIÉTÉS D'ÉDUCATION PHYSIQUE & PRÉPARATION AU SERVICE MILITAIRE DE FRANCE, 23, *rue La Sourdière, Paris*. — Tableaux.

39 UNION DES SOCIÉTÉS FRANÇAISES DE SPORTS ATHLÉTIQUES, 3, *rue Rossini, Paris*. — Tableaux.

40 UNION DES SOCIÉTÉS DE TIR DE FRANCE, 46, *rue de Provence, Paris*. — Tableaux.

41 UNION VÉLOCIPÉDIQUE DE FRANCE, 24, *boulevard, Poissonnière, Paris*. — Tableaux.

CONGRÈS ET CONFÉRENCES

M. Maurice QUENTIN, conseiller municipal.

Président de la Commission des Congrès et Conférences.

COLONIES FRANÇAISES

**Afrique occidentale française.
Afrique équatoriale française. — Indo=Chine.
Madagascar. — La Martinique. — La Guadeloupe.
La Réunion**

Produits d'importation, produits du sol.
Collections diverses.
Cartes, plans, graphiques, photographies, publications,
¡ tableaux, documents ethnographiques

EXPOSITION SPÉCIALE DU MAROC

La Résidence Générale de France au Maroc a exposé, par les soins de l'Office du Gouvernement chérifien et du Protectorat de la République française au Maroc, des publications diverses, histoire rétrospective, statistiques, cartographie, etc.

ADJONCTIONS

CLASSE 13

Librairie.

REVUE D'ALSACE ET DE LORRAINE, (M. Coquet Lucien, directeur); Guide authentique des maisons alsaciennes et lorraines garanties françaises; Guide panoramique des Vosges, 5, *rue Laffitte, Paris et 32, rue du 22-Novembre à Strasbourg.*

CLASSE 60

Vins et Eaux-de-Vie.

COLLECTIVITÉ DE L'ARRONDISSEMENT DE BEAUNE.

1 BAHEZRE (H. de), *Nuits-Saint-Georges.*

2 BRENOT (Albert), *Savigny-les-Beaune.*

3 CHONION (Claude), *Meursault.*

4 JACQUEMINOT (G. les fils de), *Savigny-les-Beaune.*

5 VIÉNOT (Charles), *Premeaux.*

6 VIÉNOT (Roger), *Savigny-les-Beaune.*

CLASSE 96

Horlogerie.

1 PINEAU, représentant général de la Manufacture d'horlogerie de Béthune, 9, *cité Trévise, Paris.*

2 SAINTILLAN (de), 17, *rue Saint-Sébastien, Paris.*

ADJONCTIONS

Classe 62

Bières.

PRIEUR (Charles), *66 à 72, rue des Romains*, à *Strasbourg-Kœnigshoffen.* — Bières.

Classe 66

Décoration fixe des Edifices publics et habitations.

HEBDING (Alphonse), *à Oberentzen près Colmar.* — Modèle de la Cathédrale de Strasbourg.

RIBOLZI (Attilio), *à Orbey (Haut-Rhin).* — Dessins au fusain.

Classes 69 A 75

Meubles — Tapis — Chauffage et éclairage non electrique.

KAPP (Alphonse), *6, quai Zorn, Strasbourg.* — Meubles.

Classe 86

Industries de la Mode et du Vêtement.

SYNDICAT DES MAITRES CORDONNIERS, *17, rue des Bonnes-Gens, Strasbourg.* — Chaussures.

INDEX ALPHABÉTIQUE

DES EXPOSANTS

B

E

F

N

O

T

V

W

Z

TABLE DES MATIÈRES

Paris. — Typ. Ph. Renouard, 19, rue des Saints-Pères. — 54865.

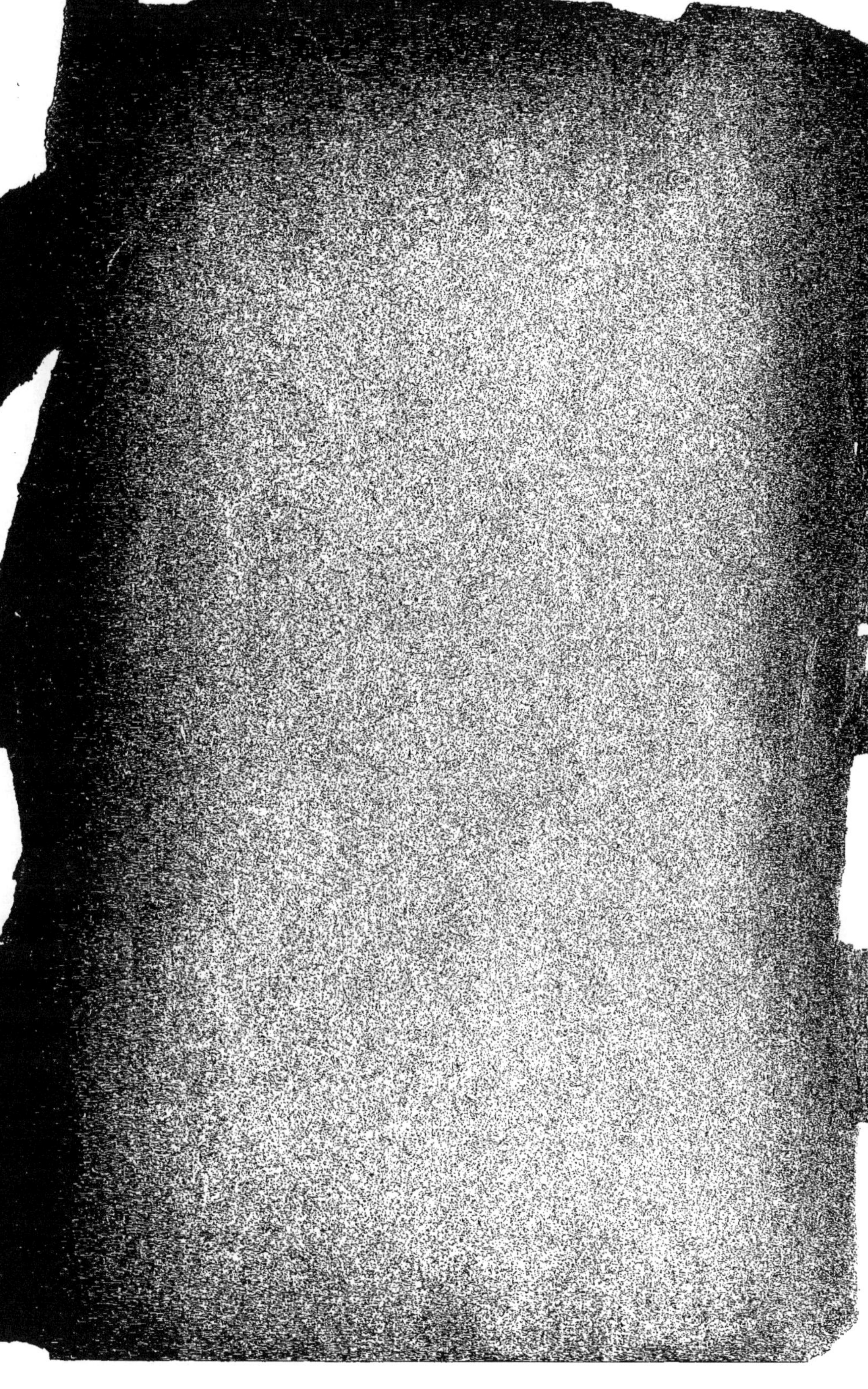

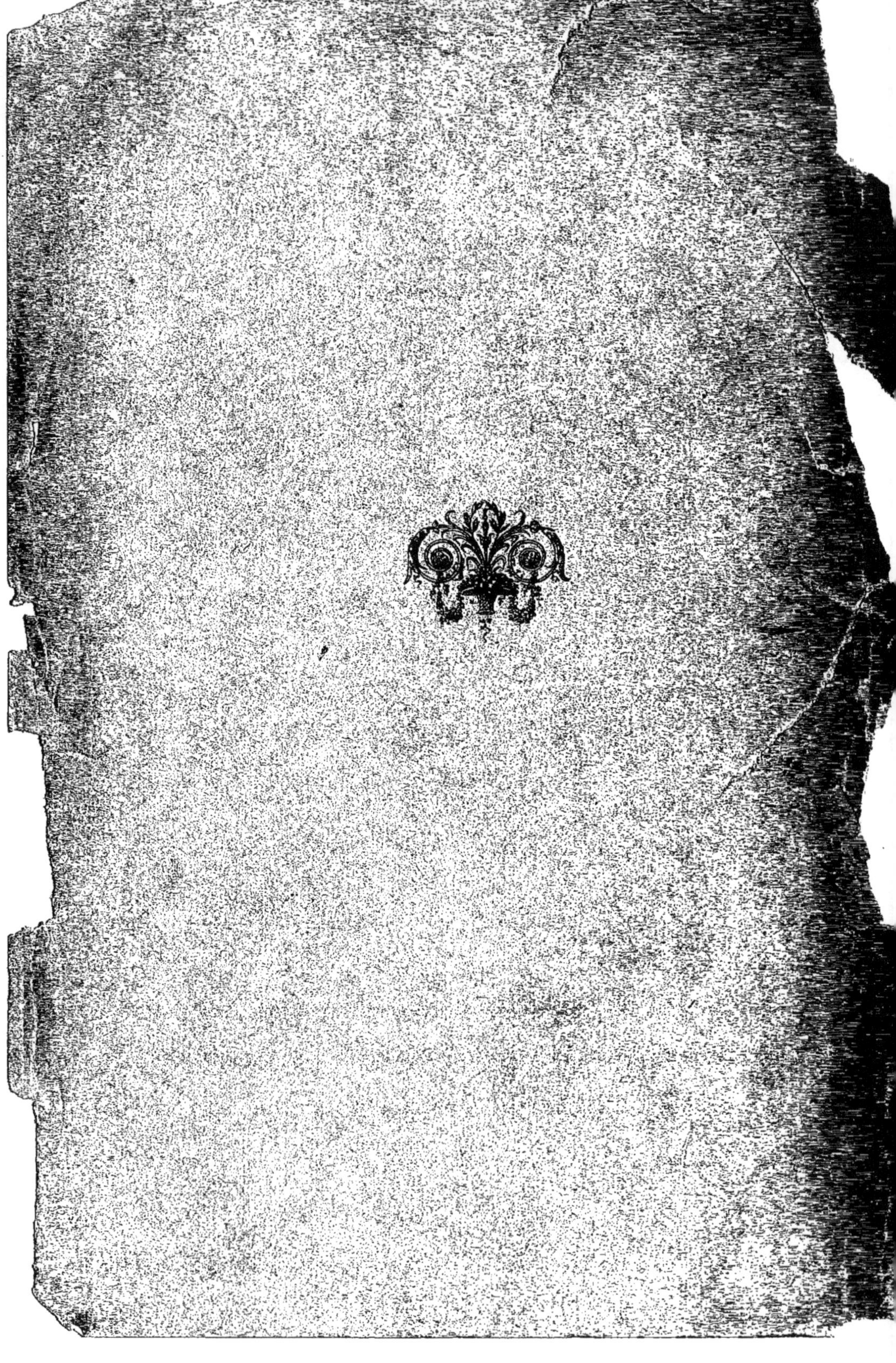

9 782019 985394